家庭教育指导系列问答

主编 ◎ 张　森　李乃江　张振坤

中国石油大学出版社
CHINA UNIVERSITY OF PETROLEUM PRESS
山东·青岛

图书在版编目（CIP）数据

家庭教育指导系列问答／张森，李乃江，张振坤主
编．－－青岛：中国石油大学出版社，2024.5
ISBN 978-7-5636-8232-4

Ⅰ．①家… Ⅱ．①张… ②李… ③张… Ⅲ．①家庭教
育－问题解答 Ⅳ．① G78-44

中国国家版本馆 CIP 数据核字（2024）第 090628 号

书　　　名：家庭教育指导系列问答
　　　　　　JIATING JIAOYU ZHIDAO XILIE WENDA
主　　　编：张　森　李乃江　张振坤
责任编辑：朱纪寒（电话　0532－86981529）
责任校对：陈亚亚（电话　0532－86981529）
封面设计：孙晓娟
出　版　者：中国石油大学出版社
　　　　　　（地址：山东省青岛市黄岛区长江西路 66 号　邮编：266580）
网　　　址：http://cbs.upc.edu.cn
电子邮箱：zhujihan2023@foxmail.com
印　刷　者：沂南县汇丰印刷有限公司
发　行　者：中国石油大学出版社（电话　0532－86983437）
开　　　本：787 mm×1 092 mm　1/16
印　　　张：16.25
字　　　数：398 千字
版 印 次：2024 年 5 月第 1 版　2024 年 5 月第 1 次印刷
书　　　号：ISBN 978-7-5636-8232-4
定　　　价：78.00 元

前 言

随着社会的不断发展,家庭教育在学生成长中扮演着越来越重要的角色。作为孩子成长中的第一所学校,家庭在孩子成长过程中起着关键作用。在这个阶段,家长需要关注孩子的性格塑造、习惯培养、学习兴趣激发,以及人际交往能力的培养,为他们树立正确的价值观,为未来的成长打下坚实的基础。

一、塑造良好性格

家庭教育是孩子性格塑造的重要渠道。在孩子的成长过程中,家长可以通过引导和教育,帮助孩子树立正确的人生观、价值观和世界观。良好的家庭教育有助于孩子形成自信、乐观、独立、有责任感等积极的性格特点,为他们的健康成长奠定基础。

(1)培养孩子的自信心。自信心是一个人成功的关键因素之一。家长可以通过鼓励孩子参加各种活动,如绘画、音乐、体育等,让他们在实践中锻炼自己,增强自信心。同时,家长要关注孩子的学习成绩,鼓励他们努力学习,取得好成绩,从而提高自信心。

(2)培养孩子的乐观性格。乐观的人更容易面对生活中的困难和挫折,更容易取得成功。家长可以通过讲述励志故事,让孩子明白乐观的重要性。同时,家长要关注孩子的心理健康,及时发现并解决他们的心理问题,培养他们的乐观性格。

(3)培养孩子的独立性格。独立的人更容易适应社会,更容易取得成功。家长可以通过让孩子参与家务劳动,培养他们的独立能力。同时,家长要尊重孩子的意见,让他们在家庭决策中有发言权,培养他们的独立思考能力。

(4)培养孩子的责任感。有责任感的人更容易取得成功,更容易得到他人的信任。家长可以通过让孩子承担一定的家庭责任,如照顾弟弟妹妹、打扫卫生等,培养他们的责任感。

同时,家长要关注孩子的学习情况,让他们明白学习是他们的责任,培养他们学习的自觉性。

二、培养良好习惯

习惯的养成对孩子的未来发展具有重要意义。在家庭教育中,家长可以通过关注孩子的日常生活,培养他们良好的生活习惯、学习习惯和道德习惯。在孩子成长的过程中,家长的引导和监督至关重要。良好的习惯养成有助于孩子在学校生活中取得更好的成绩和形成良好的人际关系。

(1)关注孩子的日常生活,培养他们良好的生活习惯。良好的生活习惯包括按时作息、饮食均衡、勤于锻炼等。家长要为孩子制订合理的作息时间计划,确保他们有充足的睡眠。同时,家长要关注孩子的饮食,确保他们摄入各种营养素,保持身体健康。此外,家长要鼓励孩子参加体育锻炼,增强体质,培养他们热爱运动的良好习惯。

(2)关注孩子的学习习惯。良好的学习习惯包括按时完成作业、合理安排时间、主动学习等。家长要监督孩子按时完成作业,培养他们自律的习惯。同时,家长要教育孩子合理安排时间,学会在学习和娱乐之间找到平衡。此外,家长要鼓励孩子主动学习,培养他们独立思考和解决问题的能力。

(3)关注孩子的道德习惯。良好的道德习惯包括诚实守信、尊重他人、乐于助人等。家长要教育孩子诚实守信,培养他们尊重他人的习惯。同时,家长要教育孩子学会关爱他人,培养他们乐于助人的习惯。家长要教育孩子遵守社会公德,培养他们遵纪守法的习惯。

三、激发学习兴趣

家庭教育在激发学生对学习的兴趣和热情方面发挥着重要作用。家长可以通过亲子阅读、参加活动等多种方式,引导孩子探索未知,培养他们的创新思维。在孩子的学习过程中,家长要关注孩子的兴趣和特长,鼓励他们主动学习,培养他们的自主学习能力。

通过亲子阅读,家长可以培养孩子对阅读的兴趣。家长可以和孩子一起阅读各种书籍,分享阅读心得,激发孩子的好奇心和求知欲。通过阅读,孩子可以拓宽视野,增长知识,培养自己的想象力和创造力。

通过讲故事,家长可以引导孩子学会思考和分析问题。家长可以讲述一些寓言故事、历史故事或科学故事,引导孩子从中汲取智慧,培养他们的逻辑思维和分析能力。同时,家长还可以鼓励孩子自己讲故事,培养他们的口头表达能力。

家长可以鼓励孩子参加各种活动,如绘画、音乐、体育等,培养他们的兴趣爱好。通过参加各种活动,孩子可以锻炼自己的能力,培养自己的团队协作精神和竞争意识。同时,家长要关注孩子的兴趣和特长,鼓励他们发挥自己的优势,为团队作出贡献。

家长可以关注孩子的学习过程,鼓励他们主动学习知识。家长要尊重孩子的学习意愿,引导他们制订学习计划,培养他们的自律能力。同时,家长要关注孩子的学习成果,及时给予表扬和鼓励,激发他们的学习热情。

四、培养人际交往能力

家庭教育在培养孩子人际交往能力方面起着至关重要的作用。在孩子的成长过程中,家长要注重培养他们与人交往的能力,使他们能够在日常生活中与他人建立良好的关系,从而更好地融入社会。

利用家庭聚会等场合,家长可以让孩子学会礼仪和待人接物的基本规范。在孩子与亲朋好友互动的过程中,家长要引导他们尊重他人,关心他人,培养他们的同理心。只有这样,孩子在与人交往时才能更加从容自信,给人留下良好的印象。

家长要教育孩子学会处理人际关系。在日常生活中,人与人之间难免会出现矛盾和问题。面对矛盾和问题时,孩子要学会沟通、理解和包容,培养自己解决问题的能力。同时,家长还要教育孩子学会倾听,尊重他人的意见和需求,建立和谐的人际关系。

家长要鼓励孩子多参加社交活动,锻炼他们的交际能力。家长可以陪同孩子参加各种社交活动,如亲子活动、社团活动等,让他们在实践中学会与人沟通、协作。只有这样,孩子在面对不同的社交场合时才能更加自信,更好地展现自己的魅力。

在家庭生活中,家长要注重培养孩子的沟通能力。家长可以和孩子进行心灵沟通,倾听他们的内心世界,关心他们的喜怒哀乐。在这个过程中,孩子可以学会表达自己的感受,从而培养良好的沟通能力。

五、树立正确的价值观

家庭教育是孩子成长过程中至关重要的一环,尤其是在帮助他们树立正确的价值观方面。在孩子幼小的心灵中,家长需要引导他们尊敬师长、关爱同伴、热爱祖国、珍惜粮食等传统美德,为他们的成长打下坚实的基础。

尊敬师长是中华民族的传统美德之一。家长要教育孩子尊重老师、尊重长辈,并对他们的付出和关爱表示感激。在孩子遇到问题时,家长要鼓励他们虚心向师长请教,培养他们谦逊的品质。同时,家长自己也要尊敬师长,为孩子树立榜样,让他们在家庭氛围中感受到尊敬师长的重要性。

关爱同伴也是孩子成长过程中需要培养的品德。家长要教育孩子学会关心他人,关注同伴的需求和感受,并与他们建立融洽的关系。在日常生活中,家长可以鼓励孩子主动帮助同伴解决问题,分享自己的玩具和学习用品,培养他们的同理心和爱心。

热爱祖国是每个中国人的基本素质。家长要教育孩子热爱祖国,为国家的繁荣富强感到自豪。这包括了解祖国的历史文化,传承优秀的民族传统,关心国家大事,遵纪守法,树立正确的国家观念。同时,家长要引导孩子关注社会发展,关心民生,培养他们的社会责任感。

勤俭节约是中华民族的传统美德之一。家长要教育孩子珍惜粮食,养成节约的好习惯。

在日常生活中,家长要以身作则,教育孩子节约用水、用电,不浪费食物。通过培养孩子勤俭节约的意识,家长可以帮助他们养成良好的生活习惯,树立正确的价值观。

总之,在孩子成长的过程中,家长要以身作则,用自己的言行影响孩子的价值观。家长要关注孩子的情感需求,与他们进行心灵沟通,引导他们树立正确的世界观、人生观和价值观。同时,家长还要关注孩子的心理健康,帮助他们建立自信,培养他们独立解决问题的能力。

张　森　李乃江　张振坤

2024 年 2 月

目 录
CONTENTS

第一篇

>>> 学校家庭教育指导问答

怎样根据孩子的心理特点进行家庭教育？

著名数学家张广厚以其卓越的数学才能与辉煌的成就闻名于世。然而,他的辉煌成就并非一蹴而就,而是在家庭教育的引领下,经历了无数个日夜的辛勤努力才得以实现的。

张广厚的母亲是他求知路上最坚定的支持者。她教育他不畏困难,无论面对多么艰难的数学问题,都要坚持下去。她通过讲故事的方式来激励他,给他讲述了众多勇敢克服困难的人物故事。这些故事激发了张广厚的求知欲望,并培养了他不畏艰辛的精神,使他能够勇往直前。

事实上,孩子在学习中取得的成就对他们的成长至关重要。每一次小小的成功都会成为孩子勤奋探索的动力之源。就像张广厚一样,他通过数学竞赛中取得的好成绩,激发了自己对数学的兴趣。这种积极进取的态度让他在求学中勇攀高峰,始终不忘初心。

孩子的成长离不开家庭教育。家庭教育是孩子性格和心理特点形成的重要环节。家长的言传身教对孩子的人格塑造至关重要。他们的言行举止深深地影响着孩子。在张广厚的家庭教育中,他的母亲通过鼓励、支持和启示,培养了他良好的心理品质。这让他从小端正了学习态度,树立了良好的价值观,为未来的求学生涯打下了坚实的基础。

了解孩子的心理特点对家庭教育至关重要。家长应该深入研究孩子的认知能力、情绪控制能力、意志品质等方面的特点,以便能够有针对性地制订家庭教育措施。而了解孩子的特点可以帮助家长更好地与孩子沟通和相处,从而提供更有效的教育方式。

在学生阶段,孩子的活动主要受到同伴、学校和其他社会机构的影响。与家长相比,伙伴、老师和其他社会机构在孩子的成长中发挥着越来越重要的作用。因此,家长应该重视孩子与同伴、学校和其他社会机构的互动,关注他们的学习环境和社交关系,以便为他们提供更好的支持和指导。

勤奋感不仅是指学习和工作能力,还包括孩子对人际关系的胜任感,以及对学习和工作的态度和习惯。这种勤奋感往往在孩子时期形成,对孩子的成长有着重要的影响。因此,家长应该通过培养孩子的积极态度和良好习惯,帮助他们在各个方面都能够表现出勤奋感。

培养孩子的勤奋感并不意味着让他们经历频繁的挫折和失败。在成长过程中,适度的失败经验可以培养孩子面对挫折的能力,但过分追求失败经验并不可取。家长应该在孩子遇到挫折时给予适当的帮助和指导,以便帮助他们逐步增强心理健康。

家长应该具有哪些适应时代的家教观念？

　　家庭教育的质量对孩子的成长具有举足轻重的影响，而这与家长的教育经验及家庭教育观念紧密相连。

　　家长的观念，即他们对事物的看法和信念，在很大程度上决定了他们的家庭教育行为。随着时代和社会的不断变迁，家庭教育的思想和观念也需要进行更新。过去，许多家长会重视功利性强、片面的教育观念，例如过分关注孩子的成绩和竞争力，而忽视了他们的情感和综合素养的培养。这种观念在现代化的家庭教育中并不合适，因为孩子的成长需要更多的关注和呵护。

　　现代化的家庭教育观念应是一个动态的、不断发展的过程。家长需要不断学习和更新教育观念，以适应不同阶段孩子的需求和社会环境的改变。他们应注重培养孩子的综合素养，包括情感、思维、创造力等各个方面的发展，而不仅仅是追求功利性的成果。

　　科学的家庭教育观念的关键点在于用科学理论来指导家庭教育。这意味着在教育孩子时，家长应根据科学研究和实践经验，采用科学的方法和策略。与盲从和一概而论的方法不同，科学的家庭教育意味着通过分析别人的经验和常识来了解其优点和不足，并结合自己的情况进行调整和适应。同时，科学的家庭教育还鼓励孩子减少依赖，培养他们独立思考和自主决策的能力。这样能使孩子对自己的决定负责，并培养他们的自信心和责任心。

　　民主的家庭教育观念的关键点建立在尊重和平等的基础上。在这种观念下，家长需要向孩子解释哪些行为是不可以的，以建立清晰的规则和准则，让孩子有一个明确的参考。同时，家长也要理解孩子的不同意见，并与他们一起讨论制订准则的过程，这样可以增加家庭中成员之间的互动和沟通。此外，民主的家庭教育还要求家长放下架子，认真反思自己的错误并道歉，这样能增加家长与孩子之间的亲密关系。最后，在民主的家庭教育观念中，家长应尊重孩子，不对他们进行羞辱性惩罚，而是要多给予他们鼓励和支持，这样能够激发孩子的积极性，培养他们的自信心。

家庭教育为什么要遵循科学性原则？

在家庭教育中，关注孩子的心理问题及行为表现具有举足轻重的意义。小刚的特殊情况便是一个值得关注的案例。他在自己感兴趣的领域能集中注意力并坚持不懈，尤其在数学和电脑方面表现突出。然而，小刚也表现出一些多动行为，这让其他的家长和老师感到困惑。需要明确的是，小刚的多动行为并非由注意力问题引起，而是一般的多动行为。

虽然小刚的多动行为并非由注意力问题引起，但是这并不意味着我们可以忽视它。通过有效的教育手段，小刚的多动行为有望得到改善。家长和老师在这个过程中扮演着关键角色。他们关注小刚的兴趣和优点，并引导他在感兴趣的领域发挥潜能。如果小刚对数学和电脑有着浓厚的兴趣，那么家长和老师应该提供相应的资源和机会，让他可以更好地发展这些才能。

培养良好的学习习惯同样至关重要。家长和老师可以帮助小刚制订学习计划，并帮他养成良好的时间管理习惯，以确保他能够专注于学习。此外，他们还可以教会小刚一些提高专注力和注意力的技巧，如分解任务、使用记忆法等。通过这样的方法，小刚可以逐渐改善自己的多动行为，并提高在学习中的表现。

在解决小刚的多动行为问题时，我们不能忽视他的心理问题。心理问题可能会损害孩子的心灵，影响他们的健康成长。因此，采用科学的方法进行心理调适是非常重要的。家长和老师可以积极与心理专家合作，了解心理问题的根源，并提供相应的支持和辅导。只有这样，小刚才能够在良好的心理环境下成长，并减少多动行为的发生。

小刚的故事告诉我们，在家庭教育中，关注学生的心理问题及行为表现至关重要。虽然孩子可能表现出一些多动行为，但是这并不意味着他们缺乏注意力或潜力。通过正确的引导和支持，我们可以帮助他们发展兴趣，提高注意力，并培养他们良好的学习习惯。我们要重视孩子的心理问题，采用科学的方法进行心理调适，为他们创造健康的成长环境。

① 指导孩子学会善待他人，悦纳自我。通过与孩子进行交流，家长可以教导他们如何尊重和理解他人，以及如何接受自己的优点和缺点。② 关注孩子的心理健康，及时发现并解决可能出现的问题。通过与孩子进行交流，家长可以观察他们的行为和情绪变化，必要时可以寻求专业人士的帮助。③ 关注孩子的学业和社交能力，鼓励他们积极参与社会活动，以提高他们的社会适应能力。通过安排孩子参加各类兴趣班和社交活动，家长可以鼓励他们参与家庭和社会事务。

家庭教育如何体现民主性原则?

在社会民主化进程不断推进的背景下,家庭需要增添更多的民主色彩,以实现对孩子的尊重和家庭成员之间的平等。家长应关注孩子的兴趣爱好,鼓励他们尝试新鲜事物,唤起他们对生活的热情,从而激发他们的创造力和好奇心,让他们对生活保持积极的态度。

在教育孩子解决问题的过程中,家长应教育他们运用科学的方法,从而培养他们的逻辑思维能力。这将帮助孩子建立正确的思考方式,提高他们解决问题的能力,为他们未来的学习和工作奠定良好的基础。

家长应以身作则,营造良好的家庭氛围,为孩子提供良好的成长环境。他们要成为孩子的榜样,展现出良好的品质和行为方式。只有这样,孩子才能在家庭中感受到平等和尊重的氛围,并在此基础上发展自己的个性和人格。

家长应该教育孩子尊重他人。无论对方的背景和地位如何,我们都应该以平等的态度对待他们。尊重他人是培养孩子爱心和友善的重要方面,这将对他们的人际关系和社交能力有着积极的影响。

孩子需要得到他人的尊重。家长应该尊重孩子的个性和人格,并在家庭中让他们感受到平等和尊重。家长应该听取孩子的意见和想法,给予他们适当的自主权利,并在必要时与他们进行合理的辩论和交流。这样可以增强孩子的自信心,提高他们独立思考的能力。

家长应该尊重孩子在学习方面的兴趣,鼓励他们发挥特长,以及培养他们的创新能力。家长可以给予孩子更多的选择和自由,让他们选择自己的生活方式和学习方式。这样可以激发孩子的学习热情,培养他们的创造力。

《儿童权利公约》是联合国制定的重要国际公约,旨在保护儿童的基本权利,包括儿童的最大利益原则、尊重儿童尊严原则、尊重儿童观点原则及无歧视原则。这些原则的核心精神在于维护孩子的社会权利主体地位。该公约明确指出,孩子作为独立的社会个体,其权利应该受到社会的保护和尊重。这意味着社会应该为孩子提供必要的保障和支持,让他们在平等和公正的环境中成长和发展。

在我国,相关的法律法规为孩子提供了全面的保障。这些权利包括生存和发展权利、受教育权利、受尊重权利等。国家提供了丰富的教育资源和多样化的教育机会,确保了孩子平等接受教育的权利。同时,相关法律法规也明确规定了孩子受到侵害时的保护措施,以及对违法犯罪行为的制裁措施。

虽然法律为孩子提供了权利保障,但是在实际生活中,家庭教育起着至关重要的作用。

家长是孩子成长过程中的第一任老师,他们需要根据孩子的个性特点和兴趣爱好制订适合的教育计划。家长应该从小培养孩子的兴趣,引导他们积极参与社会活动,从而培养他们的社会责任感和公民意识。

在实施《儿童权利公约》的过程中,除了依靠国家的法律保障外,家庭和社会还需要共同努力,为孩子的成长提供良好的环境和资源。只有通过全社会的合作,才能真正保障孩子的社会权利,让他们能够健康、快乐地成长,并为社会的发展作出积极贡献。

家长应尊重孩子的意愿,而不是包办代替。有些家长喜欢为孩子安排各种兴趣班,却忽视了孩子的兴趣和天赋。例如,一个孩子可能在绘画方面有很高的天赋,但语言能力较差。在这种情况下,家长应尊重孩子的兴趣,让孩子上美术班,而不是强迫孩子去上英语班。

家长应关注孩子的兴趣和天赋,并在此基础上制订合适的教育计划。例如,如果一个孩子想学钢琴,那么家长可以鼓励他去学,并为他提供适当的支持。在这个过程中,家长可以和孩子一起学习,共同进步。

民主型的教育能起到良好的效果。这意味着家长需要尊重孩子的意见和选择,而不是强迫他们按照自己的意愿行事。在家庭和睦、亲子关系和谐的氛围中,孩子将更加自信、独立,从而更好地成长。

在孩子的成长过程中,家长的作用至关重要。为了更好地关爱孩子,家长需要具备以下几个方面的教育理念。

(1)家长应该耐心地教导孩子,并向孩子示范正确的行为。耐心的态度是培养孩子正确行为的关键。家长应该尽量在教导的过程中保持冷静,鼓励并称赞孩子的正确行为,诚恳地纠正不正确的行为,而不是严厉地批评他们。通过正确示范,家长应该成为孩子学习和模仿的楷模。

(2)家长应当倾听孩子的见解,并尊重他们的人格。孩子有自己的想法和观点,而这些想法和观点可能与家长的看法不一致。家长应该尊重孩子,理解并支持他们的想法和观点。通过倾听和尊重,孩子将感受到被重视和被理解的情感,从而增强自己的自尊心和自信心。

(3)家长应了解孩子的需要,并满足他们的合理需求。家长不仅应该给予孩子关爱、鼓励、支持和安慰,还应该能够真正理解孩子的需求。在这一点上,倾听是了解孩子需要的关键。只有通过倾听孩子的需求,家长才能更好地满足孩子的物质和情感需求,并为他们提供温暖的家庭环境。

(4)家长应放手让孩子参加健康的活动。家长应该成为孩子行为的顾问,而不是指挥官。通过耐心的辅导,家长可以帮助孩子拓宽兴趣的范围,并帮助他们提升技能水平。这种放手让孩子独立参加活动的方式,能让孩子明白家庭是他们最重要的港湾,同时也培养了他们的自主性和责任感。

怎样体现家庭教育的全面性？

在现代社会中，一个人的成长离不开德智体美劳的全面发展。忽视其中任何一个方面都可能影响孩子的全面发展。因此，家长对孩子的教育必须多方面并举，使他们在德智体美劳诸方面得到全面而和谐的发展。

德育、智育、体育，对于孩子的成长至关重要。在教育孩子的过程中，德育是不可或缺的。家长需要关注孩子的品德教育，培养他们良好的道德品质。家长还需要关注孩子的学习，培养他们良好的学习能力。此外，家长应该关注孩子的体育锻炼，帮助他们培养健康的体魄。

除了德育、智育、体育，教育的目标还扩展到了其他方面。例如，美育能够培养孩子的审美能力和艺术修养；劳动教育能培养孩子的劳动意识和动手能力；心理健康教育能帮助孩子建立健康的心理状态；性教育能让孩子正确地了解性知识，维护自己的身心健康。作为家长，我们需要关注这些方面的教育，使孩子得到全面而和谐的发展。

在家庭教育中，家长需要妥善处理多个关系。首先，家长需要处理一般和个别的关系，既要平等对待所有孩子，又要注意每个孩子的个性特点和需求。其次，家长需要处理生理和心理的关系，既要照顾孩子的身体健康，又要关心他们的心理健康。再次，家长还需要处理德育和智育的关系，既要培养孩子的道德品质，又要关注他们的学习能力。最后，家长需要处理全面和专长的关系，既要帮助孩子全面发展，又要鼓励他们发展自己的特长。

家长是孩子成长道路上的重要引领者。然而，部分家长往往存在片面认识，偏重某一方面的教育，从而忽视了其他方面的培养。这种偏见常常体现在对智力教育的过分强调上。虽然智力教育的确重要，但是过分强调智力教育可能会导致孩子缺乏其他方面的能力，如德育、体育、美育和劳动教育。如果忽视孩子的体育和美育，就会导致孩子身心发展失衡，无法全面发展。

各个教育领域不是孤立存在的，它们是互相渗透的。忽视任何一方都会对其他方面的发展产生影响。例如，缺乏体育锻炼容易导致身体素质下降，甚至可能影响孩子的学习能力。同样地，忽视美育就无法培养孩子对美的感知能力和欣赏能力，无法提高他们的艺术水平和想象力。

怎样培养孩子的环境道德？

在学校运动会上，一些孩子坐在操场边，随手丢弃香蕉皮、口香糖、冰棍纸。垃圾箱就在咫尺之遥，但他们视若无睹。这种行为不仅不文明，还对环境造成了一定程度的污染。

在家庭教育中，情感激发同样重要。德国野生动物园通过一个巧妙的方式，教导学生关于人类与自然的危险关系。他们将一面镜子安放在木门后面，使学生们误以为将面对世界上最危险的濒危动物。然而，当门打开时，他们看到的却是自己。导游解释说："人类才是世界上最危险的濒危动物。"这个故事提醒我们，如果人类无休止地开发自然资源，无节制地进行掠夺，那么最终将难以避免毁灭的悲剧结局。我们对自然环境的破坏，已经导致许多物种濒临灭绝。我们往往习惯将自然界视作资源的源泉，而忽略了我们自身也是其中的一部分。

这个故事在家庭教育中具有特殊的意义。家长应该注重培养孩子对自然的尊重和保护意识，让他们感受到自然界的美好与脆弱。这不仅是为了保护地球的未来，还是为了培养孩子的良好品德和责任感。

家庭教育中的情感激发可以通过多种方式来实现。家长可以与孩子一起参观动物园、植物园，让他们体验自然之美。同时，家长可以组织一些环保活动，如参与垃圾分类、节约用水等，让孩子从小关注环境问题并主动采取行动。

对于学生来说，养成教育至关重要。家长作为孩子的榜样，需要以身作则，保护环境，培养孩子从小爱护环境的习惯。在日常生活中，家长可以采取一些简单的方法，如去商场购物时背个大袋子，买菜时使用篮子，尽量减少使用塑料袋等。这些看似平凡无奇的行为，实际上是在潜移默化地培养孩子的环保意识。

北京学生熊锋就是一个很好的例子。他收集了近 2 000 个一次性饭盒和易拉罐，并上交给学校，由学校送到特定地方进行处理。此外，他还改造了家里的抽水马桶，每次放水时都会减少一瓶水的用量。这些行为充分体现了他的环保意识和对环境的关爱。

在我们的日常生活中，环保意识已经越来越受到重视。无论是家庭、学校还是社会，都在积极地推广环保教育，引导人们养成环保的习惯。

学校作为教育的重要场所，应该加强对学生的环保教育。学校可以通过开展环保主题班会、组织环保实践活动、邀请环保专家讲课等方式，提高学生的环保意识。此外，学校还可以设立环保社团，让学生在实践中学习环保知识，培养他们的环保能力。

社会应该提供更多的环保资源和支持，如设立环保宣传栏、开展环保公益活动、提供环保志愿者服务机会等。通过这些方式，社会可以营造良好的环保氛围，让更多的人参与到环保中。

怎样培养孩子的个人品德?

在现代社会中,家庭教育的重要任务之一便是培养孩子的个人品德。以下几个关键点,有助于家长有效地培养孩子的个人品德。

(1)进行社会道德原则和规范的教育至关重要。社会的发展要求人们具备良好的道德品质。因此,家长应教育孩子遵循社会道德原则和规范,如诚实守信、尊重他人等。通过讲述现实生活中的道德故事,观看有关道德的影视作品,以及定期举办道德主题的家庭活动,家长可以帮助孩子形成正确的价值观念和道德意识。

(2)传承和弘扬中华传统美德同样重要。中华传统文化凝聚了丰富的价值观和品德观念,家长应让孩子了解和尊重传统文化。家长可以通过教授古诗词、讲述历史故事、带孩子参观文化遗址等方式,让孩子体验传统美德的魅力。例如,孩子可以了解古人崇尚孝道的精神,并从中学习尊老敬老的美德。

(3)教育孩子处理家庭关系是个人品德培养的重要方面。家庭是孩子最早接触的社会单元,因此培养孩子具备家庭美德至关重要。孩子应学会尊重和关爱家庭成员,理解家庭中每个人的权利和义务。通过组织家庭活动,鼓励共同做家务,营造互相支持和关怀的氛围,家长可以帮助孩子建立良好的家庭关系,增强家庭凝聚力。

(4)教育孩子遵守社会公德同样重要。在社会生活中,人们需要学会尊重他人,维护公共秩序。家长可以教育孩子遵守交通规则、尊重老师和同学等。家长还可以通过身教和规范引导来帮助孩子养成良好的社会行为习惯和公德意识。

(5)教育孩子保护环境是个人品德培养的重要方面。人类对自然环境的破坏已经成为一个全球性的问题,因此培养孩子关爱自然、保护环境的意识尤为重要。家长应教育孩子节约资源,进行垃圾分类,以及积极参与环保活动等。通过带孩子接触大自然,参观环境保护相关机构,引导孩子养成环保意识等方式,家长可以帮助他们形成正确的环境道德观。

家长在培养孩子品德素质方面起着重要的作用。家长应关注孩子是否具备正直、善良、诚实、宽容等品质,因为这些品质对孩子的成长和发展起着重要的作用。

怎样培养孩子的家庭美德？

　　小玲是一名五年级的学生，她生活在一个充满爱的家庭中，家里除了她还有爷爷、爸爸、妈妈，共四口人。虽然爷爷的年纪很大，耳朵也不好使，但是他对京剧的热爱始终如一。只要电视里播放京剧，他就会情不自禁地打起锣鼓点来。一天，小玲坐在沙发上专注地看着电视里的动画片。她完全被精彩的画面吸引，没有注意到爷爷正在屋子里打转转，试图引起她的注意。看着小玲全神贯注的模样，妈妈觉得是时候让她注意一下长辈的感受了。她走到电视旁，动员小玲把电视频道调到京剧节目。妈妈知道爷爷一直热爱京剧，相信这会让他非常开心。果然，当小玲切换频道时，爷爷的眼睛立刻亮了起来，脸上也露出了灿烂的笑容。他开始欣赏电视上的京剧演出，仿佛自己就在舞台上，置身于演员之中。小玲和妈妈看到爷爷欣喜的表情，心里觉得非常温暖。她们决定给爷爷买一个助听器，这样他就可以更好地欣赏电视节目了。当爷爷收到这个礼物时，他感动得直掉眼泪。他感谢小玲和妈妈，不仅让他更好地欣赏京剧，还为他创造了更美好的生活。周围人被小玲的举动感动，纷纷称赞她是一个尊敬长辈、关爱家人的好孩子。从此以后，京剧成为爷爷生活中不可或缺的一部分，每天都会有欢笑充斥在他的生活中。这个故事向我们展示了如何关爱长辈，如何为他们创造更美好的生活。尊敬长辈、关心家人是一种美好的品质，我们应该努力成为更好的人，并以此为榜样来对待我们身边的亲人和长者。

　　在成长的过程中，家庭是孩子的安身立命之地，因此家庭美德教育显得尤为重要。这种教育的内容应包括珍爱家庭、孝敬长辈、勤劳俭朴、文明礼貌等方面的教育。家长担负着重要的角色，他们不仅要做到言传，还要以身作则，成为家庭美德教育的榜样。

　　家长不仅要关注孩子的身体健康，还要关心他们的心理健康。现代社会中，孩子面临着与同伴、老师等人建立良好关系的挑战。因此，家长应引导他们正确处理人际关系，让孩子学会友善待人。通过这样的家庭教育，孩子才能够健康快乐地成长，并为社会作出积极贡献。

怎样培养孩子的社会公德?

社会公德是公民在公共领域中展现的道德品质,与公共生活和秩序密切相关。然而,随着社会结构的分化,私人领域与公共领域逐渐分离,导致人们对公德的重视程度有所下降。然而,每个人作为国家公民都必须在公共领域中生活并遵守公德。

公共资源有限而需求无限,这种矛盾导致了社会公德问题日益复杂化。随着人们对公共资源的争夺变得更加激烈,人们之间的互动模式和相处态度也发生了变化。随意占用公共资源、恶意排队、乱扔垃圾等现象屡见不鲜,这些问题严重影响着人们的生活质量。

以北京市某地方为例,不文明的遛狗行为严重影响了公共卫生和公民安全。一些养狗户无视养狗的相关规定,遛狗时不及时清理狗的排泄物,导致街头巷尾存在狗粪、狗尿等污物。这不仅造成了城市环境的污染,还可能引发疾病传播。这些不文明的养狗户给孩子树立了恶劣的示范,给培养品德高尚、身心健康的孩子带来了困难。孩子具有很强的模仿能力,会通过观察和模仿他人来学习和塑造自己的行为。孩子如果一直看到不文明的行为,就会认为这是正常的行为方式。这样不仅对孩子的道德教育产生了负面影响,还阻碍了社会的进步。

社会公德是社会文明的基石,对个体的成长和未来的发展都有着重要的意义。家长应从小培养孩子的社会公德意识,使他们懂得尊重他人、关心他人,愿意为他人的利益着想。

在培养孩子的仪表方面,家长要注重孩子的外在形象和内在素养的统一。家长应该教育孩子注重自己的仪表,包括衣着、形象和举止,同时也要注重培养孩子的内在美,如品德、人格和智慧。通过这种教育,家长可以让孩子明白仪表的重要性,以及仪表和内在优雅之间的和谐关系。

家长要从小抓起,不断地教育孩子,使他们养成良好的习惯。这包括培养孩子遵守公共场所的基本行为要求,如排队、礼让和守时等。家长应该一直坚持和引导孩子养成这些良好的习惯,并及时给予表扬和激励。

家长应该帮助孩子提高文化修养,增强他们的文明意识和社会责任感。家长可以引导孩子参与各种文化活动和社会实践,培养他们对文化的兴趣,提高他们的文化修养。同时,家长应该教导孩子在社会实践中自觉遵守社会公德,尊重他人的权益,积极维护社会的和谐与稳定。

家长需要引导孩子在社会实践中遵守社会公德。家长应该充分了解社会公德的要求,并教育孩子尊重他人、遵守法律、维护社会秩序。通过这种教育,家长可以培养孩子成为有责任感和社会意识的公民,为社会的发展和进步作出贡献。

　　家长应教育孩子爱护环境、保护资源,养成良好的环保习惯。家长可以向孩子传达环境保护的重要性,如节约用水、减少垃圾产生,甚至可以一起参与社区的环保活动。通过这种方式,孩子将意识到保护环境是我们每个人的责任,并学会爱护我们周围的环境。

　　家长并不是唯一教育孩子遵守社会公德的人。学校和社会也应共同参与,共同培养孩子的社会公德。学校可以通过设置课程和组织活动来教育学生如何与他人进行友好互动,并配合家庭教育,加强对社会公德的培养。社会也可以通过组织一些志愿者活动或社区服务项目,让孩子参与其中,在实践中培养他们的社会责任感和社会公德心。

如何理解"其身正,不令而行"?

在孩子的成长过程中,家长的角色至关重要,他们的一言一行都会直接影响孩子的行为和态度。因此,家庭教育是一项日常且持续的工作,而最严格的规范是通过身体力行来展示良好的行为。

家长应该为孩子树立正义和诚信的榜样。正义是社会的支柱,没有正义的社会将陷入混乱。因此,家长应教育孩子遵循公正原则,学会从他人的角度思考问题。

正义不仅要求人们尊重他人,还与法律和道德密切相关。一个人的正义观念的形成离不开家庭环境的影响。家长应教导孩子尊重他人的权益,并引导他们遵守法律和道德规范。这是培养孩子对正义的认识和理解的重要途径。

家长应意识到自己在孩子成长中的重要性,通过自身的行为和言辞,将正义的观念和诚信的意识潜移默化地传递给孩子。家长应尽力成为孩子关注的对象,为他们树立榜样。当孩子看到自己的父母对待他人公正、诚实、守信时,他们会自然而然地模仿这种行为。

家长应该为孩子营造和谐、温馨的家庭氛围,让他们在轻松愉快的环境中成长。家庭成员之间要相互尊重、关心、支持,让孩子感受到正义的力量。家长要以身作则,为孩子树立正义的榜样。在教育孩子时,家长既要尊重孩子的个性,引导他们正确处理人际关系,又要培养他们的正义感。家长可以让孩子参加社会实践活动,如志愿者服务、社区活动等,让他们在实践中感受正义的力量,培养他们的社会责任感;重视孩子的道德教育,教育孩子遵守社会公德、尊重他人、关心社会,培养他们的正义感。

每个人都有责任坚持正义,并勇敢捍卫自己的权益。无论是面对不公正的待遇,还是面对生活中的不公平现象,我们都应该积极行动,努力争取自己的权益。正义可能需要时间和努力,但只有坚持不懈,我们才能够获得最终的胜利。

诚信为什么重要？

我国传统文化中蕴含丰富的道德伦理思想，这些思想在人际交往等多个方面都有着重要的体现。然而，与道德伦理思想在传统文化中的重要地位相比，求真求实的科学思想在关注度上较低。这可能是因为我国传统文化过于强调人际关系，而忽视了事物的发展规律。

在现代社会，诚信对于个人和社会的重要性日益凸显。缺乏诚信的人在许多领域都无法立足。因此，我们从小就被教育要诚实守信，包括兑现承诺、守时、保守朋友的秘密等。这些基本的道德准则对于培养诚信意识至关重要。通过教育和社会环境的塑造，我们可以建立一个以诚信为基础的社会，使每个人都能够真实地表达自己，并以诚信为指导原则处理各种关系。

然而，随着西方极端个人主义思潮的侵入，一些人丢掉了诚信。为了应对这一挑战，我们需要在传承和弘扬道德伦理的基础上，加强诚信教育，培养具有良好诚信品质的现代人。同时，我们要关注事物发展规律，避免陷入投机取巧的关系学陷阱，以真诚、真实为基础，树立诚信为本的社会价值观。

有一天，一位顾客走进书店，询问一本畅销书是否还有存货。小明查看后发现，这本书的存货已经不多了，有几本书的封面还有些磨损。他如实告诉顾客这本书的存货情况，并主动向顾客展示了那些封面磨损的书。顾客听后有些犹豫，但小明并没有为了促成交易而隐瞒真相。他诚恳地建议顾客，如果不太介意封面的小瑕疵，就可以选择购买这些书，因为书的内容是一样的，价格还可以优惠一些。顾客被小明的诚实和真诚所打动，最终选择购买了一本封面磨损的书。离开书店时，顾客还特意向小明表示感谢，称赞他是一个值得信赖的人。

诚信已经越来越成为个人和社会的重要品质，而缺乏诚信的人在社会中无法立足。在家庭教育中，诚信作为重要的德育内容，成为家长们普遍的共识。诚实守信可以预防邪恶私欲的恶性膨胀，是我们保护自己的坚实屏障。诚实守信是人与人之间建立信任的基础，只有相互信任，才能保持良好的人际关系。

孩子厌学怎么办？

　　学习的愉快体验与刻苦努力是相辅相成的。在学习的过程中，通过刻苦付出，学生不仅能够取得进步，还能从中感到愉快和满足。在学习的过程中，学生需要克服困难和挫折，不断努力追求进步。然而，学习应是一种乐趣，而不是沉重的负担。因此，家庭智育在培养孩子的学习兴趣方面起着重要的作用。家长应该鼓励孩子享受学习的乐趣，并努力消除他们的心理压力。

　　对于孩子来说，他们需要具备一定的求知欲望。只有拥有强烈的求知欲，孩子才能享受到学习的乐趣，并且愿意付出更多的努力去学习。同时，孩子还需要具备刻苦学习的品质，并且能够承受挫折。在学习的过程中难免会遇到各种挑战和困难，因此孩子应该具备坚持不懈的精神，勇敢面对挫折，并从中成长。

　　我们不能忽视学习与情绪活动之间的密切关系。学习不仅仅是一种智力活动，还受到情绪的影响。良好的情绪状态可以提升学习的效果。因此，为了提高学习效率，孩子需要在学习过程中保持良好的心态和积极的情绪。

　　在家庭环境中，家长应关注孩子的学习心理状态，帮助他们消除压力。此外，家长还应培养孩子面对挫折的能力，让他们在遇到困难时不气馁，始终保持积极向上的心态。

　　随着社会竞争的日益加剧，学生们渴望获得更多的关注和认可。他们希望通过在学习方面的出色表现来得到老师和家长的赞扬，从而获得更多的自信和自尊。然而，这种竞争心理也给学习带来了一些负面影响。

　　考试时的紧张和焦虑是学生最常遇到的问题之一。由于对成绩过度关注，学生容易出现心神不宁和做题出错的情况。他们的思维容易受到干扰，无法集中注意力，从而影响了解题的能力。这种状态不仅会影响学生的成绩，还会导致他们对学习的抵触情绪和厌学心理。

　　家长对孩子的期望过高，会给学生带来不良影响。家长渴望孩子在学习上取得更好的成绩，往往会给予他们过多的压力。这种过高的期望会让学生感到无法承受，导致他们产生自我怀疑和自卑感。在长期的学习过程中，这种心理状态会让学生对自己的能力产生怀疑，从而降低学习的积极性和主动性。

　　学生对学习与财富之间的关系存在误解是一大问题。他们往往认为学习成绩越好，将来就能拥有越多的财富，过上更美好的生活。由于这种观念的存在，学生更注重追求分数而非真正的学习。他们只关注表面的知识掌握，却缺乏对学习内涵和价值的真正理解。这种功利性的学习观念不仅影响了学生的综合素质培养，还损害了他们的创新思维能力。

　　家长对孩子的过度安排会对其学习产生负面影响。家长希望孩子在各个方面都能得到锻炼,因此给他们安排了各种课外活动、兴趣班和社团活动。这种安排导致孩子没有足够的时间和精力专注于学习,影响了他们的学业成绩。此外,由于时间安排过于紧凑,孩子可能会感到压力过大,缺乏休息和放松的时间,进而出现学习疲劳和身心健康问题。

学习动机是激励学生学习的动力。学习不仅是为了促进智力的发展,还具有许多其他积极的影响。通过学习,学生可以充实自我,更加快乐地生活,并有机会为社会作出贡献。因此,学习动机的重要性不容忽视。

我们不能过度追求分数。过度追求分数可能导致学习观念的偏差,让我们忽视了求知的真正意义。学习不应该仅仅是为了取得好成绩,而是为了提升自己的知识水平和综合能力。虽然好成绩会给我们带来荣誉感和自豪感,但是它并不是唯一的目标。

对于学生来说,他们应该培养自己热爱学习、刻苦钻研的品质。学习应该是一个充满热情的过程,学生应该从学习中感到乐趣。而这种热情和乐趣来自家庭和学校的引导。家长和老师应该关注孩子的学习动机,引导他们正确看待分数。家长应该引导孩子理解学习是为了自己的成长和发展,而不仅仅是为了取得好成绩。家长应该鼓励孩子关注自己的进步,而不仅仅是成绩排名。

除了关注学习动机,我们还应该关注孩子的兴趣和特长。每个孩子都有自己的独特之处,他们在不同的领域可能有着不同的兴趣和潜力。通过培养孩子的兴趣,以及发展他们的特长,我们可以让他们在学习中找到乐趣,并激发他们的求知热情。

一个考上了北京外国语大学的学生分享了他的学习经历和心得。他从小开始学习外语,以《基础英语》作为教材,外语水平稳步提高。他发现有些同学在提高学习成绩方面遇到了困难。这些学生频繁地更换教材及参加培训班,希望找到"灵丹妙药","服用"之后能立竿见影。

在学习的道路上,选择好的学习方法和教材可以加快学习步伐,但并不是学习成功的关键。学习成功的关键在于热爱学习和刻苦学习,这是取得良好学习成果的重要保障。

11岁的小姑娘陈梦在经历了一场病痛之后,把学习看作她生命中最快乐的事情。她患上了罕见的"母细胞癌",当医生宣布她即将丧失生命时,她意识到自己必须实现自己最想做的事情——上学。虽然她身体虚弱,但是陈梦坚持学习了3个月。

陈梦的例子告诉我们,学习不仅是为了获取知识和成绩,还可以带来快乐。因此,老师和家长应该帮助孩子培养对学习的兴趣,并创造积极的学习环境,让他们从内心深处去享受学习的乐趣。

为什么孩子学习困难？

　　小刚的学习成绩不佳,这是由多种因素引起的。首先,小刚的母亲容易焦虑、紧张,这给小刚带来了很大的压力。其次,小刚的家长对他的教育过于严格,并且期望过高,这让他感到无法承受。再次,小刚转入新的学校后,需要一段时间来适应新的环境,但他的自我心理调整能力较弱,这导致他在面对困难时无法积极应对,也无法恢复学习的积极性。

　　影响孩子学习成绩的因素包括孩子自身的因素和环境的因素。社会风尚、学校教育和家庭氛围共同构成了孩子学习的环境,并对学习成绩产生影响。在学习型家庭中,家长应关注孩子的心理需求,给予支持和鼓励。

　　除了外部因素,影响学习成绩的还有内部因素。例如,遗传因素、身体素质和学习动机等都会对学习成绩产生影响。具体来说,孩子的遗传因素和身体素质会影响他们对学习的适应性,而学习动机则会决定孩子的学习态度。为了提高学生的学习成绩,家长和老师应该关注这些因素,并采取相应的措施。首先,家长和老师要了解学生的遗传因素,为他们提供适当的学习资源和发展空间。其次,家长和老师要关注学生的经验积累,帮助他们掌握科学的学习方法。再次,家长和老师要激发学生的学习动机,培养他们面对竞争和失败的勇气,引导他们正确看待玩乐和学习的关系。

　　学生原本对学习充满兴趣,然而由于采用灌输式的教育方法,他们的求知欲遭到挫伤。一些学生将学习视为负担,这可能是由于他们的智力水平、个性问题及学习习惯等多方面因素共同作用的结果。面对这一问题,家长应该深入了解孩子的学习情况,耐心地教育他们,同时避免溺爱。特别是对于低年级的孩子,家长需要加强学习习惯的培养,帮助他们更好地适应学习要求。

　　学习习惯不良是导致学习兴趣不高的重要原因。在低年级阶段,孩子尚未养成良好的学习习惯,在完成学习任务和时间管理方面都存在困难。因此,家长应帮助孩子加强训练,培养他们良好的学习习惯。家长可以引导孩子制订合理的学习计划,教导他们养成良好的时间管理能力,并通过逐步引导,激发他们对学习的兴趣,提高他们的学习能力。

　　在关注和引导孩子的学习兴趣的同时,家长应注意避免溺爱。溺爱会导致孩子形成依赖心理,对学习的责任感和动力产生消极影响。因此,家长在帮助孩子解决学习问题时,需要保持耐心,同时适度施加压力,让孩子意识到学习的重要性,并培养他们自主学习的能力。

　　为了帮助孩子克服学习困难,提高学习兴趣,家长可以了解孩子的兴趣和特长,鼓励他们在学习中发现乐趣,激发学习热情。家长应该培养孩子良好的学习习惯,如定时复习、合理安排时间、专注听讲等。家长应该关注孩子的心理健康，帮助他们克服焦虑、恐惧等不良情绪，提高学习效果。家长应该引导孩子树立正确的价值观，让他们明白学习不仅是为了追求成绩，还是为了充实自己、提高素质，为未来的发展打下基础。

优化孩子的学习方法、端正孩子的学习态度及增强孩子的学习能力是每位家长关注的重点。以下提供几点有助于提升孩子学习能力的方法。

（1）根据孩子的学习体会，合理安排时间并制订可行的学习计划。每个孩子的学习节奏和习惯不同，因此家长应该倾听孩子的学习感受，了解他们的学习需求，合理安排时间表。例如，制订一个可行的学习计划，能够帮助孩子有条理地安排学习任务，避免浪费时间。

（2）在学习方法方面给予具体指导，尽快使孩子适应高年级的学习生活。高年级阶段，学习的难度和要求通常较之前更高，因此家长应该及早引导孩子掌握高效的学习方法，并提供具体指导，如教孩子做笔记、整理资料，从而提高他们的学习效率。

（3）建立良好的学习环境是非常重要的。家长应该为孩子提供一个安静、整洁的学习空间，并确保没有干扰因素。在学习环境中避免嘈杂的声音和其他家庭成员的干扰，能够帮助孩子更好地集中注意力，提高学习效果。

（4）培养孩子的阅读习惯是非常关键的一点。通过订购报纸杂志、带孩子到书店购买有益于孩子学习的书籍等方式，家长能够帮助孩子养成良好的阅读习惯，拓宽他们的知识面。阅读不仅能提高孩子的语言表达能力，还能培养他们的想象力和思维能力。

（5）支持孩子参加各种活动，如体育运动和艺术课程。这些能够陶冶情操，锻炼身体，激发学习兴趣。丰富的课外活动能够让孩子全面发展，增强他们对学习的兴趣，并培养解决问题的能力和团队合作精神。

孩子学习时粗心怎么办?

粗心大意在学习过程中是一个常见问题,可能导致孩子在重大考试中丢失分数,甚至名落孙山。孩子在学习中常出现马虎问题,如看错字、标错小数点、丢题等。这些粗心大意导致的失误会给学生的学习带来不利影响。因此,家长在面对孩子的这些问题时,不能忽视其危害,而应采取相应措施,帮助孩子克服粗心大意的毛病。

当孩子在学习中总说"我都会",但一做题就出错时,家长可以尝试以下方法。

(1)培养孩子的责任心。家长可以通过引导孩子参与家务和集体活动等方式,培养他们的责任心。

(2)提高孩子的注意力。家长可以尝试让孩子参加一些需要集中注意力的活动,如围棋、象棋等,提高他们的注意力。

(3)培养孩子细心的品格。家长可以通过观察孩子的日常生活,如整理书包和房间等,培养他们细心的品格。

(4)教育孩子学会自我检查。家长可以教育孩子在学习过程中养成自我检查的习惯,如检查作业和试卷等,以减少粗心大意导致的错误。

(5)鼓励孩子面对挫折。家长要教育孩子学会面对挫折,遇到错误时要勇敢面对,不要因为一次失败而气馁。

孩子在学习中经常出现粗心的问题,这是一个需要重视的问题。家长在这方面应该以身作则,同时督促孩子认真并细心检查。家长的严格要求和管理是提高孩子的成就感和紧迫感的重要因素之一。此外,孩子的情绪也需要适度的调控,不能过于放松或过于紧张。保持适度的紧张且愉快的情绪有助于孩子在学习中取得好的效果。平常心是学习过程中的最高境界,孩子需要既重视考试、认真准备,又不过度焦虑。只有这样,他们才能发挥出最佳水平,取得好的学习成果。因此,培养孩子的责任心,调控孩子的情绪,以及与老师合作,都是促进孩子学习的关键。

此外,在孩子成长的过程中,培养良好的生活习惯和思维能力是非常重要的。这些习惯和能力不仅可以帮助他们更好地管理自己的生活,还能够帮助他们应对各种挑战,为未来的成功打下坚实的基础。

怎样教给孩子科学的学习方法？

《中庸》中写道："道不远人。人之为道而远人，不可以为道。"这句话同样适用于孩子的学习过程。家长和老师要帮助孩子认识到，规律是亲近人的，是可以理解的。在课堂上，孩子要保持高度的注意力，积极思考、提出问题和回答问题。

分心是注意力不集中的表现之一，孩子要学会排除干扰，养成按照一定的程序和规范去听讲的习惯。噪声、疲劳、不愉快、干渴、饥饿等都可能干扰听课，但孩子要努力克服这些干扰，专注于课堂学习。

孩子要有稳定而广泛的学习兴趣。对于厌学的孩子来说，学习往往是被迫的，因此要保持专注很难。然而，当孩子对学习充满热情时，他们更容易专注于课堂。家长和老师要激发孩子的学习兴趣，让他们在课堂上保持积极的心态。

为了帮助孩子克服分心，提高注意力，家长和老师要与孩子一起制订学习计划，明确每天、每周、每月的任务，帮助他们养成良好的学习习惯，从而提高学习效率。通过设定规则和奖惩制度，家长和老师可以培养孩子的自律能力，使他们能够自觉地遵守规定，认真对待学习。家长和老师应该关注孩子的心理健康，及时发现和解决可能影响孩子学习的问题，如焦虑、抑郁等。家长和老师可以鼓励孩子参加各种兴趣爱好活动，如音乐、绘画、体育等，以培养他们的专注力，提高学习效果。家长可以鼓励孩子与同学互相监督和帮助，形成良好的学习氛围，共同克服分心的问题。家长可以定期与孩子的老师进行沟通，了解孩子在学校的表现和学习情况，及时调整家庭教育方法，并与老师共同帮助孩子克服分心的问题。家长可以教会孩子通过合理安排时间、制订学习计划来提高学习效率，减少因时间安排不当导致的分心问题。家长和老师可以关注孩子的自信心，鼓励他们在学习和生活中勇敢尝试，克服困难，提高自信心，从而减少因紧张和焦虑导致的分心问题。

陶行知先生曾推荐过读书的十大"秘诀"，这是一套科学的学习方法，对孩子的学习有着重要的指导意义。家长可以将这些秘诀逐条介绍给孩子，帮助他们提升学习效果。

一序：由浅入深，循序渐进。在学习的过程中要按照一定的顺序进行，从简单到复杂，逐步深入。

二勤：业精于勤，荒于嬉。学习需要勤奋，只有不断努力，才能取得优异的成绩。

三恒：持之以恒，锲而不舍。学习要有毅力，不怕困难，坚持不懈。

四博：从精出发，博览全书。在学习的过程中要广泛涉猎各类书籍，丰富自己的知识体系。

五问：不耻下问，学会提问。遇到问题时，要勇于提问，寻求解答。

六记：多动笔墨，多做笔记。在学习的过程中，要做好笔记，帮助自己巩固记忆。

七习：温故而知新,学了就复习。在学习的过程中,要定期复习所学知识,加深理解,提高记忆效果。

八专：专心致志,专心博广。学习时要全神贯注,避免分心。

九思：多加思考,学会运用。在学习的过程中,要深入思考,理解知识的内涵。

十创：触类旁通,敢创新路。在学习的过程中,要学会在原有知识的基础上创新,探索新的领域。

具体来说,学生的学习过程包括 5 个环节,它们环环相扣,呈螺旋上升的态势。

一、预习环节

预习是学习过程中的第一个环节,对学习的效果至关重要。预习能够提升孩子的自学能力,因此家长需要关注孩子的预习习惯并引导他们掌握预习的方法。

预习的作用在于帮助学生自主阅读新课内容,初步理解新课内容并为课堂学习做好准备。通过预习,孩子可以在课堂上更好地跟上老师的教学进度,加深对新知识的理解。预习还能够激发孩子的学习兴趣,提高学习效率。

预习的步骤包括通览教材、查阅旧知识、试做习题和做预习笔记。通览教材可以让孩子对新课内容有整体的了解,了解教材的结构和重点。查阅旧知识可以帮助孩子将新知识与已有知识联系起来,形成知识的衔接和延伸。试做习题可以帮助孩子巩固和应用所学知识,提升解题能力。做预习笔记可以帮助孩子整理和归纳所学内容,加深记忆和理解。

预习不仅有助于孩子更好地适应课堂学习,还能提高学习效果。通过预习,孩子能够在课堂上更加主动地参与讨论和思考,从而深化对知识的理解。预习还有助于巩固所学内容,提高记忆力和应用能力。因此,家长和老师应共同关注孩子的预习环节,帮助他们养成良好的预习习惯,为成功学习奠定基础。

二、上课环节

在求知的旅程中,我们应该保持积极的学习态度,并采取一些有效的学习技巧来更好地理解和吸收知识。我们将重点讨论带着问题上课,观察老师的思路和逻辑性,积极参与讨论及养成做笔记的习惯等。

带着问题上课是我们积极参与学习的一种方式。在课前,我们可以预习相关知识,然后思考可能会出现的问题,带着问题上课。这些问题可以是与知识点相关的疑惑,也可以是与课题有关的深入思考。通过带着问题上课,我们可以更主动地向老师学习,并且能够更好地理解和吸收知识。

老师通常会按照一定的思路进行教学,并有条理地呈现知识点。我们应该学会观察老师的思路和逻辑性,并且能够跟随老师的思路进行思考和理解问题。通过认真聆听和思考,我们可以更好地理解知识,并且能够更好地运用所学的知识。

在课堂上,我们应该积极思考、观察、提问和参与讨论。积极思考可以帮助我们更好地理解和消化知识,观察可以帮助我们发现更多的细节和问题,提问可以促使我们更深入地思考和理解知识,参与讨论可以深化我们的思维和观点。通过发挥主体作用,我们可以更好地掌握课堂内容,并且能够更好地与他人交流和合作。

养成做笔记的习惯是我们高效学习的重要方式之一。我们可以边听边记,用符号和批语标明重点,这样可以帮助我们更好地理解和记忆所学内容。同时,通过整理和回顾笔记,我们可以加深对知识点的理解,并且能够形成自己的复习资料,方便未来的学习。

带着问题上课,观察老师的思路和逻辑性,积极参与讨论,以及养成做笔记的习惯都是我们积极的学习态度与重要的学习技巧。这些学习态度和技巧可以帮助我们更好地理解和吸收知识,提高学习效果。

三、复习环节

复习作为学习过程中的中间环节,可以起到承上启下的作用。多种形式的复习可以帮助学生深入理解和掌握知识,提高他们的知识运用技巧。特别是当天进行复习,可以降低遗忘率,帮助学生掌握知识的前后联系和规律。系统的单元复习可以帮助学生更好地领会各个知识要点之间的联系,使得知识变得系统化、结构化。

在假期中,不要忘记复习,因为这可以防止知识的遗忘。同时,适当地阅读一些课外书籍可以加深和拓宽对知识的理解,巩固和运用已经学到的知识。

除了学生自身的努力外,家长和老师也需要关注孩子的复习过程。他们应该引导学生掌握复习的要点,为他们的学习奠定基础。家长和老师的支持和关注可以为学生营造积极的学习环境,帮助他们更好地完成复习任务。

四、作业环节

学生的重要任务之一就是做作业,这有助于巩固和运用所学到的知识,同时培养学习能力。因此,在做作业的时候,孩子应该认真且高效地完成任务。首先,他们需要注意审题,理解题目的要求,否则可能会得出错误的答案。其次,他们需要推理严谨,运用所学的知识和思维方式来解决问题。再次,写字工整也是很重要的,这能够让老师更容易批改作业并理解他们的回答。最后,学生在完成作业之后还需要检查一遍,确保没有遗漏任何问题。

除了孩子自身努力外,家长也应起到重要的辅导作用。家长应该教导孩子仔细研究老师的评语,及时更正错误,并且保证作业的完整性和有序性,以便于总复习时进行参考。这样可以让孩子更好地理解并改正自己的错误,提高他们的学习效果。

在做作业时,孩子需要注意循序渐进,避免过早地去挑战偏题怪题。他们应该按照阶段性的学习计划来完成作业,这样可以更好地掌握知识。同时,保持题目的多样性和趣味性也是很重要的,这样能够激发孩子的兴趣和动力,让他们更加享受学习的乐趣。

孩子应该独立地完成作业,不依赖他人的帮助。通过独立答题,他们可以提升自己的学习能力。这样也能够让他们在解决问题时养成独立思考的习惯,培养他们的创造力和解决问题的能力。

五、小结环节

小结是学习过程的终结环节,是将学习内容进行总结和归纳的过程,可以帮助孩子更好地理解和掌握所学知识。家长可以帮助孩子进行系统小结,使知识更条理化、实用化,并为考试做好准备。

考后分析是学生取得进步的关键。孩子要认真分析批阅后的试卷,改正错题,并找出自己学习中的漏洞。通过分析错题,孩子可以找出自己的薄弱环节,有针对性地进行知识巩固。同时,学生也要分析做对的题目,检查论证表达是否清晰严密,解题方法是否简洁明了。这样可以提高解题能力和思维的逻辑性。

小结和考后分析是学习过程的重要环节,可以帮助孩子更好地掌握知识和提高学习效果。家长和学生应该重视小结和考后分析的作用,将其作为学习过程中不可或缺的一部分。通过系统的总结和深入的分析,孩子可以更好地发现问题并取得进步。

学习的 5 个环节对每个孩子来说都是非常重要的,它们就像奥运五环旗上的 5 个环,环环相扣,缺一不可。家长和老师应该引导孩子掌握科学的学习方法,帮助他们更好地应对学习过程中的各种挑战。学习过程中可能会出现困惑、难度较大或者缺乏兴趣的情况,家长和老师要与孩子一起探讨解决方法,给予他们必要的支持和鼓励。同时,家长和老师也要与孩子保持良好的沟通,共同为他们的学习营造良好的学习氛围。

怎样培养孩子良好的学习习惯？

近年来，随着就业门槛的不断提高，具备大学本科及以上学历逐渐成为广泛认可的就业标准。在此背景下，为了取得好的学习成绩，培养良好的学习习惯显得尤为重要。家庭教育在培养孩子良好的学习习惯方面起着关键作用，如独立完成作业、刻苦认真学习、守时惜时和勤于思考等。

学生阶段是培养良好学习习惯的关键时期。在这个阶段，孩子养成的学习习惯往往会影响他们未来的发展。如果在小学阶段忽视了对良好学习习惯的培养，那么到了中学阶段再去补救将会变得非常困难。

良好的学习习惯对学生的学习成绩有着重要的影响。优秀的学生通常会将家庭作业和阅读放在看电视和玩网络游戏之前，他们注重时间管理，并且有良好的自律性。

家长和老师要与孩子一起制订学习目标和计划，明确每天、每周、每月的任务，帮助孩子养成良好的学习习惯，提高学习效率。通过设定规则和奖惩制度，家长和老师可以培养孩子的自律能力，使他们能够自觉地遵守规定，认真对待学习。家长和老师应该关注孩子的心理健康，及时发现和解决可能影响孩子学习的问题，如焦虑、抑郁等。家长应该鼓励孩子参加各种兴趣爱好活动，如音乐、绘画、体育等，以培养他们的专注力，提高学习效果。家长应该鼓励孩子与同学互相监督和帮助，形成良好的学习氛围，共同克服学习过程中的困难。家长应该定期与孩子的老师进行沟通，了解孩子在学校的表现和学习情况，及时调整家庭教育方法，并与老师共同帮助孩子养成良好的学习习惯。家长和老师应该教会孩子合理安排时间，制订学习计划，提高学习效率，减少因时间安排不当导致的分心问题。家长和老师应该关注孩子的自信心，鼓励他们在学习和生活中勇敢尝试，提高自信心，从而减少因紧张和焦虑导致的分心问题。

养成良好的学习习惯对学生的成长和发展具有非常重要的意义。学习习惯的养成需要经历3个关键阶段：制度制约、自觉行为和自动行为。

（1）在制度制约阶段，学生需要他人的督促和提醒，行为较为被动。这个阶段的学生需要依赖外部的规定和制度，如老师布置的作业或者学校安排的学习时间等。学生需要按照这些规定来安排自己的学习时间和任务，以便完成学习任务。

（2）在自觉行为阶段，学生的学习行为转变为自我督促。在这个阶段，学生开始逐渐意识到自己的学习需求和学习目标，并主动去制订学习计划和安排学习时间。他们会自觉地选择合适的学习方法和策略，以提高学习效果。这个阶段是养成良好学习习惯的关键时期，因为学生需要不断地培养自我管理能力。

（3）在自动行为阶段,学生已经养成了良好的学习习惯,不再需要外部的督促。他们的学习行为已经自动化,习惯已经内化。他们已经具备了独立学习的能力,能够自我调节和掌控学习进程,高效地完成学习任务。

良好学习习惯的培养并非一朝一夕之功,而是一个需要时间和持续努力的过程。在学习习惯的养成过程中,家长和老师要关注学生的点滴进步,鼓励他们在小事上不放松,坚持不懈地努力学习,最终养成良好的学习习惯。

如何充分发挥体育锻炼的作用?

　　体育运动对孩子的全面发展具有显著影响,可以增强体质,保持身体健康。通过参与体育运动,孩子能够克服困难,逐步恢复在学习上失去的信心。他们在体育运动中体验到胜利的喜悦和失败的挫折,学会全力以赴,学会努力争胜。这种经历能在孩子遇到学习挫折时给予他们如释重负的感觉。

　　此外,体育运动对孩子的人际交往和社会适应能力具有积极的影响。在参与体育项目的过程中,孩子学会了与他人合作,培养了团队精神和社交能力,从而能够更好地适应社会环境。对于学习和纪律上存在问题的孩子,参与体育运动为他们提供了一个转变的机会。通过体育运动,他们有机会改变形象,展现潜力和能力,成为学校合格的一员。

　　选择合适的运动项目不仅能够激发孩子的兴趣,还能够保证他们坚持下去。只有持之以恒,孩子才能在体育锻炼中获得更多的益处。因此,家长应关注孩子的兴趣和潜力,帮助他们找到适合自己的运动项目,并在锻炼过程中给予支持和鼓励,从而让他们在身体和心理上得到全面发展。

　　体育锻炼对孩子的全面发展具有重要的意义。除了身体和心理方面的健康发展,体育活动还能培养孩子的自律精神和毅力,并帮助他们释放压力,让他们保持良好的心理状态。

　　在现代社会,随着电子产品的普及,孩子容易沉迷网络游戏,导致运动量减少,身体素质下降。家长和学校应关注孩子的身心健康,引导他们合理安排时间,多参与体育锻炼。通过运动,孩子能更好地适应社会环境,提高抗挫折能力,培养团队合作精神,为未来的成长打下良好基础。

　　为了确保孩子在体育锻炼中取得良好的效果,家长和学校应根据孩子的兴趣和需求,选择适合他们的运动项目,确保他们能持续投入并享受运动的乐趣。此外,家长和学校应该为孩子创造良好的锻炼环境,提供充足的场地和设施,确保他们能安全地进行体育锻炼;帮助孩子养成坚持锻炼的习惯,让他们在锻炼中收获健康和快乐。

为什么要进行家庭美育?

美育作为现代教育中的重要组成部分,具有培养审美世界观、促进文化养成及渗透和协调德智体心各育的作用。在家庭教育中,美育成为孩子和谐发展的重要推动力。

美育,即美的教育,在 1793 年由德国诗人席勒首次提出。100 多年前,梁启超、王国维和蔡元培等人将美育引入我国。如今,家庭美育成为家庭教育中不可忽视的重要组成部分,对孩子的和谐发展起着重要的作用。

美育具有培养审美世界观和强调做人教育的特点。它不仅是学习一种艺术,还是培养孩子欣赏、感受美的能力,让他们能够从日常生活中感知美的存在并欣赏美。同时,美育也强调培养孩子良好的品行和道德观念,让他们成为有品位、有修养的人。

美育的方式多样,它渗透和协调德智体心各育,成为各种教育形式的中介。家庭美育以美养德、美益智、美健体、美怡心为核心,将美的元素融入家庭教育的方方面面。

美育对孩子的发展具有积极的作用。它能提升学习效率,培养孩子的注意力和观察力,从而让他们更好地掌握知识。此外,美育还能让孩子的性格变得活泼开朗,培养他们的想象力和创造力,为他们提供更多的想象空间。

我国拥有丰富的美育资源,包括景色秀丽的自然奇观、悠久历史中的艺术文化等。充分利用和开发这些资源,不仅有助于提高家庭美育的效果,还能促进孩子的全面发展。

美育能够培养孩子的审美观,使他们能够理解和欣赏美的事物。通过对艺术、音乐、文学等各种形式的美进行欣赏和学习,孩子能够培养对美的敏感性和理解力,从而提高自己的审美水平。

美育可以提高孩子的文化素养,使他们成为有文化、有修养的人。通过学习经典文学作品,了解各种艺术形式和传统文化,孩子不仅能够丰富自己的知识,还能够培养自己的情操和气质。

美育能够促进孩子的全面发展。通过参与各种艺术活动、体育运动及心理辅导等方式,孩子能够全面发展,从而提高自己的综合素质。

美育能够增强孩子的自信心和自尊心,帮助他们在面对困难和挫折时保持积极的心态。此外,通过参与各种艺术活动和比赛,孩子能够展示自己的才华和能力,从而增强自信心和自尊心。

美育能够培养孩子的创新能力和团队合作精神,使他们能够发挥自己的优势,共同进步。通过参与各种艺术创作和团队合作活动,孩子能够锻炼自己的创新思维和合作能力,从而培养自己的创造力和团队精神。

美育对孩子的全面发展具有深远的影响。在家庭教育中,家长应该关注孩子的美育教育,并将其融入孩子的日常生活和学习的各个方面。

(1)引导孩子欣赏艺术。家长可以带领孩子参观艺术展览、听音乐会、观看戏剧等,让他们在欣赏艺术的过程中,培养对美的感知和理解。

(2)鼓励孩子参与艺术创作。家长可以为孩子提供绘画、音乐、舞蹈等艺术创作的机会,让他们在实践中提高审美能力和创造力。

(3)培养孩子的文化素养。家长可以通过亲子阅读、讲故事、观看电影等方式,让孩子了解各种文化背景和艺术形式,提高他们的文化素养。

(4)关注孩子的心理健康。家长应该关注孩子的心理健康,培养他们面对挫折和困难的勇气和信心,帮助他们树立正确的价值观和人生观。

(5)鼓励孩子参加集体活动和运动。家长可以鼓励孩子参加集体活动和运动,培养他们的团队精神和领导能力,同时也有助于提高他们的身体素质。

(6)注重孩子的饮食健康。家长应该关注孩子的饮食健康,避免他们过度摄入高热量、高脂肪的食物,保持营养均衡,以促进其身体健康。

家庭美育的内容有哪些？

家庭美育致力于提升孩子在现实美、科学美和艺术美方面的审美能力。为实现这一目标，家庭美育应该从审美感知、审美想象、审美理解和审美创造方面进行。

审美感知是美育的基础。我们需要引导孩子发现生活中的美，培养他们欣赏各种美的能力。审美想象在欣赏美的过程中发挥着关键作用，它能帮助孩子通过想象，将事物变得生动形象，从而丰富他们的审美体验。

除了感受和想象，审美理解也是提升孩子审美能力的重要部分。通过概念、判断和推理，我们可以帮助孩子深入理解美的内涵。我们还可以通过教育他们学习各种艺术形式的基本概念和原理，帮助他们逐渐理解美的规律和内在的美学价值。

在提升孩子的审美能力时，家长起着关键作用。他们需要树立健康的审美观，教导孩子辨别美和丑，并接受美的陶冶。他们需要为孩子提供多样化的审美体验，给予孩子积极的鼓励和肯定，并与孩子一起欣赏各种形式的美。

此外，审美创造也是提升孩子审美能力的重要途径。通过学习技法和理论，孩子可以提高创造美好事物的能力。家长可以引导孩子通过观察和把握事物的形象，培养他们表现事物的能力，激发他们的创造潜力。

家庭美育是家长在教育孩子的过程中需要注重的一个方面。它的关键点包括提升孩子在现实美、科学美和艺术美方面的审美能力。家长应该重视美育，并关注孩子的审美感知、审美想象、审美理解和审美创造。

为了提升孩子的审美能力，家长应该引导孩子从不同角度欣赏美的事物，促使他们发展多元化的审美观。例如，家长可以带孩子去自然公园，让他们欣赏大自然的美景，或者参观科技展览馆，让他们领略科学的美妙之处。通过这些活动，孩子可以不断地感受到不同形式的美，并从中提高自己的审美能力。

家长应该关注孩子的兴趣和爱好，在他们对某个领域表现出浓厚的兴趣时给予鼓励，并支持他们参加各种美育活动。如果孩子对绘画感兴趣，那么家长可以鼓励他们参加绘画班或是购买绘画用具供他们使用。通过参与这些美育活动，孩子可以丰富自己的审美体验，提高自己的审美能力。

家庭美育可以让孩子在现实美、科学美和艺术美中找到乐趣。当孩子在参与美育活动时，他们会经历不同领域的美。这将帮助他们在日常生活中更加敏锐地感知美的存在，并享受其中的愉悦。

最重要的是,家庭美育能够培养孩子健康的审美观,有助于他们的全面发展。通过接触和欣赏美,孩子可以培养自己的审美情趣,发展自己的审美能力和创造力。这种全面的发展将有助于他们在学业和人际关系中更好地表达自己,取得更高的成就。

（1）现实美。家长可以引导孩子观察大自然的美景,如山水、花草、动物等,让他们在自然中发现美,培养他们对现实美的欣赏能力。

（2）科学美。家长可以带领孩子参观科技展览、博物馆等,让他们了解科学原理和科技成果,从而培养他们对科学美的认识和欣赏。

（3）艺术美。家长可以鼓励孩子学习绘画、音乐、舞蹈等艺术形式,让他们在艺术创作和欣赏中感受美的存在,提高审美能力。

家庭美育的实施需要家长的努力和引导。家长应该关注孩子的兴趣和爱好,支持他们参加各种美育活动,如绘画、音乐、舞蹈等。同时,家长应该关注孩子的心理健康,培养他们面对挫折和困难的勇气和信心,帮助他们树立正确的价值观和人生观。

孩子应该参加什么培训班？

中国的"天才教育"模式一直饱受争议，因为它可能给孩子造成不必要的压力。家长往往期望孩子成为天才，但这种期望不应强加给孩子。每个孩子都有独特的个性和潜能，家长应尊重孩子的选择和发展方向。

然而，有些家长忽视孩子的生理条件和智力水平，过度安排学习任务。这种强制学习不仅会增加孩子的压力，还可能损害他们的身心健康。长期单调、枯燥的学习可能会使孩子对学习产生反感，从而阻碍智力的发展。

事实上，一个人的兴趣往往是他的优势所在。家长应鼓励孩子发展自己的兴趣。对于孩子来说，兴趣是学习的动力和源泉。当他们对某个领域感兴趣时，他们会更加投入。因此，家长应尊重孩子的兴趣，并为他们提供适当的资源和机会来培养这些兴趣。

需要注意的是，鼓励孩子发展兴趣并不意味着完全放任他们。家长仍需引导孩子，让他们了解各种不同的领域，并在他们的兴趣和学习之间找到平衡点。通过正常的学习和发展，孩子可以获得更全面的教育，从而拓宽自己的知识面和视野。

吕思清的故事对家长而言具有极高的借鉴价值。吕思清从小就对音乐充满了热情。得益于家庭对音乐的重视，他在音乐方面有了良好的基础。在学生时期，吕思清虽然在音乐训练上付出了极大的努力，但是在文化课方面依然取得了出色的成绩。令人瞩目的是，他在7岁时就荣获了帕格尼尼国际小提琴比赛的冠军。这个成就不仅体现了他优秀的音乐天赋，还证明了家庭教育对孩子的影响。

这个故事给我们很多启示，特别是对于家长来说。家长应关注孩子的兴趣和特长，并引导他们参与各类艺术实践活动，以提升他们的审美能力。这不仅有助于孩子的全面发展，还可以培养他们对艺术的热爱和追求。同时，家长也需要关注孩子的身心健康。过度的压力和单调的学习生活可能给孩子带来负面影响。因此，家长应注重培养孩子的兴趣和爱好，让他们有自己的空间和时间去探索和发展。良好的身心状态对孩子的综合发展至关重要。

在培养孩子的过程中，家长还应充分尊重孩子的个性和兴趣。盲目追求所谓的"天才教育"只会给孩子带来压力和负担。每个孩子都是独一无二的，家长应理解并尊重他们的个体差异，并给予他们充分的支持和鼓励。

只有在快乐成长的过程中，孩子才能充分发挥潜力，成为未来社会的有用之才。吕思清的成长故事向我们展示了这一点。此外，家长的引导和关怀对于孩子的成长至关重要，因此，我们要不断学习和借鉴吕思清的经验，为孩子的发展创造良好的条件和环境。

为什么家庭要进行劳动教育？

在学校的大扫除活动中，一些家长选择代替孩子值日，以减轻孩子的压力和负担。然而，老师们认为让学生参与劳动更有教育意义。劳动不仅能够培养孩子的自理能力和责任感，还能培养他们的团队协作精神。因此，老师们鼓励学生参与各种劳动，而不是依赖家长代劳。

部分家长担心孩子无法打扫干净，因此不愿意让他们参与劳动。这可能源于家长希望给予孩子更好的学习环境，但也可能是缺乏对劳动教育的重视。实际上，通过参与劳动，孩子可以学习到耐心、细致和勤奋等重要的品质。

在植树节这样的活动中，部分家长认为孩子不适合参与植树。他们认为植树是一项需要认真对待的百年大计，应该由具备足够力量和经验的成年人来完成。然而，我们不能忽视植树活动中的教育意义。通过参与植树，孩子不仅可以学习到环保意识，还能感受到造福子孙后代的意义。因此，我们应该鼓励孩子积极参与植树活动，让他们从小培养起劳动观念并关注社会和环境问题。

从小培养孩子的劳动观念是一项具有长远意义的重要任务。劳动教育不仅能够帮助孩子树立正确的价值观，还能培养他们的自理能力和团队合作精神。因此，学校和家长应该共同努力，将劳动教育纳入教育体系，并为孩子提供更多参与实际劳动的机会，从而为他们的成长和未来发展打下坚实的基础。

劳动不仅为人们创造了丰裕的物质世界，还赋予了人们壮丽的精神世界。然而，幸福的含义及如何获得幸福，对每个人来说并不总是那么明了。根据哈佛大学的调查，在童年时期养成劳动习惯的人更有可能拥有充实和美满的生活。这是因为劳动培养了人们的毅力、耐心和自律等优秀品质，使他们能够面对困难和挑战并坚持不懈地追求目标。通过劳动，人们可以积累财富和实现自我价值，从而让自己的生活更加丰富和满意。

对于孩子来说，参与劳动是十分必要的。劳动帮助他们培养责任感、团队合作和自信心等重要的品质。此外，劳动也可以让孩子学会如何为自己的生活而付出努力。在劳动中，他们可以体验到成就感和价值感，这将对他们的成长和未来产生积极的影响。

劳动实践有哪些？

在现代社会中,劳动教育对于孩子的成长和发展具有至关重要的影响。通过参与劳动,孩子们能够体验到劳动带来的快乐和满足感,从而在内心深处培养出对劳动的尊重和热爱。同时,劳动教育也促使孩子们学会团队合作与责任担当。在共同参与劳动的过程中,他们学会了相互支持、分工协作,并意识到每个人在团队中的重要性。这种团队协作与责任感的培养,对孩子们未来的社会交往和职业发展至关重要。

此外,劳动教育可以帮助孩子更好地理解社会和人生。通过实践,孩子可以体会到劳动的辛苦,从而更加珍惜和尊重他人的劳动成果。同时,劳动教育也可以帮助孩子树立正确的价值观,让他们认识到幸福不是靠投机取巧或依赖他人,而是要通过劳动去创造。

在我国,劳动教育一直被视为重要的教育内容。从小学到大学,学校都会组织各种形式的劳动活动,如大扫除、植树、社会实践等,以培养学生的劳动意识和能力。然而,随着社会的发展和家庭条件的改善,一些家长溺爱孩子,导致孩子缺乏劳动的机会和体验。

因此,作为家长和老师,我们应该重视劳动教育,为孩子创造更多的劳动机会,让他们在实践中体验劳动的价值和意义。同时,我们也要教育孩子珍惜劳动成果,尊重他人的劳动,培养他们成为有责任感和爱心的人。

总之,劳动教育对于孩子的成长和发展具有深远的影响。通过参与劳动,孩子可以培养自己良好的品质,如勤奋、毅力、责任感和团队协作能力。这些品质对于他们未来的学习、工作和生活都是非常重要的。因此,我们应该重视劳动教育,让孩子从小培养劳动观念并关注社会和环境问题。

怎样培养孩子的劳动技能?

随着社会进步,人们逐渐认识到培养孩子的劳动技能和创新能力的重要性。家长应为孩子提供充足的机会和有效的指导,帮助他们设定明确的劳动目标,激发他们的动力,并充分发挥他们的潜力。

在孩子的成长过程中,培养劳动技能至关重要。家长应帮助孩子设定明确的劳动目标,并通过分配小任务来培养他们的责任感、独立性和自信心。这些小任务可以是整理房间、洗碗或整理书桌等。通过完成这些小任务,孩子能感受到自己的能力和价值,从而培养动手能力,激发劳动热情。

激发孩子的劳动欲望是培养劳动技能的关键。家长需要鼓励孩子从劳动中获得成功的喜悦。当孩子完成一项劳动任务时,家长应及时给予赞扬和奖励,使他们产生成就感和满足感。通过这种方式,孩子会愿意主动参与劳动,并愿意尝试和挑战自己。

在指导孩子劳动技能时,家长需要具体指导,并传授"诀窍"。家长可以和孩子一起练习剥壳、切菜、熨衣服等技能,教他们正确的动作和方法。同时,家长还应为孩子提供学习劳动技能的机会,如参观工厂,让他们了解不同职业的特点和技能要求。通过这样的指导和学习,孩子能改进自己的技能,并在劳动中体验到成长的快乐。

除了劳动技能,培养孩子的创新能力和解决问题的能力同样非常重要。在日常劳动中,家长应鼓励孩子观察、思考,并提出自己的想法。例如,当孩子整理房间时,家长可以和他们一起讨论如何整理物品,如何利用空间等。通过这样的思考和讨论,孩子能掌握解决问题的能力。这种能力将在他们的生活中发挥重要的作用,并在未来的职业生涯中成为他们的竞争优势。

劳动对孩子的成长起着重要的作用。家长应该根据孩子的年龄和身体特征,合理安排适合他们的劳动任务。当孩子年龄较小的时候,家长可以让他们做一些简单的家务,如收拾玩具、整理书架等。随着年龄的增长,家长可以适当增加孩子的劳动强度,让他们做一些力所能及的工作,如打扫房间、帮忙洗碗等。通过参与劳动,孩子不仅可以培养责任感,还能锻炼身体。

在孩子进行劳动的过程中,家长应给予足够的自由和独立空间。虽然刚开始可能会出现一些困难和失误,但家长要给予足够的耐心和支持,适时引导孩子正确地完成任务,让他们从错误中吸取经验和教训。家长可以和孩子一起探讨如何更高效地完成工作,可以分享一些技巧和经验,帮助他们提升劳动技能。

关注孩子的需求是培养孩子劳动欲望的重要一环。由于孩子的兴趣和爱好不同,家长要根据孩子的特点和喜好,更加关注他们在劳动中的需求。根据孩子的兴趣爱好,家长应该为他们提供相应的劳动机会,激发他们的劳动热情和动力。例如,对于喜欢花草的孩子,家长可以让他们负责照料家中的花草,让他们在劳动中感受到成就和乐趣。

劳动技能的培养是家长的责任之一。家长应该引导孩子在实践中学会解决问题,培养他们分析和解决问题的能力。例如,在孩子做家务时,家长可以教他们如何更好地规划和安排时间,如何使用家庭用品和工具等。通过这样的指导,孩子不仅能够掌握一些基本的劳动技能,还能养成综合能力和解决问题的能力。

家长应该为孩子参加劳动创造机会,让他们能够在实践中得到锻炼和成长。例如,家长可以让孩子参与家庭的装修,让他们亲自动手,体验劳动的乐趣。通过这样的参与,孩子能够增强对劳动的认识和理解,树立正确的劳动观念。

为了更好地培养孩子的劳动技能和创新能力,家长可以让孩子参与社区服务、志愿者活动等社会实践,让他们体验劳动的意义和价值。家长可以利用互联网、手机等现代科技手段,让孩子了解各种职业和劳动技能,激发他们的兴趣和好奇心。家长可以教育孩子珍惜资源、保护环境,培养他们的环保意识和劳动技能。

怎样理解心理健康？

　　家庭心理健康教育对孩子的成长起着至关重要的作用。家庭是孩子最早接触和感受到的环境。通过家庭心理健康教育，家长可以培养孩子良好的心理素质，帮助他们建立积极、健全的人格。家长应当关注孩子的精神健康，为他们提供积极的情感支持和关爱，同时要尊重孩子的个性和需求。在家庭中创造一个稳定、温暖、尊重和有纪律的环境，有助于孩子形成健康的心理发展模式，提高他们的适应能力和自我管理能力。

　　家庭心理健康教育对身体健康、学习和家庭和谐有着积极的影响。心理健康问题可能导致身体健康问题，如睡眠障碍、消化不良等。而家庭心理健康教育可以预防和解决这些问题。对于学习来说，心理健康问题会影响孩子的学习兴趣、学习能力和学习效果。家庭心理健康教育可以帮助孩子培养正确的学习态度和掌握高效的学习方法，从而提升他们的学习效果。此外，家庭心理健康教育还有助于家庭成员之间的和谐相处，减少家庭矛盾，提升家庭幸福感。

　　为了更好地开展家庭心理健康教育，家长可以营造一个温馨、和谐的家庭环境，让孩子在轻松愉快的氛围中成长。家长应该主动与孩子沟通，了解他们的想法和需求，关注他们的心理变化。家长应该尊重孩子，给予他们足够的关爱和支持，让他们在成长的过程中建立自尊心和自信心。家长应该教育孩子如何面对挫折和困难，培养他们的抗压能力。家长应该教育孩子如何与他人相处，培养他们的社交能力。家长应该关注孩子的兴趣爱好，鼓励他们参加各种活动，培养他们的个性和特长。

　　为了更好地开展家庭心理健康教育，家长可以帮助孩子认识自己的缺点和不足，鼓励他们勇敢地面对自己的缺点，努力改进。家长应该教会孩子如何识别和表达自己的情绪，以及如何调整自己的情绪。这有助于孩子建立健康的心理状态，应对生活中的压力和挑战。家长应该教育孩子关心他人，理解他人的感受和需求。通过培养同理心，孩子能够更好地与他人相处，建立良好的人际关系。家长应该让孩子学会珍惜和感激他人的付出，培养他们的感恩之心。这有助于孩子形成积极的心态，珍惜生活中的点滴幸福。家长应该教育孩子遵守家庭和社会的规则，培养他们的自律能力。这有助于孩子形成良好的行为习惯，为未来的成长奠定基础。家长应该关注孩子的心理健康，及时发现并解决可能存在的心理问题。如有需要，家长可以寻求专业心理医生的帮助。

孩子孤僻怎么办？

家庭教育的目标之一在于塑造孩子的合群精神，而要实现这一目标，家长需要创造条件，让孩子有机会与同龄人互动，从而提升他们的社交能力和团队意识。此外，家庭教育还能增强孩子的体质，提升智力水平，以及丰富口语表达。家长需要投入时间和精力，引导孩子参与各种活动，发掘他们的兴趣和潜能。

在家庭教育中，家长要着重培养孩子的多种优秀品质，如团结、友爱、活泼和勇敢等品质。家长通过身教和言传相结合的方式来教育孩子学会感恩、尊重他人、乐于助人和勇于面对困难等，从小塑造他们的人格。对于独生子女来说，家庭教育尤为重要，他们需要学会处理人际关系、敏锐地感知事物，以及适应社会的行为方式和习惯。家长应尽力让孩子接触不同的人与事，鼓励他们主动参与集体活动，并提供良好的家庭环境，以促进孩子的全面发展。

为了改变孩子的孤僻性格，家长可以让孩子参与丰富多彩的活动，提供各种机会让他们参与社交活动，与同龄人互动。如果孩子的孤僻性格问题较为严重，影响到他们的正常生活和交际能力，那么家长可以为孩子寻求心理治疗。通过专业的心理治疗，孩子可以得到更有针对性和系统性的支持，从而克服孤僻，拓展社交圈子。

孤独症是一种儿童发育障碍，会影响孩子的社会行为、语言交流和学习活动。需要明确的是，孤独症并非由家长教养态度和成长环境造成，而是由大脑受损所致。对于孤独症患儿，早发现、早干预、行为矫治是帮助他们融入社会的关键。家长应及早关注孩子的发展，如果发现孩子存在沟通障碍、社交困难等症状，那么应及时寻求专业人士的帮助和指导。早期干预和综合治疗可以帮助孩子克服孤独症的影响，尽早适应社会生活。

为了更好地培养孩子的合群精神，家长应支持孩子参加学校、社区等组织的集体活动，让他们在集体中锻炼自己，学会与人合作。家长应该教育孩子如何与他人相处，培养他们的社交能力。家长应该关注孩子的心理变化，及时发现并解决心理问题，防止他们形成孤僻性格。家长应该营造温馨、和谐的家庭环境，让孩子在轻松愉快的氛围中成长。家长应该教育孩子如何面对挫折和困难，培养他们的抗压能力。家长应该关注孩子的兴趣爱好，鼓励他们参加各种活动，培养他们的个性和特长。

总之，家长要重视培养孩子的合群精神，为他们创造健康、快乐、和谐的成长环境。只有这样，孩子才能在合群精神的熏陶下茁壮成长，成为有出息、有担当的人。

孩子骄傲怎么办?

在日常生活和工作中,我们应该牢记"无知"的重要性。虽然"无知"可能被视为一种缺陷,但正是"无知"激发了我们对知识的追求。当我们认识到自己对某个领域的"无知"时,就会激发对知识的渴望,这也是我们追求知识的起点。

我们应该明白,知识是无止境的,就像海洋一样广阔无垠。因此,我们应该保持谦虚和好学的态度,不停地探索未知领域。只有如此,我们才能不断丰富自己的知识,不断成长。

在追求知识的道路上,不断超越自己是实现卓越的关键。当我们不断学习和积累知识的时候,我们要勇敢面对自己的局限性,超越自己的舒适区。只有这样,我们才能够进一步提升自己的能力,并实现卓越的成就。

芝诺的故事为我们提供了宝贵的启示。芝诺是古希腊的一位哲学家,他在追求知识的过程中展现出了非凡的勇气和坚持。无论是在数学中遇到的悖论,还是在逻辑学中面临的挑战,他都坚持追求真理,不断超越自己。正因为他的勇气和不懈追求,他成为哲学史上的一位伟大思想家。

凌凌是一位优秀的青年,她回顾了自己的成长历程,分享了对批评和赞扬的理解,并强调了在追求成功的道路上平衡二者的重要性。

10 岁时,她就在《北京日报》发表了一篇作文,为此受到了班主任老师的表扬。这对她来说意义非凡,让她产生了写作的激情。然而,就在她扬扬得意之时,妈妈指出了这篇作文的不足之处。凌凌回过头来才意识到这篇作文仍需要更多的改进。她感激妈妈的指导,并从中学到了重要的一课:接受批评和指导是成长的一部分。凌凌在接下来的学习中取得了出色的成绩。她以优异的成绩毕业于北京大学英语系,并熟练掌握了多国语言。她的努力和才华为她赢得了许多荣誉。

回忆起自己的第一篇作品,凌凌感到庆幸。有人肯定自己的成绩,也有人指出自己的不足。她明白,批评与赞扬在人生道路上是不可或缺的。批评可以帮助她发现自己的不足,并激励着她不断进步;而赞扬则是对她成就的认可和鼓励。

阿喀琉斯是希腊神话中的英雄,他具有刀枪不入的特点,这源自他曾被倒浸在冥河中。然而,阿喀琉斯的脚踝因为没有浸到冥河水而成为他的致命弱点。后来,他被阿波罗的暗箭射中脚踝而亡。这告诉我们一个重要的道理:一个人如果没有意识到自己的短处,往往就容易被人利用。因此,了解自己的短处并进行改正是非常重要的。孩子应该学会接受批评,并从中吸取教训。家长也应该引导孩子认识到自己的不足之处,并帮助他们建立正确的自我认知和自我评价。

家长应该教育孩子，让他们认识到自己的短处，并努力去改进。同时，家长也要让他们明白，骄傲自满会导致失败，而谦虚谨慎则是成功的关键。正如阿喀琉斯的故事所揭示的，我们应该正视自己的短处，保持谦虚的态度，这样才能在人生的道路上取得成功。

家长应当警惕骄傲对孩子产生的负面影响。骄傲是一种自满和自负的态度。当孩子变得骄傲时，他们会变得固执，不愿听取他人的劝告。这样的态度会让孩子失去与他人交流和学习的机会。骄傲还会让孩子失去客观判断标准，阻碍他们的进步。如果孩子自以为是，认为自己已经很优秀了，他们就会停止努力，甚至拒绝提升自己的技能和知识。因此，家长应该提醒孩子，成绩只是他们发展的起点，还有更多知识和技能等待他们去学习和掌握。

知识如同无边的海洋，孩子应该保持谦虚奋进的学习态度。他们即使在某个领域取得了优秀的成绩，也应该知道还有更多的知识等待他们去探索和学习。家长应该教育孩子正确地看待自己的长处和不足，让他们明白每个人都有自己的特长和优点，但同时也必须认识到自己的不足之处，从而不断改进，实现真正的成长。

倾听别人的意见和建议对孩子的成长是非常重要的。家长应该鼓励孩子接受他人的意见和建议，这样可以帮助他们充实自己。同时，家长也要让孩子明白，接受他人的意见并不意味着否定自己，而是在不断提高自己的基础上寻求更好的发展。

在我们身边，总有一些善于言辞的人，他们喜欢和别人斗嘴，并以此为傲。小刘就是这样一个孩子。他是五年级的学生，擅长辩论。然而，参与社区活动后，他的心态发生了改变。在社区活动中，小刘担任社区服务员，负责陪伴老爷爷们聊天。在这个过程中，小刘意识到相较于经验丰富的老人，自己的知识储备还远远不够。他开始反思自己过去的自满和懈怠，意识到知识的重要性和自己的局限性。

小刘逐渐认识到，谦虚并非仅仅为了取悦他人而作出的表面姿态。真正的谦虚体现在对他人的尊敬，并因此获得他人的尊敬。他过去喜欢与人斗嘴的行为，虽然带给他短暂的满足感，但是这种快感远不及从谦虚中获得的尊重和认可。小刘开始领悟到，谦虚是一种既利人又利己的美德，它不仅能促进与他人的和谐相处，还能推动自身的成长与进步。

通过社区服务的经历，小刘明白了谦虚的重要性。他以后会更加勤奋学习，虚心向老人请教，拓宽自己的视野。他也希望将自己的领悟与周围的人分享，让更多的人意识到谦虚的价值。对于小刘而言，谦虚不仅是一种美德，还是成长的动力和指引。

在现实生活中，家长要教育孩子，让他们明白谦虚的重要性，培养他们谦虚的美德。只有这样，孩子才能在人生的道路上取得成功，成为有道德、有品质的人。

怎样促进孩子的心理健康？

家庭心理健康教育的首要任务是引导孩子接受自我、理解自我，并学会管理自我。这一目标涵盖了自我提升、自我珍爱、自我认知和自我评价等领域。

一、自我提升

自我提升意味着信任自己，具备进取心，以及应对挫折的能力。家庭心理健康教育应激发孩子对自己能力的信心，培养他们取得成功的信念，并教导他们如何应对挫折和困难。

二、自我珍爱

自我珍爱意味着保护自己，避免伤害自己的身体和人格。家庭心理健康教育应教育孩子养成健康的生活习惯，包括保持健康的饮食习惯，参与适当的体育活动，远离不良行为和环境，以及对自己的身心健康负责。

三、自我认知

自我认知意味着了解自己的身体发育状况和承受能力，认识自己的兴趣和特长。家庭心理健康教育应鼓励孩子主动了解自己的身体状况，并培养他们发展自己的兴趣和特长，让他们在适合自己的领域中获得成就感和满足感。

四、自我评价

学生应该逐步学会自我评价，具备一定的独立性和自主性。家庭心理健康教育应培养孩子的自我评价能力，让他们学会客观地评价自己的行为和成绩，从而更好地认识自身的优点和不足，并主动寻求进步。

五、自我控制力

除了接受自我，家庭心理健康教育还需要关注孩子的自我控制力，包括情绪和行为的自我控制，以及培养辨别能力。家庭心理健康教育应帮助孩子学会控制自己的情绪，避免冲动和过激的行为，并教导他们如何辨别和分析问题，培养他们的批判思维能力。

六、自理能力

自理能力是家庭心理健康教育的重要内容。自理能力意味着在学习和生活上有自理意识和自理能力，以适应家庭、学校和简单的社会生活要求。家庭心理健康教育应教育孩子养成良好的生活习惯，培养他们独立解决问题的能力，从而使之能够更好地适应不同的环境和生活需求。

七、自我教育

家庭心理健康教育认为自我教育是最重要的教育，因为其他教育必须通过自我教育来发挥作用。这意味着家庭心理健康教育应激发孩子的学习兴趣和动力，培养他们通过自我学习来获取知识和经验的能力。此外，家庭心理健康教育还应鼓励孩子勇于尝试新事物，培养他们的创新精神。

在孩子的成长过程中，家庭环境也起着至关重要的作用。家长应改变传统的教育观念，关注并提升自身的心理健康，以便更好地发挥育人功能，成为孩子的榜样。

如何培养孩子的良好性格？

和谐、宁静、舒适和温暖的家庭环境对孩子的性格形成大有裨益。在这样的家庭中，家长之间的和谐关系、积极向上的生活态度、亲情的温暖及家庭成员之间的相互支持和理解，能对孩子产生积极的影响。在这种环境中，孩子能够感受到安全和爱，这有助于培养他们积极向上的性格特点，如乐观、自信、勇敢、积极向上等。

相反，矛盾、脏乱、沉闷、压抑和缺乏关爱的家庭环境可能导致孩子形成不良性格。在这种家庭中，家长之间的矛盾冲突、家庭成员之间的不理解和冷漠，以及家庭中存在的不良习气和行为，都会对孩子造成负面影响。在这种环境下，孩子容易养成消极、怀疑、自卑、孤僻等不良性格特点。

小张因家庭溺爱形成了不良性格。家庭溺爱是指家长对孩子过分宠爱和纵容，不给予孩子适当的限制。在这种家庭中，孩子往往会变得自私、懒散、无责任心，并缺乏应对困难和挑战的能力。这种溺爱的表现包括过分满足孩子的要求，不让孩子面对困难和挫折，以及纵容孩子的任性和不负责任的行为。

为了提高小张的心理健康水平，家长必须停止溺爱，让她吃该吃的苦，负该负的责任。家长应该给予孩子适当的关注和爱，但也要教会孩子面对困难和挫折。培养孩子从小具备承担责任、设定目标、独立思考、与他人合作等能力，对其心理健康的发展至关重要。

具有良好性格的人能在平凡的生活中发现不平凡，能在困难的人生中发现美丽。具备良好性格的人面对困难和挑战时，能够保持积极的心态，勇敢地迎接挑战。他们具有乐观、自信、坚韧、勤奋和善良的特点，能够积极地影响和感染身边的人。这样的人在工作和生活中都能够更好地适应环境并取得成功，同时也更能感受到幸福感和内心的满足感。

为了改变不良性格，首先，家长要关注家庭环境对孩子的影响，营造有利于孩子成长的家庭氛围。家长要注意自己的行为和言辞，做孩子的榜样，提供正面的家庭支持和教育。其次，家长要关注孩子的心理健康，及时发现并解决潜在问题。家长还可以通过与孩子进行沟通和交流，了解他们的内心世界，帮助他们学会情绪管理和掌握解决问题的能力。再次，家长应该给孩子提供适当的教育和培训，帮助他们建立起积极向上的人生观和价值观，逐渐形成良好的性格，为未来打下坚实的基础。

培养良好的性格需要孩子具备善于观察、勤于思考和勇于奋斗的品质。这些品质可以帮助孩子解开生活中的谜题，培养他们面对困难时的勇气与智慧，进而塑造出坚韧、自信和乐观的性格特质。

家长在孩子性格培养的过程中起着至关重要的作用。家长应该重视家庭环境对孩子性格的影响,创造有利于孩子成长的积极氛围。这意味着家长要提供支持与指导,帮助孩子发展良好的品德和道德观念。

家长应关注孩子的心理健康,及时解决存在的问题。通过了解孩子的内心世界,并与孩子建立良好的沟通渠道,家长可以发现并解决孩子在成长过程中遇到的心理困惑和问题,从而促进他们性格的健康发展。

总之,通过培养孩子善于观察、发现生活中的美,以及运用所学知识进行解释和理解的习惯,家长可以帮助孩子形成良好的性格。这不仅能够培养孩子的自信心和独立思考能力,还能为他们未来的学习和生活奠定坚实的基础。

怎样培养孩子的责任心？

家庭教育的重要内容是培养孩子的责任心，它在个人品德塑造方面具有举足轻重的作用。责任心体现在个人对自身行为负责，信守对他人的承诺，以及积极回应社会的要求。在家庭环境中，家长有责任培养孩子的责任心，但过度的陪伴和代替孩子承担责任，可能会导致孩子缺乏奋发向上的动力。

为了培养孩子的责任心，家长需要适时放手，让孩子承担起自己的责任。家长不能过分依赖自己去解决孩子的问题，而应当鼓励孩子积极面对困难和挑战。只有在适当的时候给予孩子一定的自主权，才能激发他们的责任心和自我管理能力。当孩子面临挫折和困难时，家长应给予他们适度的支持和鼓励，帮助他们克服困难，而不是代替他们解决问题。

家长可以通过设定目标和奖励机制来激发孩子的责任心。首先，家长可以和孩子一起设定一些合理、可量化的目标，让孩子明确自己需要承担的责任和要达到的目标。其次，家长可以设定一些奖励机制，从而激励孩子积极承担责任。这些奖励可以是一些简单的、符合孩子年龄特点的小奖品或特殊的活动，给予孩子充分的认可和奖励，从而鼓励他们更加努力地去承担责任。

责任心的培养是一个长期的过程，需要家长的耐心和持续的教育和引导。家长应当从小事做起，教育孩子尽责尽职，养成良好的习惯。通过适当的引导和激励，家长可以培养出责任心强、勇于担当的下一代，让他们成为社会中的有用之才。

家长在孩子的成长过程中扮演着重要的角色。他们不仅是孩子的引导者和养育者，还是培养孩子独立性的关键人物。对于家长来说，培养孩子的独立性意味着让孩子学会自己处理事情，并为自己的行为负责。这一点包括谁的事情谁来做、谁的责任谁来负、谁的成功谁来体验。

在孩子的自我管理中，家长应该让孩子承担起自己的责任。这是为了帮助他们实现自我认识和自我改进的目标。通过独立承担责任，孩子能够更好地应对自己的错误和挑战，从而成长为更加坚定和勇敢的个体。

家长应该积极给予孩子肯定和表扬。这样一来，孩子就能够体验到成功的喜悦，并增强自己的自信心和成功感。这不仅能够激发孩子的积极性，还能够鼓励他们在面对困难和挑战时保持乐观和勇敢。

怎样教育孩子学会消费？

学生的不良消费行为主要表现为两种情况：一是无法独立消费，购物时需要依赖家长；二是无收入却肆意挥霍，导致严重的浪费行为，从而影响学习、品德和亲子关系。此外，家长溺爱子女、超前消费容易让孩子陷入不良后果，如不懂得珍惜劳动成果、欲壑难填，甚至违法犯罪。

在现代社会，消费成为人们生活中不可或缺的一部分。然而，许多家长在如何引导孩子正确消费方面仍感到困惑。毕竟，在面对各种消费选择时，孩子常常因好奇心和失去理性而作出不明智的消费决策。因此，家长应采取一些措施来教育孩子如何正确消费。

一、培养孩子独立消费的习惯

从小培养孩子的消费习惯是非常重要的。家长可以将一些小额零钱交给孩子，让他们自己去购买一些小物品。同时，家长应该教导孩子如何找零钱，如何计算商品的价格和折扣等，逐渐提高孩子的消费能力。通过这种方式，孩子可以学会独立作出消费决策，并且意识到每一笔消费都需要进行合理的权衡。

二、鼓励孩子学会计划理财

除了教导孩子如何消费，家长应引导孩子将剩余的钱存起来。这样可以培养孩子的节约和理财意识。家长可以和孩子一起制订消费计划，明确每一笔消费的目的和意义。同时，家长还可以教导孩子如何合理分配每月的零花钱，以及如何理性对待自己的消费欲望。通过这种方式，孩子可以明白理财的重要性，学会规划自己的消费和储蓄。

三、满足孩子的购物心理

家长可以让孩子帮忙购买一些家庭用品，如食品、日用品等，可以让孩子感受到自己的购买决策对家庭生活的影响。家长也可以给孩子购买自己喜欢的小物品的机会，如文具、玩具等。这样可以培养孩子对金钱的正确态度，让他们在购物的过程中更加理性和成熟。同时，家长可以对孩子的购物决策进行引导和评估，教导他们如何理智判断商品的价值和优先级。

家长应该引导孩子树立正确的消费观，让他们明白金钱的价值，知道金钱是用来购买生活必需品和进行合理消费的，而不是用来浪费和满足无节制的欲望。家长还应该教育孩子珍惜劳动成果,让他们明白金钱是通过努力工作赚来的,而不是从天上掉下来的。

四、以身作则,树立消费榜样

家长应该理性消费,不浪费,不超前消费,为孩子树立理智、节俭、有计划的消费榜样。家长应该关注孩子的心理健康,及时发现并解决可能存在的心理问题。孩子不良的消费行为可能是因为存在心理问题,如缺乏安全感、自卑等,因此家长应该关注孩子的心理需求,帮助他们建立健康的消费观念。

在教育孩子如何花钱时,家长需要注意 3 个关键点。首先,家长应该教授节约省钱的技巧,让孩子学会合理使用金钱。其次,家长应该培养孩子货比三家、看秤、讨价还价的习惯,让他们懂得如何寻找最优惠的价格。

如何进行生命教育？

人生只有一次，我们应该珍惜并热爱生命。然而，在现代社会中，自杀这一可预防的悲剧仍然存在。有效的干预措施可以降低自杀死亡率。

学生虽然看起来天真无邪，但是同样可能面临着沉重的心理压力。失望和痛苦常常是导致学生自杀的主要原因，因此家长需要密切关注孩子的情绪和行为变化。如果他们突然变得自闭、情绪低落或学习成绩下降，这就可能是一个预警信号。通过与孩子建立良好的沟通渠道和情感连接，家长可以帮助他们摆脱困境并预防自杀的发生。

自杀的念头不是突然出现的，它有一个渐进的过程。在这个过程中，学生可能经历情绪低落、社交隔离和自我贬低等。只要我们能够及早识别和干预，就可以阻止自杀的发生。因此，我们需要关注身边的人，尤其是那些表现出自杀迹象的人，及时为他们提供必要的支持和帮助。通过提供专业咨询、心理支持或寻求心理医生的帮助，我们可以阻断自杀念头，并挽救他们的生命。

预防自杀是社会责任的体现。社会各方都应该共同努力，提供相关的资源和支持。媒体可以通过宣传、教育和倡导预防自杀的重要性，提高人们对这个问题的认识。只有全社会齐心协力，才能有效地预防自杀，保护每一个宝贵的生命。我们应该共同努力，创造充满关爱和温暖的环境，让每个人都能体验到生活的真正意义。

有些家长并不关心孩子在生活中所面临的困扰和难题。他们可能对孩子在学习上是否遇到困难、生活中是否有什么不顺心的事情缺乏关心，甚至忽视这些问题。这导致孩子在面临各种挫折时无法得到家长的支持和指导。特别是学生这个群体，他们常常没有准备好应对生活中的挫折。因此，当遇到困难时，他们常常感到无助和困惑。

自杀者通常都具有性格内向、自我封闭的特点，他们不擅长与人交往。他们选择轻生是为了达到一种自我解脱的目的。由于缺乏与家长和周围其他人的沟通，他们很难将心里的矛盾和困扰表达出来，进而无法得到有效的帮助和支持。这种长期的孤独和内心的无力感，最终导致了厌世轻生的结果。

为了防止和减少厌世轻生现象的发生，我们应当重视孩子的心理健康。家长应该关注孩子的情绪变化和困惑，积极倾听孩子的诉说，为他们提供安全的环境。此外，学校和社区也承担着重要的职责，应该加强对孩子心理健康的关注，提供适当的心理咨询和支持机制。

孩子的挫折感会对他们的学习和生活产生深远的影响，因此家长在引导孩子应对挫折方面扮演着重要的角色。孩子面对挫折时的心理健康状况和适应能力决定了他们的未来发展。一些孩子会因为挫折而陷入自暴自弃的状态，甚至有可能产生自杀的倾向。因此，家长不仅要关注孩子的学习成绩，还要关注他们的心理健康。

过度包办一切和溺爱孩子是造成他们缺乏适应能力的主要原因之一。家长应该意识到，只有当孩子能够独立面对问题并解决困难时，他们才能够在面对挫折时作出积极的反应。因此，家长需要培养孩子的适应能力和心理防御能力。这包括正确引导他们面对挫折，逐渐摆脱对家长的依赖。

此外，当孩子遇到矛盾和挫折时，家长应该温柔地劝导孩子，避免使用尖酸刻薄的语言和简单粗暴的行为。这些方式只会触发孩子的逆反心理，而无法真正解决问题。家长应该减少对孩子的过度关注，这将有助于缓解他们的情绪，从而降低他们自杀的可能性。

为了预防学生自杀，家长、学校和社会必须携手共进，形成合力。为此，家长应该经常与孩子交流，密切关注他们的情绪变化，并在必要时寻求专业帮助。学校应设立心理辅导室，并加强学生的心理健康教育。社会需要加大宣传和教育力度，提升公众对孩子心理健康问题的关注和认识。

尤为关键的是，我们要给孩子普及生命教育，使他们深刻领会生命的意义与价值，避免将生命轻率地用于交换微不足道的事物。同时，我们要引导孩子通过思考死亡问题来更加珍视生命。家长、学校和社会需要付出努力，共同守护孩子的心理健康，及时发现并解决他们的心理问题。

孩子迷上网络聊天和网络游戏怎么办？

近年来,网络聊天和网络游戏已逐渐成为社会关注的问题。许多孩子沉迷网络聊天或网络游戏,并接触到了一些不健康的信息,这对他们的身心健康构成了不可忽视的威胁。

面对这个问题,家长、学校和整个社会都应加强对网络聊天和网络游戏的管理和引导,以保护青少年的身心健康。

家长需要密切关注孩子的游戏和聊天行为,引导他们正确地使用网络,并培养良好的网络素养。家长应该给予孩子足够的关爱和陪伴,让他们感受到现实生活的美好和有趣之处,从而减少对游戏的依赖。

学校应加强对学生的网络教育,提高他们的网络素养。学校可以设置专门的课程或开展相关的活动,教导学生如何正确地使用互联网,以及认识到网络安全的重要性。通过增加网络教育的内容,学生可以更好地认识到网络聊天和网络游戏的负面影响,并能够更好地抵制诱惑。

社会应加强对网络环境的监管,净化网络空间,为青少年创造健康的成长环境。政府可以加大对游戏公司和网站的监管力度,限制不健康游戏的流通和传播,同时加强网络信息监管,减小青少年接触有害信息的可能性。此外,社会还可以鼓励青少年参与更多的体育、文化和艺术活动,减少他们对网络聊天和网络游戏的依赖。

在网络聊天和网络游戏盛行的当下,家长扮演着重要的角色,他们可以帮助孩子树立正确的价值观和人生目标。家长还可以与孩子一起制订合理的生活规划,培养他们的综合能力和兴趣爱好,让他们明白网络聊天和网络游戏只是生活的一部分,而不是全部。

家长应与孩子一起制订合理的生活规划。家长应该为孩子定下明确的目标,并帮助他们制订每天、每周或每月的计划,包括学习、运动和社交活动等。通过这种方式,孩子能够意识到他们的时间有限,不能将全部时间都花在网络游戏和网络聊天上。同时,良好的生活规划可以帮助孩子养成积极的生活习惯,提高他们的时间管理能力。

家长应该培养孩子的综合能力和兴趣爱好。家长应该鼓励孩子参与各种活动,如体育运动、音乐、绘画、写作等。通过培养兴趣爱好,孩子能够将时间投入有意义的活动中,从而避免沉迷于虚拟世界中。同时,综合能力的培养也将使孩子更全面地发展自己,增强他们的自信心和对现实世界的认知。

孩子应该怎样与老师交往？

教师节，是一个专为表彰和感谢老师们辛勤付出的特殊日子。20世纪30年代，国立中央大学（现南京大学）的一位教授提倡设立教师节，并将其定在6月6日。

1985年1月，第六届全国人大常委会第九次会议确定每年的9月10日为教师节。这一决定在全国范围内得到了广泛认可，彰显了对老师们辛勤付出的尊重和感激之情。

老师是文化知识的传播者，他们辛勤耕耘，为学生的成长付出了不懈的努力。作为家长，我们应该教育孩子尊重老师，珍惜他们的劳动成果。同时，我们也应该教育孩子学会宽容和体谅，与老师建立良好的关系。在尊重老师的基础上，我们还要教育孩子坚持真理，拥有独立的见解，并努力超越老师，不断进步。

在孩子的眼中，老师是崇高和值得尊敬的人。他们向往得到老师的认可和赞扬，希望成为老师心中的好学生。然而，学校要求学生不仅关注自己的需求，还要关注他人的存在。这意味着学生不仅要在学习上取得成就，还要培养良好的品质和行为。事实上，伤害他人不仅是对别人的不尊重，还是对自己的不尊重。

老师和学生之间是互补关系，相互满足对方的需要。学生需要老师的指导和帮助，老师则需要学生的合作和理解。学生应该尊重老师，珍惜老师的辛勤付出。同时，学生也应该努力获得老师的帮助，并超越老师的期望。这样的互动将促进学生的成长和发展。

家长和教育工作者应该重视学生的品质培养，引导他们尊重老师。他们应该教育孩子理解和感激老师的付出，培养孩子助人为乐的品质。只有通过这样的教育，孩子才能真正明白与老师建立良好关系的重要性。

师生之间的良好关系需要双方共同努力。老师应该尊重学生，给予他们足够的关注和指导。学生则需要积极参与学习，努力克服困难。只有共同努力，建立起师生间的信任和理解，才能为学生的成长和发展奠定良好的基础。

与陌生人打交道的礼节有哪些？

在与陌生人交往时，我们应展现基本的尊重和礼貌，并通过恰当的称呼、友好的态度、真诚的倾听和尊重文化差异来建立和谐的人际关系。我们还应该学会与人建立良好的社交关系，这意味着在进入他人住所或办公室之前，要提前约定并准时到达。若无人迎接，我们应该先敲门或按门铃，经过主人同意后再进入，并且要遵守主人的待客规矩，避免触碰主人的私人物品。

社会道德和礼仪的教育应该从小抓起。家长作为孩子最重要的榜样和老师，他们的言行举止会对孩子产生潜移默化的影响。如果一个家长在公共场合中表现出粗鲁、缺乏尊重的行为，那么孩子很可能模仿这些不良行为。因此，家长应该自觉维护良好的社交秩序，成为孩子学习礼仪的模范。他们应该告诉孩子在与他人交往时要注意尊重和关心他人的感受，以及正确使用礼貌用语。

教育孩子尊重他人并不仅仅是为了形式上的礼仪，也是为了培养他们良好的人际交往能力和社会责任感。当孩子懂得尊重他人时，他们会更好地适应社会环境，并且能够建立积极的人际关系。这将对他们未来的学习、工作和生活产生积极的影响。

遵守基本礼仪是人与人之间相互尊重和沟通的基础。在交际中，我们需要使用礼貌用语，如"请""您好""谢谢"等，以表达对对方的尊重和关注。同时，避免询问私人问题也是非常重要的，这包括对对方的饮食情况、行踪等进行过多的询问。

除了言辞上的礼貌，守时也是交际中的重要方面。我们应该遵守约定的时间，准时到达活动或约会的地点，以展现我们的责任心和对对方的尊重。而在事前约见朋友时，我们需要提前联系对方并待其同意后才能赴约，以体现我们对对方的尊重。

在交际中，我们应该注意避免过度打扰对方。当感觉到主人有焦躁的情绪或者谈话已经过了热度时，我们应该主动告辞，避免给对方带来不必要的困扰。

我们需要保持诚恳、自然、大方的态度，用亲切的语气与对方交流。在谈话的过程中，我们应该有目的地进行交流，避免东拉西扯，而是直接进入正题，以节约双方的时间。

与此同时，我们应该避免轻易打断他人的谈话，也不要滔滔不绝地讲话。在交流中，我们要给对方充分的表达空间，同时也要尊重他人的意见和观点。

总之，遵守基本礼仪是建立良好人际关系和进行有效交流的前提。我们要营造出舒适的交际环境，从而加深彼此的了解和沟通。

什么是家庭的物理环境？

家庭是人生活的基本场所，对孩子的成长和发展具有举足轻重的地位。因此，家长应认识到自己在孩子成长中所扮演的关键角色，努力为孩子营造优质的生活环境。

谈及家庭环境，居室布置是一个至关重要的方面。居室的布置应保持整洁、色彩协调，这种环境不仅能为孩子提供舒适、宁静、温馨的居住空间，还能帮助他们塑造积极的情绪和态度。反之，杂乱无章、缺乏清洁和有序性的环境对孩子的身心健康不利。一个杂乱的居室可能会给孩子带来压力和不安感，影响他们的学习和发展。

除了居室布置外，家长还应关注孩子的自由活动空间。家长不应过度限制孩子的行为，而应给予他们足够的自由。孩子应有机会去探索和发展自己的兴趣和爱好。然而，自由并不意味着放纵孩子。家长应指导孩子正确使用自由，并为他们创造安全、有益的环境。

孟母三迁的教育方式就是一个典型的例子，充分展示了环境对一个人成长的影响。孟子的母亲为他创造了良好的学习环境，如将他送入一所优秀的学校，并给予他关爱和鼓励。这样的环境激发了孟子的学习热情，使他最终成为一位伟大的思想家和教育家。这充分证明了家庭环境对孩子的影响是深远且重要的。

良好的学习环境对孩子的学习和发展具有重要的作用，因此物理环境的重要性不容忽视。在家里，为孩子提供适当的学习设施是必要的，如桌子、椅子和书架等，它们能够帮助孩子集中精力学习。此外，孩子还需要有一个独享的学习空间，这样他们才能感到安全和自在。例如，一个专门的学习角落可以让孩子远离家庭噪声和其他干扰，有助于他们更好地专注于学习任务。

室内环境对孩子的学习和健康有着重要的影响。恶劣的室内环境可能对孩子的健康造成威胁。因此，家长需要注意减少尘埃、烟雾、宠物毛屑等污染物的存在。这可以通过定期清洁和保持室内干净来实现。此外，定期通风也是必要的，这有助于保持室内空气清新。

什么是家庭的心理环境?

家庭环境并不仅指家庭的物理环境,还包括家庭的心理环境。事实上,家庭的心理环境对家庭成员的心理状态、工作和学习等方面具有重要的影响。随着孩子年级的升高,家庭应该能够满足他们更多的需求,并且支持他们的独立意识。

家长的监管在孩子品行形成的过程中起着重要的作用。适当的监管可以帮助孩子树立正确的价值观和行为规范,防止他们陷入不良行为的泥淖。然而,过度的监管或者缺乏监管可能会导致孩子产生反叛或者自我放纵的行为。

1945 年,第二次世界大战刚刚结束,美军驻欧洲司令到访了一个普通的德国家庭。他对这个家庭的困难生活感到震惊。然而,更令他惊讶的是,尽管面对困境,德国人还依然保持着坚定的信心和追求进步的积极态度。

从这个普通的德国家庭的例子中可以看出,他们虽然面对着困难的生活,但是依然能够保持信心,并且积极主动地追求进步。这种积极的心态对于个人的成长和发展具有至关重要的作用。因此,我们应该重视并且努力改善家庭的心理环境,创造积极和健康的心理氛围,让每个家庭成员都能够充分发挥自己的潜力。

沉迷电子游戏对家庭关系造成了严重的负面影响。家庭成员由于沉迷电子游戏,往往缺乏相互支持和帮助,导致家庭氛围变得紧张和不和谐。此外,沉迷电子游戏还可能影响家庭活动的合理安排和家规的执行,使得家庭生活无法得到有效的规划和安排。

孩子沉迷电子游戏与家庭环境之间存在相互作用和相互影响的关系。家庭环境因素可能成为孩子沉迷电子游戏的诱因之一。孩子之所以沉迷电子游戏,是因为在家庭环境中缺乏其他积极的活动或乐趣。

积极安排家庭活动有助于解决孩子沉迷电子游戏的问题。一方面,明确每个家庭成员的责任和义务可以减少相互之间的冲突和干涉,进而鼓励家庭成员之间的相互支持和合作,营造出良好的亲子关系。另一方面,丰富多彩的家庭活动能够消解孩子的负面情绪,使他们更加乐意与家人一起参与其他有益身心健康的活动。

什么是家庭的文化环境?

科学研究表明,孩子看电视对其发展既有正面影响,又有负面影响。因此,家长需要教育孩子区分电视内容和现实生活之间的区别。例如,电视剧中常常出现的一些情节,如获得超能力、死而复生等,在现实生活中是无法实现的。家长应该帮助孩子建立正确的价值观,以避免被误导。

此外,家长需要加强对电视节目的筛选和监管,帮助孩子选择内容健康的节目。家长应该引导孩子观看具有教育意义的节目,避免那些暴力、恐怖或不适合孩子年龄的内容。同时,家长也需要确保孩子看电视的时间适度,避免他们过度沉迷其中。

孩子过度观看电视可能会影响他们的学习和生活。研究表明,长时间观看电视与学业成绩下降及社交能力差存在关联。因此,家长需要确保孩子有适当的学习和休息时间,避免他们过度依赖和沉迷电视节目。

家长应该与孩子沟通,与孩子一起游戏,共同度过愉快的时光。著名漫画大师缪印堂先生的家长就喜欢与孩子分享幽默诙谐的故事和街头巷尾的逸闻趣事,这种愉快的家庭氛围有助于孩子明辨是非,培养他们的智慧和道德观念。

缪印堂先生的家长认为,与孩子沟通、分享故事比说教打骂更有用,他们希望孩子能在愉快的氛围中成长。通过这种方式,家长可以让孩子在快乐和智慧中茁壮成长,并学会明辨是非。

曾经,缪印堂放学后经常回家很晚的事情引起了其家长的关注。为了了解孩子的情况,他们决定对他进行一段时间的观察。然而,他们观察到的事实并没有让他们感到担忧,反而让他们感到高兴。因为,缪印堂是一个沉迷于连环画的爱书少年。孩子喜欢看书,这是每位家长都希望看到的情形。他们相信,喜欢看书的孩子不会轻易受到不良影响。为了支持孩子的阅读爱好,家长开始给予缪印堂零花钱,让他可以租书看。从此,小书摊成了缪印堂的快乐天堂。每当来到小书摊,他都像是进入了一个神奇的世界。他可以尽情地选择感兴趣的连环画,并陶醉其中。家长看到孩子对连环画的热爱,不禁心生欣慰。

家长并不满足于只是支持孩子的阅读兴趣,他们更希望能够全面地培养孩子的素质。因此,他们积极参与孩子的兴趣爱好。无论是陪孩子一起选择连环画,还是和他交流连环画中的故事情节,家长都在努力让孩子感受到家人的支持和关爱。

除了连环画,家长还鼓励孩子参加其他活动,以便更好地发展他的兴趣和潜力。他们鼓励孩子专注地看书,希望孩子能够有足够的时间进行思考,从而培养出更加全面的素质。

缪印堂的阅读兴趣引起了家长的关注,并得到了家人全面的支持和鼓励。通过与孩子一起参与他的爱好,家长引导他更广泛地发展自己的潜力。同时,在合理安排活动的同时,家长为孩子提供了宁静的阅读环境。在这样的关怀和引导下,缪印堂踏上了一条充满快乐的阅读之路。

家庭是人才培养的起点。众所周知,家庭是孩子最早接触的社会环境,也是他们性格和行为习惯形成的关键时期。家庭教育能够为孩子提供良好的学习和成长环境,塑造他们积极向上的人生态度和自信心,并激发他们的创造力。家长应该主动参与孩子的成长过程,引导他们正确对待失败和挑战,培养他们的毅力和勇气。

家长应激发孩子的好奇心和对世界的探索欲望,培养孩子的科学精神。好奇心是孩子成长和学习的驱动力之一。家长可以通过提供丰富多样的学习资源、鼓励孩子提问和解决问题、赞赏和肯定他们的努力来激发孩子的好奇心和探索欲望。家长还应该引导孩子养成认真思考和科学探究的习惯,培养他们的批判性思维和创新能力。

为什么讲卫生有利于健康？

做好家庭卫生对于维护家庭成员的健康至关重要，因此家庭应该重视消除害虫和预防传染病。消除害虫能减少其对家庭成员的伤害，预防传染病有助于避免疾病在家庭成员间传播。此外，保持居室卫生同样关键，因为它能提供清洁、健康的环境，有益于家庭成员的身体和心理健康。

除了做好家庭卫生，健康饮食、体育锻炼、良好的睡眠和用眼卫生也很重要。这些做法不仅能预防疾病，还能提高学习效率并保护身体健康。孩子应养成良好的饮食习惯，确保摄入充足的营养。同时，他们应适度锻炼身体，保持良好的身体状态。良好的睡眠质量能提升免疫力和记忆力，有助于孩子更好地学习和生活。此外，孩子在学习和生活中应注意用眼卫生，避免过度用眼。

孩子的健康与个人卫生密切相关，而保持个人卫生的措施包括常洗发、勤洗澡和常换内衣等。常洗发可以洗去油脂和细菌，有助于保持头部卫生。勤洗澡能保持身体的清洁，并预防疾病的传播。孩子在长时间活动后，需要及时洗澡，以防止细菌滋生。同时，常换内衣有助于保持私密部位的清洁和干燥，预防疾病的发生。

除了常洗发、勤洗澡和常换内衣，保持个人卫生还需要注意勤洗手、勤洗脚和勤剪指甲等。勤洗手是预防疾病传播的有效措施，特别是在接触到污染物后或进食前。孩子的脚部容易受到细菌的感染，因此勤洗脚是保持脚部卫生的重要环节。勤剪指甲可以避免指甲过长导致的问题，同时减少细菌滋生。

家庭卫生需遵守三不原则：不吸烟、不喝生水和不随地吐痰。吸烟所产生的二手烟会对孩子造成危害，并对孩子的呼吸系统产生不良影响。喝生水可能会由于水源污染问题，导致孩子患上肠胃疾病等。此外，随地吐痰不仅是不文明行为，还可能传播疾病，对孩子的健康构成威胁。

总之，做好家庭卫生是孩子健康成长的基石。家长应该关注家庭卫生，并为孩子提供良好的成长环境，促进他们身心健康和全面发展。

孩子厌食、偏食怎么办?

营养专家强调,孩子的膳食应全面、平衡且适量,这对他们的健康成长至关重要。为了孩子的健康成长,专家们制订了每日平衡膳食表,详细说明了各种食物的摄入量。"一把蔬菜一把豆,一个鸡蛋加点肉,五谷杂粮要吃够",进一步强调了均衡膳食的重要性。

厌食对孩子的健康有害,需要及时矫治。厌食可能是由多种原因引起的,如服药或躯体疾病。如果怀疑是躯体疾病引起的厌食,家长应立即带孩子去医院检查,以便及时得到诊断和治疗。

然而,令人欣慰的是,厌食通常在停药或疾病治愈后会逐渐消失。因此,及时发现并治疗孩子的疾病,有助于他们恢复正常的饮食习惯,保障他们的健康成长。

有些孩子可能患有神经性厌食症,该病发病时间常与青春发育期一致。该病通常由某些生活事件诱发。人在遭遇不幸、创伤时或在焦虑、惊恐的情绪状态下会丧失胃口。在病程初期,患者对体重超标和限制饮食均过分关心。

有些孩子可能挑食、偏食、爱吃零食。与厌食症不同,这是由不良的饮食习惯引起的,对健康有一定程度的危害。

偏食是一种常见的饮食现象,但不同类型的偏食对健康的影响是不同的。心理性偏食虽然无害,但是其他类型的偏食可能会导致营养失衡,甚至损害健康。

饮食习惯对健康有着重要的影响,而偏食是一种常见的饮食现象。根据偏食的原因和程度的不同,我们可以将偏食细分为 4 个类型:心理性偏食、经验性偏食、过敏性偏食和绝对性偏食。

一、心理性偏食

心理性偏食是一种并不具有危害性的偏食表现。这一类型的偏食通常是由个人的心理因素导致的。对于心理性偏食者来说,所需的食物营养可以通过其他食物来补充,因此并不会导致严重的营养失衡。对于这类偏食者,我们最好的处理方法是尽量满足他们的喜好,同时提供多样化的食物选择。

二、经验性偏食

与心理性偏食不同,经验性偏食可能会导致严重的营养失衡,甚至损害健康。这一类型的偏食通常是由于个体对某些食物有负面经验,如害怕食物中含有有毒物质。经验性偏食者常常会限制自己摄入特定食物,从而导致营养摄入不足。在这种情况下,我们需要提醒经验性偏食者注意营养的均衡摄入,并建议他们在专业指导下进行饮食调整。

三、过敏性偏食

过敏性偏食是一种可能被忽略的偏食类型。这种类型的偏食通常是由于个体对某些食物过敏或者食物不耐受。遗憾的是,在日常生活中,有些家长可能会忽视孩子的过敏性偏食,让他们再次摄入引发过敏的食物,这可能导致严重的过敏反应。因此,家长需要细心观察孩子的饮食习惯,了解孩子对某些食物的反应,避免他们再次摄入致敏食物。

四、绝对性偏食

绝对性偏食是危害极大的偏食类型,需要在医生的指导下进行综合治疗。绝对性偏食者通常只摄入极为有限的食物种类,从而导致严重的营养缺乏和健康问题。这种类型的偏食可能是由心理问题、器质性疾病或其他原因引起的。面对这样的情况,我们建议寻求医生的帮助,通过心理治疗、营养补充或其他综合治疗方法来解决绝对性偏食问题。

总之,饮食偏好是个体差异的表现,但不同类型的偏食对健康的影响是不同的。心理性偏食相对无害,过敏性偏食和经验性偏食可能会导致营养不良和健康问题,而绝对性偏食是一种严重的饮食障碍,需要专业指导。对于不同类型的偏食者,我们需要帮助他们建立健康的饮食习惯,确保摄入全面均衡的营养。

为什么学生不能吸烟？

烟草危害是当今世界最严重的公共卫生问题之一，每年导致全球 800 多万人失去生命。在我国，每年由吸烟导致的死亡人数超过 100 万。近些年来，烟草行业的市场悄然蔓延到了学生群体。烟草对年轻一代的危害是巨大的，不仅影响他们的健康，还可能影响他们的成长和未来。

事实上，吸烟不仅可能导致肺癌，还可能会对个人的注意力及智力水平产生不良影响。吸烟者往往更容易受到情绪波动的困扰，并且在学习和工作中表现出缺乏注意力的现象。为解决这一严峻的健康问题，我们应该开展广泛的宣传活动，增强公众对吸烟危害的认识，并研究和开发更为有效的戒烟产品。

很多人都听过"家长是孩子最好的榜样"这句话，而在讨论吸烟问题时，这句话的含义更显深刻。研究结果显示，如果家长吸烟，那么他们的孩子也很可能会跟着吸烟，两者之间存在密切的关系。孩子们往往错误地将吸烟视为成年人的行为、社会形象的一部分，甚至将其视作缓解焦虑、迎合同伴的一种方式。虽然大家都知道吸烟对健康有害，但是要想成功戒烟，关键还是要有强烈的戒烟意愿，并找到适合自己的有效戒烟方法。因此，家长应发挥榜样作用，为孩子树立正确的价值观，远离吸烟行为。

同伴关系是影响孩子是否吸烟的重要因素。当孩子身处吸烟的同伴圈子中时，为了避免被排斥或孤立，他们可能会开始模仿同伴的行为，尝试吸烟。因此，家长应密切关注孩子的交友圈，积极与他们进行交流与引导，帮助他们树立正确的价值观，并培养他们坚定地拒绝吸烟的意识。

虽然公众对吸烟带来的健康风险有着深刻的认知，但是要想成功戒烟，关键在于戒烟者的坚定意愿和找到有效的戒烟方法。在当今社会中，戒烟方法众多，如烟草替代治疗、药物辅助戒烟、心理咨询等。然而，最重要的是戒烟者自身的意愿和决心。因此，家长应该为孩子提供正确的信息，帮助他们认识吸烟的危害，并引导他们坚定地拒绝吸烟。

家长对孩子的影响不容忽视，因此在培养健康的生活方式方面，家长应起到表率作用。家长应该以身作则，明确告诉孩子吸烟对健康的危害，引导他们正确看待吸烟行为，远离吸烟。通过正确的引导和积极的影响，家长可以为孩子创造健康、无烟的成长环境。

如何培养孩子的创新精神?

创造力是一种独特的能力,它能帮助人们产生新思想和创造新事物。发散思维作为创造力的重要组成部分,要求人们具备新颖和独创性的思维方式。然而,创造力的发展并非完全由遗传决定,也不仅仅受环境影响,教育在培养创造力方面发挥着至关重要的作用。

创新精神是进行创新活动所需的心理状态,包括创新意识和创新个性。创新意识是个体从事创新活动的主观意愿和态度,是培养创造力的基础。创新个性则是个体在创新活动中表现出的稳定的个性心理品质特征,对创新成就的大小产生重要影响。因此,培养创新精神是促进创造力发展的关键。

在知识经济时代,创新能力成为孩子发展的重要能力,因此孩子从小就需要培养创新精神。教育在培养创新精神方面发挥着关键作用。教育可以传授创新知识,提供培养创新的环境,为孩子的创造力发展提供必要的支持。

为了充分发挥创新精神在教育中的作用,我们需要构建适合创新精神培养的教育体系。这包括鼓励学生独立思考,提供具有创新性的学习环境,注重培养学生的创新能力和创新意识等。同时,老师也需要具备相应的创新精神,成为学生发展创新精神的榜样和引导者。

创新过程是一个积累的过程,孩子需要从小事情开始积累,从而激发自己的创造潜力。为了鼓励孩子尝试新鲜事物,我们可以通过做游戏、玩玩具、做科学实验等方式来培养他们的观察力、判断力和解决问题的能力。同时,将小创新和大创新相结合,可以让孩子在不断尝试中感受到创新的乐趣。

文化教育是培养创新精神的重要环节。通过学习历史、文学、艺术等领域的知识,孩子可以了解到前人的创新思维,从而汲取经验和灵感并用在自己的创新实践中。此外,学习多种文化、拓宽视野及培养跨文化沟通能力,也能激发孩子的创新能力。

培养创新精神就要让孩子明白创新是解决问题、改变世界的能力。我们要引导孩子从小目标开始,逐步实现大目标。创新并非一蹴而就,需要持之以恒、脚踏实地地进行积累和实践。

培养孩子的创新精神是一项持久且充满挑战的任务。通过鼓励孩子尝试新事物,挖掘他们的创造潜力,我们可以培养出富有创新力和有担当的孩子。我们应该共同努力,为孩子的未来注入动力,培养他们成为创新的推动者和创造的引领者。

怎样培养孩子的创新能力?

创新能力的关键要素包括智力、知识、个性、动机和环境。孩子的智力水平直接影响他们在创新过程中能否灵活运用思维能力。因此,智力较低的孩子可能面临更大的挑战,他们需要更多的学习机会,以发展出良好的创新能力。

一、知识是创新能力的基石

孩子接触和积累的知识越多,在创新过程中解决问题的能力就越强。因此,教育应注重知识的传授和培养孩子的综合素质,以提高他们的创新能力。

二、个性是创新能力发展的关键保证

每个孩子都有自己独特的性格特点,这些都会影响他们在创新过程中的行为和思维方式。例如,乐观积极的孩子更容易接受新事物和面对挑战,因此更有可能展现出创新能力。

三、动机是创新能力形成的动力源

有明确目标和强烈动机的孩子会更加努力地进行探索和实践,从而培养出更高的创新能力。因此,教育应激发孩子的内在动机,让他们体验到创新的乐趣,从而促进其创新能力的发展。

四、环境是创新能力形成的客观条件

有利于创新的环境如家庭和学校,可以为孩子提供充分的学习和实践机会,培养他们的创新能力。同时,社会环境也需要提供相应的支持和鼓励,为孩子发展创新能力创造良好的条件。

在知识经济时代,创新能力与知识的关系并不完全正相关。当然,这并不意味着知识对创新能力没有影响。如果一个人的知识量太少,那么他的创造力也会受到限制。正如贫瘠的土壤(即知识量太少)无法为种子提供充足的养分,使种子难以生长和茁壮。同样地,如果一个人的知识储备不足,他就难以在创新的道路上取得显著的进展。正如肥沃的土壤为种子提供了生长所需的各种元素,丰富的知识则为创新提供了坚实的基础。然而,正如种子需要合适的温度、水分和空气才能健康生长一样,仅仅拥有大量知识并不足以保证一个人能够产生创新的思想或实现突破性的成就。

在追求知识的过程中,学习方法至关重要。一种有效的学习方法是自主阅读并记下自己不懂的部分。这种方法帮助我们逐渐理解所学知识,并在理解后划掉已掌握的部分。通过这种渐进式的学习,我们能够更好地掌握知识。

有时候我们会轻视知识而盲目追求创新,这是一个矛盾的思维方式。事实上,知识是创新的基石。没有足够的知识储备,我们就无法进行创新。创新并不仅仅是简单地有一个新的想法或概念,而是基于对已有知识的理解和灵活应用的结果。

孩子怎样学会确立目标?

在孩子的成长过程中,确立明确的目标具有举足轻重的作用。一个清晰的目标有助于孩子更深入地了解自己渴望追求的事物,以及为实现这些目标所需付出的努力。然而,这些目标必须切际可行,与孩子的能力和资源相匹配,否则可能会导致他们失去动力,并让他们产生挫败感。

明确的目标能激发孩子的创造热情,提高成功的概率。孩子可以通过设定小目标来逐步实现它们,从而培养自信心和成就感。当孩子看到自己取得了实际进展时,他们更有可能保持动力,并持续努力下去。

孩子的目标不能过于庞大或遥远,因为每个人的时间、智力和精力都是有限的。家长应教育孩子设定切实可行的目标,并帮助他们学会有选择地投入时间和精力。兴趣广泛并非坏事,但孩子学习过多的项目或目标不明确,可能导致他们无法兼顾,从而分散了他们的注意力和精力。

为了帮助孩子明确自己的目标,家长应提供指导和支持。他们可以与孩子一起讨论兴趣,并帮助他们选择适合的目标。家长还可以鼓励孩子设定小目标,并为实现这些目标提供必要的资源和支持。此外,家长应教育孩子目标的重要性,并鼓励他们在实现目标的过程中保持积极的心态,付出坚持不懈的努力。

在四年级下学期的学习过程中,小燕掌握了一系列的学习方法。这些方法不仅帮助她制订学习计划、设定学习目标,还提高了她的学习成绩。通过自我分析,小燕发现自己在数学方面较强,而在作文和记忆力方面则较为薄弱。基于这些分析,她为各科目设定了适合自己的学习目标。

为了提高写作能力,小燕每天都坚持写日记。此外,小燕发现自己更适合在早晨进行学习,因为她属于所谓的“百灵鸟”型学习者。因此,她尽量将学习时间安排在这段时间内。

为了确保自己设定的学习目标能够实现,小燕学会了将大目标分解成小目标,将一个大任务分解成一系列小任务,并对每个步骤设定时限,然后坚定不移地去完成它们。心理学家研究发现,在任务刚刚开始和即将结束时,人的注意力和精力更容易集中。因此,将大目标分解成小目标,是一种避免做事半途而废的良好方法。

制订学习计划、分析自己的特点、提高学习效率及将大目标分解成小目标是一些有效的方法,可以帮助学生提高学习成绩。家长和老师可以引导孩子学习这些方法,帮助他们更好地规划学习,提高学习效率。小燕的例子证明,只有掌握正确的方法,并坚定不移地执行下去,每个人才可以实现自己的学习目标,并取得好成绩。

第二篇

社区家庭教育指导问答

如何引导家长建立有效的亲子沟通?

一、亲子沟通出现问题的案例

(一)家长过于严厉,孩子不敢表达

家长对孩子的要求非常高,对孩子的言行举止都严格把关。然而,当在学校里遇到了一些困难时,孩子不敢向家长倾诉,因为害怕受到责备。长此以往,孩子变得越来越沉默寡言,而家长对孩子的心理状况一无所知,导致孩子在学校里遇到了更大的问题。

(二)家长溺爱,孩子变得任性

家长对孩子的要求非常低,对孩子的需求总是无条件满足。当孩子在学校里表现不佳时,家长却总是以"他还小"为由,对孩子的行为不予纠正。结果,孩子变得越来越任性,缺乏自律,无法适应学校和社会的要求。

(三)家长与孩子缺乏共同话题,沟通不畅

家长与孩子之间的年龄差距较大,导致双方缺乏共同话题。此外,家长忙于工作,没有时间与孩子沟通。这导致孩子在学校里遇到一些问题时,不知道如何与家长交流。最终,孩子在学校里遇到了更大的困难,而家长对孩子的成长一无所知。

(四)家长与孩子沟通方式不当,导致矛盾升级

家长与孩子之间的沟通方式存在问题。家长总是以命令式的口吻与孩子交流,孩子则以反抗的态度回应。此外,双方在沟通过程中缺乏理解和尊重,导致矛盾不断升级。最终,孩子对家长产生了逆反心理,不愿意与家长沟通,导致家庭关系紧张。

二、亲子沟通出现问题的原因

(一)家长过于严厉或溺爱

过于严厉的家长会对孩子的言行举止要求严格,导致孩子不敢表达自己的想法和需求。这种严厉的管教方式可能会让孩子产生一种压抑感,使他们在面对困难时不敢向家长寻求帮助,而是选择独自承受。此外,过于严厉的家长可能会对孩子的个性发展产生负面影响,导致他们在成长过程中缺乏自信和独立思考的能力。

溺爱孩子的家长总是无条件地满足孩子的各种需求,导致孩子变得任性。这种溺爱的

方式可能会让孩子产生一种错觉，认为家长会无条件地满足他们的任何需求，从而导致他们在面对困难时缺乏应对能力。此外，长期受到溺爱的孩子可能会变得自私和任性，缺乏对他人的尊重和关爱。

（二）缺乏共同话题

家长与孩子之间的年龄差距较大，导致双方缺乏共同话题，无法进行有效沟通。这种现象在现代社会中非常普遍，尤其是在独生子女家庭中。由于存在年龄差距，家长和孩子之间在生活经历、兴趣爱好、价值观等方面存在显著的差异，这使得双方在沟通时难以找到共同话题，进而导致沟通效果不佳。

（1）家长与孩子之间的年龄差距可能导致双方在生活经历上存在很大差异。家长可能经历过艰苦的岁月，而孩子则生活在物质条件相对优越的环境中。这种差异使得双方在谈论生活经历时难以产生共鸣，从而影响沟通效果。

（2）家长和孩子在兴趣爱好上存在很大差异。家长可能对古典音乐、传统文化等感兴趣，而孩子可能更喜欢流行音乐、网络游戏等。这种差异使得双方在谈论兴趣爱好时难以找到共同点，从而影响沟通效果。

（3）家长和孩子在价值观上存在很大差异。家长可能更注重道德品质、家庭责任等传统价值观，而孩子可能更关注个人发展、自由平等等现代价值观。这种差异使得双方在谈论价值观时容易产生分歧，从而影响沟通效果。

（4）家长和孩子在沟通方式上存在问题。家长可能更习惯于传统的沟通方式，如面对面交流、电话沟通等，而孩子可能更倾向于使用网络工具进行沟通，如微信、QQ等。这种差异使得双方在沟通方式上难以达成一致，从而影响沟通效果。

（三）沟通方式不当

家长与孩子之间的沟通方式存在问题，如命令式、指责式等，导致孩子产生逆反心理，不愿意与家长沟通。这种现象在现代家庭中非常普遍，家长与孩子之间的沟通问题已经成为家庭教育中的一个重要课题。

1. 命令式的沟通方式

命令式的沟通方式可能会让孩子产生一种压迫感，使他们不愿意与家长沟通。在孩子的教育过程中，家长可能会以命令式的语气，向孩子提供关于做什么和不做什么的指导。然而，这种沟通方式可能会让孩子感到自己的意见和需求不被尊重，从而导致他们不愿意与家长沟通。

2. 指责式的沟通方式

在教育孩子时，家长可能会采用指责式的口吻，责备孩子做错了什么，并指出应该怎么改正。然而，这种沟通方式可能会让孩子感到自己的能力和价值不被认可，从而导致他们不愿意与家长沟通。

家长与孩子之间的沟通方式还可能受到其他因素的影响。例如，家长的工作压力、家庭氛围、教育观念等，都可能对家长与孩子之间的沟通方式产生影响。在这种情况下，家长需要调整自己的心态和沟通方式,以便更好地与孩子进行沟通。

（四）家长工作繁忙

随着社会的快速发展,越来越多的家长忙于工作,他们为了提高家庭的生活水平而努力拼搏。然而,在追求物质生活的过程中,许多家长忽略了与孩子的沟通,导致孩子在学校里遇到问题时,不知道如何与家长交流。这种情况对孩子的成长产生了诸多不利影响,值得我们高度重视。

（五）家长与孩子的心理需求不匹配

在当今社会,许多家长对孩子的未来充满期待,希望他们能够取得更好的成绩,拥有更好的发展前景。然而,在追求这些期望的过程中,孩子往往无法达到家长的期望,这导致双方在沟通过程中产生矛盾。

孩子无法达到家长的期望时,家长可能会表现出焦虑、失望等负面情绪。这种情绪会让孩子感到紧张,生怕自己不能满足家长的期望,从而对沟通产生抵触情绪。而当孩子无法达到家长的期望时,家长通常会选择批评和指责孩子,认为他们不够努力。这种沟通方式会让孩子感到自尊心受到伤害,产生挫败感,进一步影响他们的学习和生活态度。

为了让孩子达到期望,部分家长过度干涉孩子的生活和学习,严密监控他们的言行举止。这种过度干涉会让孩子感到束缚,失去自由发展的空间,从而导致沟通矛盾。家长过于关注孩子的学习成绩,忽视了他们的兴趣爱好和心理需求。在这种环境下,孩子可能会感到自己的需求不被重视,对家长产生不满情绪,进而影响双方的沟通。

（六）电子设备的影响

随着电子设备的普及,孩子和家长之间的沟通受到一定程度的干扰。孩子沉迷于电子设备,减少了与家长面对面沟通的机会,导致亲子沟通出现问题。

电子设备的出现改变了传统的沟通方式,孩子更倾向于通过手机、平板等电子设备进行交流。这种沟通方式缺乏面对面沟通的深度和亲密感,影响亲子关系的建立。由于电子设备的特性,孩子和家长之间的沟通可能受到时间和空间的限制。这可能导致双方在某些问题上无法进行深入的沟通,影响亲子关系的健康发展。孩子沉迷于电子设备,如手机游戏、社交媒体等,可能导致他们与家长之间的沟通减少。这种现象可能使家长无法及时了解孩子的需求和困扰,影响亲子关系的和谐。

（七）文化差异和代沟

在现代社会,随着社会的发展和进步,家长与孩子之间的文化差异和代沟逐渐显现。这种差异和代沟可能导致双方在沟通时产生误解和矛盾,影响亲子关系的和谐。

家长与孩子可能存在价值观上的差异,这可能导致双方在对待某些问题时产生观点上的矛盾。这种矛盾可能使双方在沟通时产生误解和矛盾,影响亲子关系的和谐。在兴趣爱好上的差异可能导致双方在沟通时缺乏共同话题。而缺乏共同话题可能使双方在沟通时产生误解和矛盾,影响亲子关系的和谐。此外,沟通方式上的差异也可能导致双方在沟通时产生误解和矛盾。例如,家长可能更倾向于采用传统的沟通方式,而孩子可能更倾向于使用现代化的沟通方式,如手机、社交媒体等。此外,生活经历上的差异也可能导致双方在沟通时产生误解和矛盾。例如,家长可能更倾向于根据自己的生活经验为孩子提供建议和指导,而孩子可能更倾向于根据自己的实际需求和困惑寻求帮助。

(八)家庭氛围紧张

在家庭生活中,紧张和压抑的氛围可能会对孩子的沟通能力产生负面影响。在紧张的家庭氛围中,孩子可能会担心表达自己的想法和感受会引发家庭矛盾,从而选择保持沉默。这种情况可能导致孩子的情绪表达受限,影响其沟通能力的发展。这还会让孩子产生抵触情绪,导致他们不愿意与家长沟通。而沟通意愿的减弱可能使孩子在与家长交流时表现出冷淡、抵触的态度,进一步影响亲子关系。

(九)家长情绪波动

在现代社会,家长在工作和生活中面临着巨大的压力,这可能导致他们在与孩子沟通时情绪波动较大。家长在情绪波动较大时,可能会表现出不耐烦、焦虑等负面情绪,进而影响亲子沟通的效果。

当家长情绪波动较大时,孩子可能会受到这种情绪的影响,也出现焦虑、不安等情绪。这种情况可能导致孩子在沟通时表现出抵触、逃避等行为,影响亲子沟通的效果。家长可能会对孩子的问题和需求表现出不耐烦,甚至指责和批评。这种沟通方式可能导致孩子不愿与家长交流,从而降低沟通质量。

当家长情绪波动较大时,可能难以在孩子心中树立起权威形象,导致他们会对家长的建议和教导产生怀疑,进而影响亲子关系的和谐。当孩子感受到更大的心理压力时,他们可能害怕与家长沟通。这种情况可能导致孩子在与家长交流时产生顾虑,影响他们沟通能力的发展。

三、引导家长建立有效的亲子沟通

(一)改善教育方式

1. 尊重孩子的个性,促进全面发展

每个孩子都是独一无二的存在,有着自己的爱好、优势和潜力。家长应关注孩子的个性特点,了解他们的需求和期望,为孩子提供个性化的教育和支持。孩子天生充满好奇心,家长应鼓励他们积极探索未知领域,培养他们的创新精神和实践能力。同时,家长要尊重孩子的兴趣,支持他们发展特长。家长应尊重孩子的独立性,鼓励他们自主解决问题,培养他们独立思考和承担责任的能力。

2. 适度关爱,构建和谐的亲子关系

家长应倾听孩子的心声,关注他们的情感需求。通过倾听,家长可以更好地了解孩子的想法和感受,为孩子提供恰当的支持。家长应该与孩子保持良好的沟通,以平等、尊重的态度交流。这样孩子才能感受到家长的关爱,更愿意敞开心扉,与家长分享自己的喜怒哀乐。

家长应该根据孩子的年龄和个性,设定合理的规则和界限。在孩子犯错时,家长应该给予适当的惩罚,让他们认识到错误,并学会承担责任。

3. 支持孩子成长,助力未来发展

家长应关注孩子的自信心建设,给予表扬和鼓励。在孩子面临困难时,家长应该给予信任和支持,帮助他们建立自我价值感。在孩子的成长过程中,家长应该引导他们正确处理学习、兴趣和生活的关系。家长应以身作则,为孩子树立榜样。家长还可以通过营造温馨和谐的家庭氛围,培养孩子诚实、善良、有责任感的品格。

(二)增进共同话题

1. 主动了解孩子的兴趣爱好

了解孩子的兴趣爱好,可以使家长更好地与孩子沟通,找到共同话题。通过这种方式,孩子在与家长交流时才更愿意敞开心扉,分享自己的喜怒哀乐。每个孩子都有自己独特的兴趣爱好,家长应尊重并鼓励孩子发展这些兴趣,并为孩子提供个性化的教育。当家长关注孩子的兴趣爱好时,他们会感受到家长的关爱和支持。这有助于孩子建立自信心,更好地应对生活中的挑战。通过分享孩子的兴趣爱好,家长和孩子能享受愉悦的时光,这将有助于提升亲子间的亲密程度,进一步打造和谐的家庭环境。

2. 与孩子建立共同话题,增进亲子关系

家长应倾听孩子谈论他们的兴趣爱好,了解他们的喜好和想法。在这个过程中,家长要给予孩子充分的关注和尊重,让孩子感受到倾听的重要性。家长可以和孩子分享自己的兴趣爱好,让孩子了解自己的另一面。家长应该积极参与孩子感兴趣的活动,如陪同孩子参加课外辅导、参观展览等。家长应该鼓励孩子尝试新的兴趣爱好,拓宽他们的视野。在孩子尝试新事物的过程中,家长要给予关爱和支持,帮助他们克服困难。

3. 关注孩子的情感需求

家长应与孩子建立深厚的情感纽带,关心他们的喜怒哀乐。只有这样,当孩子面临困难时,他们才更愿意向家长寻求支持和帮助。通过倾听,家长可以更好地了解孩子的需求,为他们提供恰当的支持。家长应该鼓励孩子学会表达自己的情感,让他们知道情感表达是正常的。

(三)提高沟通技巧

1. 尊重孩子,树立良好沟通的榜样

每个孩子都是独一无二的存在,他们都有自己的喜好、优势和潜力。家长应尊重孩子的个性,了解他们的需求和期望,与孩子建立平等、和谐的沟通氛围。家长应该尊重孩子的意见,让他们在家庭决策中发挥积极的作用。只有这样,孩子才能感受到自己的价值,更愿意与家长分享想法和感受。

2. 倾听孩子的心声,理解他们的需求

家长应关注孩子的情感需求,倾听他们的喜怒哀乐。通过倾听,家长可以更好地了解孩子的想法和感受,为孩子提供恰当的支持。家长在与孩子沟通时,应掌握一定的倾听技巧,

如避免打断、给予充分关注、适时反馈等。孩子只有感受到家长的关爱,才愿意敞开心扉。

3. 运用同理心,站在孩子的角度看问题

家长应学会换位思考,站在孩子的角度考虑问题。这样才能够更好地理解孩子的需求,为孩子提供有针对性的帮助。家长应该教育孩子学会关心他人,培养他们的同理心。只有这样,孩子在与人沟通时,才能更好地理解他人,建立良好的人际关系。

4. 积极表达关爱和支持,增强亲子关系

家长应积极向孩子表达关爱,让他们感受到家庭的温暖。只有这样,孩子在面对困难时,才更愿意向家长寻求支持和帮助。家长应该鼓励孩子勇敢面对困难,向他们表达信任和支持。只有这样,孩子才会更加自信,积极应对生活中的挑战。

5. 保持耐心,不断提升沟通技巧

家长在面对孩子的沟通问题时,应保持耐心,避免情绪失控。只有这样,家长才能更好地与孩子沟通,解决问题。家长应该不断学习沟通技巧,提高与孩子沟通的效果,如学会倾听、表达清晰、适时表扬等。

(四)关注心理需求

1. 明确孩子的精神需求

每个孩子都是独特的存在,都有自己的爱好、优势和潜力。家长应尊重孩子的个性,了解他们的需求和期望,与孩子建立平等、和谐的沟通氛围。家长应该关注孩子的情感需求,倾听他们的喜怒哀乐。通过倾听,家长可以更好地了解孩子的想法和感受,为孩子提供恰当的支持。

2. 了解自己的心理需求

家长应保持良好的心态,避免情绪波动。只有这样,家长在与孩子沟通时,才能够更好地理解孩子的需求,为他们提供恰当的支持。家长应该关注自己的情感需求,学会调整自己的情绪。只有这样,家长在面对孩子的问题时,才能够为孩子提供有效的帮助。

3. 调整期望,营造轻松和谐的家庭氛围

家长应设定合理的目标,避免对孩子有过高的期望。只有这样,孩子在面对压力时,才能够更好地应对各种压力,保持积极的心态。家长应鼓励孩子尝试新的兴趣爱好,拓宽他们的视野。在孩子尝试新事物的过程中,家长要给予关爱和支持,帮助他们克服困难。家长应该关注孩子的学习压力,了解他们在学习中的困扰。家长可以为孩子提供有效的帮助,如辅导孩子学习、寻找学习资源等。家长应该培养孩子的自主学习能力,让他们学会独立思考和解决问题。只有这样,孩子在面对困难时,才能够保持积极的心态。家长应该营造轻松、愉快的家庭氛围,让孩子感受到家庭的温暖和支持。

(五)减少电子设备的影响

1. 合理管控孩子使用电子设备的时间

家长应设定规则,限制孩子每天使用电子设备的时间。例如,每天使用电子设备的时间

不超过 1 小时,或者只在完成学习任务后才能使用电子设备。家长应该设定优先级,让孩子明白现实生活中的学习、社交和锻炼比玩电子设备更重要。只有这样,孩子才能够更好地平衡现实生活和电子设备的使用。家长应该设定奖励和惩罚,以激励孩子更好地管理电子设备的使用时间。例如,孩子完成学习任务后可以获得使用电子设备的奖励,而过度使用电子设备则需要承担相应的惩罚。

2. 鼓励孩子多参与社交活动

家长应培养孩子的兴趣爱好,让他们在社交活动中找到乐趣,如参加运动队、音乐班或志愿者活动等。家长应该组织家庭活动,让孩子与家人互动,如一起做饭、看电影或参加户外活动等。家长应该鼓励孩子与朋友聚会,如邀请朋友来家里玩、一起去公园或参加兴趣小组等。家长应该培养孩子的沟通能力,让他们学会更好地与他人交流,如参加辩论队、演讲比赛或戏剧表演等。家长应该鼓励孩子参加社区活动,让他们学会为他人提供帮助,如参加义工活动、环保行动或慈善项目等。

如何引导家长在日常生活中增进
亲子间的理解与信任？

一、孩子成绩不尽如人意，家长感到失望和焦虑

家长通常会将孩子的学业表现作为评价他们发展的重要方面。如果孩子的学习成绩未能达到预期，那么家长可能会产生挫败感和压力。以下是 3 个具体案例及应对策略，希望能为家长们提供一些启示和帮助。

（一）案例描述

1. 小李，12 岁，小学生

活泼开朗的小李在平时表现出色，然而在最近的一次学期考试中，他的成绩却令人失望。这让家长担忧小李的基础知识是否牢固，以及这次成绩是否会对未来学习产生影响。

【应对策略】家长应客观评价小李的成绩，了解他在考试中的薄弱环节。家长还应该与小李的班主任沟通，了解小李在学校的学习状况，并寻求教育专家的建议。针对小李的实际情况，家长应该制订合适的家庭教育方案，如加强课外辅导、关注学习方法等。同时，家长应该关注小李的兴趣爱好，培养他的综合素质。

2. 小华，16 岁，高中生

在初中时期，由于小华的学习成绩优异，家长对他抱有厚望。而进入高中后，小华的成绩逐渐下滑，这让家长感到非常失望。他们尝试了各种方法来提高小华的成绩，但效果不佳。

【应对策略】家长应保持冷静，分析小华成绩下滑的原因。家长应该与小华沟通，了解他的学习状况和心理压力。在此基础上，家长可以寻求教师的帮助，为小华制订具有针对性的学习计划。同时，家长还应该关注小华的日常生活，确保他在良好的身心状态下学习。

3. 小王，18 岁，高考生

在高中时期，小王的学习成绩一般，这让家长一直为他操心。高考成绩公布后，小王的成绩与大学录取分数线有很大差距。家长感到失望，同时担心小王的未来发展。

【应对策略】家长应尊重小王的意愿，与他一起探讨未来的发展道路。家长可以邀请教育专家为小王提供职业规划建议，了解各种学历提升和职业技能培训途径。同时，家长应该鼓励小王根据自己的兴趣和特长，寻找适合自己的发展方向。

（二）案例分析

在学业方面，孩子可能无法达到家长的期望，导致双方产生不理解与不信任。家长可能认为孩子不够努力，而孩子可能认为家长过于严厉。要解决这一问题，家长应关注孩子的学习方法、兴趣和需求，鼓励他们努力进步，同时给予适当的帮助和支持。在孩子成绩不理想的情况下，家长应保持冷静，客观分析原因。同时，根据孩子的实际情况，家长应该制订合适的教育方案，并关注他们的身心健康。通过这些应对策略，家长可以帮助孩子克服困难，提升学习成绩，为他们的未来发展奠定基础。

二、孩子沉迷手机，家长感到担忧

随着科技的发展，手机成为生活中不可或缺的一部分。然而，过度使用手机可能导致孩子沉迷其中，从而影响他们的学习、生活和身心健康，这让家长感到担忧。以下是3个具体案例及应对策略，希望能为家长们提供一些启示和帮助。

（一）案例描述

1. 小红，11岁，小学生

小红喜欢用手机刷短视频，有时甚至忘记完成作业。家长发现后，严厉批评了小红，但这加剧了小红对手机的依赖。

【应对策略】家长应耐心与小红沟通，告诉她过度使用手机的危害。家长应该与小红一起制定手机使用规则，如限制观看短视频的时间等。同时，家长应关注小红的学习进度，鼓励她养成良好的学习习惯。

2. 小明，14岁，初中生

小明自从得到一部智能手机后，便沉迷于手机游戏。他经常熬夜玩手机游戏，导致学习成绩下滑。家长尝试多种方法限制小明使用手机，但效果不佳，这令家长担忧不已。

【应对策略】家长应与小明沟通，了解他沉迷手机的原因。在尊重小明兴趣的基础上，家长应该与他一起制定合理的手机使用规则，如限制游戏时间、规定入睡时间等。同时，家长应关注小明的学习和生活，鼓励他参加课外活动，培养他的其他兴趣爱好。

3. 小华，16岁，高中生

小华沉迷于社交软件，经常与同学讨论各种话题，导致熬夜聊天，影响作息。家长十分担忧小华的学业和身体健康。

【应对策略】家长应与小华沟通，了解他的社交需求。家长应该引导小华合理安排手机使用时间，告诫他熬夜聊天的危害。同时，家长应关注小华的学业和身心健康，鼓励他参加社交活动，培养他与人沟通的能力。

（二）案例分析

随着科技的发展，手机成为生活中不可或缺的一部分。然而，过度使用手机可能导致孩子与家长之间的不理解与不信任。家长担忧孩子沉迷手机会影响学习、生活和身心健康，而孩子可能认为家长过于担忧,限制了他们的自由。要解决这一问题,家长应与孩子沟通,了解他们使用手机的原因,并共同制定合理的使用规则。同时,家长应以身作则,适度控制自己手机使用的时间,为孩子树立榜样。通过这些应对策略,家长可以化解亲子间的矛盾,帮助孩子养成健康的手机使用习惯。

三、孩子早恋,家长担忧不已

随着科技的进步和社会的发展,孩子所接触到的信息持续增多,导致早恋问题渐渐浮现,已不能被轻视。面对孩子的早恋问题,家长担忧不已,担心这会影响他们的学业、性格和身心健康。以下是 3 个具体案例及应对策略,希望能为家长们提供一些启示和帮助。

(一)案例描述

1. 小雅,12 岁,小学生

小雅性格内向,平时与同学交往较少。近期,家长发现她与一名男同学关系亲密,疑似早恋。为此,家长十分担忧小雅的心理健康。

【应对策略】家长应关注小雅的日常生活,了解她的朋友圈和兴趣爱好。家长应该与小雅沟通,引导她正确处理人际关系,尊重她的感受。同时,家长应鼓励小雅多与同学交往,培养她的沟通能力,关注她的心理健康。

2. 小丽,14 岁,初中生

小丽在初中时成绩优异、性格开朗,深受老师和同学的喜爱。然而,家长发现小丽与一名男同学关系密切,疑似早恋。为此,家长担忧小丽的学业和身心健康受到影响。

【应对策略】家长应保持冷静,不要急于干涉。首先,家长应该了解小丽早恋的原因,尊重她的感受。其次,家长应该与小丽沟通,告诉她早恋可能带来的负面影响,如影响学业、人际关系等。再次,家长应关注小丽的学业和生活,给予她更多的关爱和支持。

3. 小强,16 岁,高中生

小强是一名高中生,成绩一般。近期,家长发现他与一名异性同学交往过密,疑似早恋。为此,家长担忧小强的学业和性格发展。

【应对策略】家长应主动与小强沟通,了解他的想法和需求。在尊重小强隐私的基础上,家长应该引导他正确对待异性关系,告诫他早恋的危害。同时,家长应关注小强的学业和性格培养,鼓励他参加课外活动,提升自身能力。

(二)案例分析

当孩子步入青春期后,对异性的喜好可能会浮现,这使得家长担心早恋会对孩子的学业和心理健康产生负面影响。然而,过度干预可能会使孩子产生反抗情绪,进一步加深家长与孩子之间的误解和不信任。要解决这一问题,家长应关注孩子的情感需求,引导他们正确处理与异性的关系,同时关注孩子的学业和心理健康。面对孩子的早恋,家长应保持冷静和理智,尊重孩子的感受,并与他们进行沟通。了解孩子早恋的原因后,家长应该引导他们正确对待异性关系,告诫他们早恋可能带来的负面影响。同时,家长应关注孩子的学业、性格和心理健康,给予他们更多的关爱和支持。

四、孩子叛逆,家长感到无奈

在孩子成长的过程中,叛逆期常常让许多家长感到困扰。在这个阶段,孩子往往对家长的规定和劝告产生抵触情绪,这让家长感到无奈。以下是3个具体案例及应对策略,希望能为家长们提供一些启示和帮助。

(一)案例描述

1. 小李,8岁,小学生

小李是一个活泼可爱的孩子,但自从上小学后,他开始对家长的规定产生反抗。这让家长感到很无奈,不知如何应对小李的叛逆行为。

【应对策略】家长应关注小李的日常生活,了解他的需求和困惑。在与小李沟通时,家长要用耐心和关爱去引导他,让他感受到家长的关爱。同时,家长应关注小李的心理健康,引导他建立正确的人生观和价值观。

2. 小陈,14岁,初中生

小陈原本是一个听话的孩子,但自从进入初中后,他开始对家长的规定产生反抗。小陈还常常和家长顶撞,不愿意听从他们的建议。家长感到很无奈,不知如何处理这种情况。

【应对策略】家长应保持耐心,尊重小陈的个性。在与小陈沟通时,家长要学会倾听,了解他为何会产生叛逆心理。此外,家长可以尝试采取鼓励和引导的方式,让小陈明白家长的担忧和期望,从而改善彼此之间的关系。

3. 小芳,16岁,高中生

小芳在进入高中后,开始对家长的规定产生怀疑。她常常和朋友外出玩耍,不顾家长对她安全的担忧。家长感到很无奈,担心小芳走上错误的道路。

【应对策略】家长应主动与小芳沟通,了解她的朋友圈和兴趣爱好。在尊重小芳隐私的基础上,家长应该引导她正确处理人际关系,告诫她避免过度沉迷于娱乐活动。同时,家长应关注小芳的学业和心理健康,鼓励她参加有益的课外活动。

(二)案例分析

在孩子的叛逆期,他们可能会对家长产生抵触情绪,导致双方产生不理解与不信任。家长可能认为孩子不听话、不尊重长辈,而孩子可能认为家长过于干涉他们的生活。为了应对这个难题,家长应该尊重孩子的自主权,设定合适的自由边界,同时也要注意他们的需求和感情波动。

五、孩子的兴趣和志向与家长的期望存在偏差

随着就业压力的增大,孩子在专业选择上的问题日益凸显。许多家长对孩子的专业选

择抱有很高的期望,然而孩子的兴趣和志向往往与家长的期望存在偏差。以下是 3 个具体案例及应对策略,希望能为家长们提供一些启示和帮助。

(一)案例描述

1. 小张,17 岁,高中生

在填报志愿时,小张选择了旅游管理专业,而家长认为这一专业就业前景不佳。虽然家长试图说服小张报考金融或会计等专业,但是小张坚持自己的选择。

【应对策略】家长应尊重小张的意愿,了解他选择旅游管理专业的理由。家长应该与小张探讨该专业的就业前景和发展潜力,并提醒他对自己的选择负责。同时,家长可以提供相关行业的信息和资源,帮助小张更好地规划职业生涯。

2. 小李,18 岁,高中生

在高中时期,小李成绩优异,家长希望他报考国内顶尖大学的理工科专业,为将来的就业奠定基础。然而,小李对艺术有浓厚兴趣,立志成为一名艺术家。在填报志愿时,小李选择了艺术类专业,这与家长的期望相去甚远。

【应对策略】家长应尊重小李的意愿,理解他的兴趣和志向。家长应该与小李深入沟通,了解他选择艺术类专业的理由,并从小李的角度分析该专业的未来发展前景。在此过程中,家长还可以提供意见和建议,但最终尊重小李的选择。

3. 小王,19 岁,大学生

在大学一年级时,小王发现自己对所学专业并无兴趣,而家长一直希望他成为一名医生。在深思熟虑后,小王决定转专业,但家长担心此举会影响小王的就业前景。

【应对策略】家长应支持小王转专业的决定,了解他转专业的初衷和计划。家长应该与小王探讨转专业的利弊,并提供合理建议。在此过程中,家长应鼓励小王勇敢追求自己的兴趣,同时关注他的职业规划。

(二)案例分析

在选择专业或职业方面,孩子可能与家长的意见不一致,导致双方产生不理解与不信任。家长可能认为自己的建议是基于对孩子的关爱和经验,而孩子可能认为家长过于干涉他们的未来。要解决这一问题,家长应尊重孩子的兴趣和意愿,鼓励他们尝试和探索,同时给予适当的建议和指导。在孩子选择专业的问题上,家长应尊重孩子的兴趣和志向,理解他们的需求。通过与孩子深入沟通,家长应该了解他们的想法和规划,给予合理建议和支持。同时,家长应关注行业发展趋势,帮助孩子作出明智的专业选择。通过这些应对策略,家长和孩子之间可以达成共识,为孩子未来的发展奠定基础。

六、指导建议

在家庭教育中,增进亲子间的理解与信任至关重要。为了实现这一目标,社区家庭教育指导可以从以下几个方面引导家长在日常生活中进行实践。

（一）加强亲子沟通

在孩子的成长过程中,亲子沟通是建立和谐家庭关系的关键。家长应该关注孩子的内心感受,激励他们大胆地自我展示,并通过言语及行为来传递自己对孩子的爱。

1. 倾听孩子的心声

家长应该关注孩子的想法、感受和需求,让他们知道自己的声音很重要。比如,家长能够在每日设定的时刻与孩子进行沟通,掌握他们在学习和日常生活中所面临的挑战与问题。通过聆听孩子的内心想法,家长能更深入地理解孩子的需求,给予他们关爱和支持。

2. 鼓励孩子表达

家长应鼓励孩子勇敢地表达自己的看法和感受,培养他们的沟通能力。在孩子表达观点时,家长应给予积极的反馈,如点头、微笑等,让他们感受到自己的观点得到了重视。此外,家长还可以通过家庭讨论、亲子活动等方式,创造轻松愉快的沟通环境,让孩子更愿意表达自己。

3. 有效表达爱意

家长要学会用语言和行动来表达对孩子的关爱,让孩子感受到家庭的温暖。在日常生活中,家长可以对孩子说一句关心的话语,如"我爱你""你辛苦了"等,让他们感受到家长的关爱。同时,家长还可以通过拥抱、亲吻等身体接触的方式,表达对孩子的关爱。

（二）共同参与家务

在现代家庭中,共同参与家务成为增进亲子关系、培养孩子责任感和团队精神的重要途径。家长与孩子共同承担家务劳动,既能教导孩子生活技巧,又能帮助家长更深入地理解孩子的心理。

孩子参与家务劳动是培养他们责任感和团队精神的重要方式之一。家长可以根据孩子的年龄和能力,给他们分配适当的家务任务,如整理床铺、扫地、洗碗等。在孩子完成家务的过程中,家长要给予耐心的指导和支持,让孩子感受到自己的劳动成果的价值和家庭的重要性。通过共同分担家务,亲子关系将得到显著提升。

家长和孩子一起下厨,既能培养孩子的烹饪技能,又能增进彼此的了解和信任。在做饭的过程中,家长可以教授孩子食材搭配、营养均衡等知识,让他们学会照顾自己和家人。此外,家长还可以借此机会了解孩子的兴趣爱好,倾听他们的心声,增进亲子间的默契。

在共同参与家务的过程中,家长应注意尊重孩子的意见和感受,让他们参与到家务决策中,培养他们的独立思考能力。家长应该鼓励孩子尝试新事物,不怕失败,让他们在实践中学会成长。家长应该保持轻松愉快的家庭氛围,让孩子在这样的氛围中学会承担责任。在孩子完成家务后,家长应该及时给予表扬和鼓励,让他们感受到自己的价值。

（三）建立家庭活动制度

在现代家庭中,建立家庭活动制度对于增进亲子关系、营造和谐的家庭氛围具有重要的意义。通过定期开展家庭活动、共同庆祝节日等途径,家长和孩子可以共享快乐时光,拉近彼此的心灵距离。

1. 定期开展家庭活动

家庭活动是增进亲子感情的有力纽带。家长可以更好地了解孩子的兴趣爱好,培养孩子的团队精神和合作意识。家长和孩子一同参与益智游戏,既能帮助孩子提升思维能力,又能增强双方的亲情深度。家长应该定期组织家庭户外活动,如散步、骑自行车、爬山等,让孩子在自然环境中锻炼身体,培养环保意识。通过参观博物馆、画廊等文化场所,孩子可以在愉悦的氛围中感受文化的魅力。通过参加志愿者活动,孩子可以学会关爱他人,从而培养自己的社会责任感。

2. 共同庆祝节日

家庭节日庆典是增进亲子感情的好时机。家长和孩子可以共同准备节日礼物,布置家庭环境,共度欢乐时光。家长应该深入了解孩子的需求,并和孩子一起讨论节日庆典的筹备事宜,让他们感受到自己的意见被尊重。家长应该和孩子一起制作节日卡片、挂饰等,营造节日气氛。在节日当天,家长和孩子可以一起准备美食,享受家庭团聚的时光。家长还可以举行节日主题的游戏活动,如猜谜语、成语接龙等,让孩子在欢乐中感受传统文化的魅力。

在建立家庭活动制度的过程中,家长应注意尊重孩子的兴趣和需求,让他们在家庭活动中找到自己的快乐。家长应该确保家庭活动时间不会影响孩子的学习和生活作息。家长还可以鼓励每一个家庭成员踊跃参与家庭活动,一同创造温馨的家庭环境。通过这些家庭活动,家长可以把家庭的文化和传统传承下来,以此教育孩子学习尊重和珍视他人。

（四）鼓励孩子自主成长

在孩子的成长过程中,家长的角色至关重要。家长应该鼓励孩子自主成长,尊重他们的兴趣,鼓励他们面对困难,培养孩子的自信心、独立性和解决问题的能力。

1. 尊重孩子的兴趣

每个孩子都有自己的天赋和兴趣,家长应该鼓励他们尝试不同的事物,培养他们的个性。家长应该关注孩子的喜好,与他们进行沟通,了解他们的兴趣和需求。家长还应该为孩子提供丰富的活动和学习资源,如图书、教具等,让他们在尝试中发现自己的兴趣所在。如果孩子在某一方面表现出特殊天赋,那么家长应给予更多的关注和支持,帮助他们挖掘潜力,发展特长。

2. 鼓励孩子面对困难

在孩子的成长过程中,他们将面临诸多的挑战。家长应给予他们鼓励和支持,让他们学会独立解决问题。当孩子遇到难题时,家长应该给予他们激励,使他们坚信自己具有解决问题的实力。家长应该协助孩子扒开问题的层层面纱,指引他们寻找出解决问题的途径。家长应该让孩子参与家庭和学校的事务,锻炼他们独立决策和解决问题的能力。在孩子确实需要帮助时,家长应该给予适当的支援,让他们在尝试中学会成长。

在鼓励孩子自主成长的过程中,家长需要付出时间和耐心,给予他们足够的关爱和支持。家长应该鼓励孩子勇于尝试,不怕失败,让他们在实践中学会成长。家长应该教育孩子承担责任,让他们学会为自己的行为和决定负责。

（五）积极关注孩子的成长

在儿童的发展阶段,家长的作用极其关键。家长应该主动关心孩子的学习情况和精神健康,了解他们在学习中的需求,并适时提供必要的援助,帮助他们建立自信,培养他们独立解决问题的技巧。

1. 关注学业

学业是孩子成长的重要方面,家长应了解孩子的学业进展,关注他们在学习中的需求,适时给予帮助。家长应与孩子所在学校的老师保持良好沟通,了解孩子在学校的表现和学业进展。家长应该引导孩子掌握科学的学习手段,如管理时间、记录课堂笔记、掌握复习策略等,以提升学习的效果。家长应该了解孩子的兴趣爱好,鼓励他们在学习中发现乐趣,提高学习积极性。

2. 关注心理健康

心理健康是孩子健康成长的关键因素。家长应该密切观察孩子的情绪波动,与他们进行有效的对话,深入理解他们的需求和烦恼。家长应该教育孩子学会面对挫折和困难,培养他们的抗压能力。

在孩子成长的过程中,家长需要付出时间和耐心,给予他们足够的关爱和支持。除了学业和心理健康,家长还应关注孩子的品德、社交能力等方面的成长。在孩子取得进步时,家长应该给予及时的肯定和鼓励,让他们感受到自己的价值。

如何引导家长帮助孩子养成良好的生活习惯？

一、孩子不良生活习惯案例及分析

（一）熬夜玩手机

小明（12岁）每天晚上熬夜玩手机游戏，他的作息时间非常不规律，导致白天上课时精神不振，学习成绩下滑。

【案例分析】熬夜玩手机是孩子不良生活习惯的典型表现之一。过度沉迷于手机游戏不仅会降低孩子的睡眠品质，还会使他们的专注力降低，进而影响学习成绩。此外，过度依赖手机还可能让孩子与家人、朋友之间的沟通减少，影响人际交往能力。

（二）饮食不均衡

小红（8岁）喜欢吃零食，不喜欢吃蔬菜水果，这导致她的饮食不均衡。因此，她的身体发育迟缓，抵抗力较弱，容易生病。

【案例分析】饮食不均衡是孩子不良生活习惯的典型表现之一。长期摄入高热量、高脂肪的食物，而缺乏维生素、矿物质等营养物质的摄入，容易导致孩子营养不良，影响身体健康。不良饮食习惯还可能让孩子对正餐失去兴趣，进一步加重饮食不均衡的问题。

（三）缺乏运动

小华（10岁）喜欢待在家里看电视、玩手机，很少参加户外运动。因此，他的身体素质较差，容易疲劳，还出现了肥胖问题。

【案例分析】缺乏运动是孩子不良生活习惯的典型表现之一。长期缺乏运动不仅会导致孩子身体素质下降，还可能影响他们的心理健康。缺乏运动的孩子容易产生焦虑、抑郁等情绪问题，影响正常的学习和生活。

（四）学习压力过大

小强（15岁）面临中考压力，为了取得好成绩，他每天熬夜学习，缺乏休息。他的学习压力过大，导致精神紧张，甚至出现失眠问题。

【案例分析】学习压力过大是孩子不良生活习惯的典型表现之一。过大的学习压力不仅会影响孩子的身心健康，还可能导致他们在学习上产生逆反心理，影响学习效果。家长和老师应该关注孩子的学习压力，帮助他们调整心态，合理安排学习和生活。

（五）缺乏自律

小芳（6 岁）喜欢看电视，每次看电视都忘记时间，因此她的作息时间非常不规律。家长不得不经常提醒她按时睡觉。

【案例分析】缺乏自律是孩子不良生活习惯的典型表现之一。缺乏自律的孩子往往无法自我约束，容易沉迷于某种活动，影响学习和生活。家长应该关注孩子自律能力的培养，引导他们学会自我约束，养成良好的生活习惯。

二、孩子出现不良生活习惯的原因

（一）家庭环境因素

1. 家长榜样

家长是孩子成长过程中的重要引导者，他们的行为和习惯会对孩子产生深远的影响。如果家长自身存在不良生活习惯，那么孩子很可能会模仿家长的行为，从而形成不良生活习惯。例如，如果家长经常熬夜看电视或玩手机，那么孩子也可能养成熬夜的习惯。如果家长喜欢抽烟，那么孩子也可能会对抽烟产生好奇心。

2. 家庭规则

家庭规则是引导孩子形成良好生活习惯的重要手段。如果家庭规则不明确或不合理，那么孩子可能难以形成良好的生活习惯。例如，如果家庭规则没有明确规定孩子的作息时间、学习时间和娱乐时间，那么孩子可能难以形成良好的生活习惯。如果家庭规则过于严格或过于放任，那么孩子可能难以形成良好的生活习惯。

3. 家庭氛围

家庭氛围会对孩子的行为和习惯产生重要的影响。如果家庭氛围紧张、压抑，那么孩子可能更容易形成不良生活习惯。例如，如果家庭氛围紧张，那么孩子可能更容易产生焦虑、抑郁等情绪问题，从而影响他们的生活习惯。如果家庭氛围压抑，那么孩子可能更容易产生逆反心理，从而影响他们的生活习惯。

（二）学校教育因素

1. 教育方式

学校的教育方式会对孩子的行为和习惯产生重要的影响。如果教育方式过于严格或过于放任，那么孩子可能难以形成良好的生活习惯。过于严格的教育方式可能会让孩子产生逆反心理，从而影响他们的生活习惯；过于放任的教育方式可能会让孩子缺乏约束，从而影响他们的生活习惯。

2. 课程设置

课程设置会对孩子的行为和习惯产生重要的影响。如果课程设置缺乏健康教育、心理教育等课程，那么孩子可能难以形成良好的生活习惯。缺乏健康教育课程可能会让孩子缺乏健康意识，从而影响他们的生活习惯；缺乏心理教育课程可能会让孩子在心理素质方面存在不足,从而影响他们的生活习惯。

3. 师生关系

师生关系会对孩子的行为和习惯产生重要的影响。如果师生关系紧张、不和谐,那么孩子可能更容易形成不良生活习惯。紧张的师生关系可能会让孩子产生压力,从而影响他们的生活习惯;不和谐的师生关系可能会让孩子产生抵触情绪,从而影响他们的生活习惯。

(三)社会环境因素

1. 媒体影响

媒体会对孩子的行为和习惯产生重要的影响。在信息爆炸的时代,孩子们会从不同的媒体中接触到海量的信息,而这些信息对他们的价值观及行为习惯产生了深刻的影响。如果媒体传播的内容不健康,如过度渲染暴力、色情、懒惰等负面信息,那么孩子可能更容易受到不良诱惑,从而形成不良生活习惯。

2. 同伴影响

同伴会对孩子的行为和习惯产生重要的影响。孩子们在一起交流、互动,并通过互相学习和模仿来共同成长。如果同伴存在不良生活习惯,如沉迷网络游戏、抄袭作业等,那么孩子可能受到负面影响,容易养成不良生活习惯。

3. 社会风气

社会风气会对孩子的行为和习惯产生重要的影响。社会风气是一个时期内社会价值观和行为规范的体现。如果社会风气不良,如拜金主义、功利主义思想盛行等,那么孩子可能在潜移默化中受到影响,从而更容易形成不良生活习惯。

(四)自身因素

1. 年龄特点

孩子的年龄特点会影响他们的行为和习惯。在不同年龄段,孩子的认知能力、自我控制能力和判断力有所不同,因此容易受到不良因素的影响。例如,年龄较小的孩子由于好奇心强、自制力弱,可能更容易受到不良生活习惯的诱惑,如过度依赖电子产品、不爱运动等。

2. 兴趣爱好

孩子的兴趣爱好会影响他们的行为和习惯。兴趣爱好是孩子生活中重要的一部分,适当的兴趣爱好可以丰富孩子的精神世界,促进他们的全面发展。然而,如果孩子的兴趣爱好过于单一,如过度沉迷于看电视、玩游戏等,那么可能导致他们忽视其他方面的发展,从而影响他们的行为和习惯。

3. 性格特点

孩子的性格特点会影响他们的行为和习惯。性格是人在面对不同情境时的稳定心理特征。在面对生活和学习中的挑战时,不同性格的孩子可能会有不同的应对方式。例如,性格内向的孩子可能在社交方面存在一定的困难,容易感到孤独和焦虑,从而更容易形成不良生活习惯。

三、指导建议

（一）树立榜样

家长是孩子成长过程中的重要引导者，他们的行为和习惯会对孩子产生深远的影响。因此，家长要养成良好的生活习惯，为孩子树立榜样。这包括规律的作息时间、健康的饮食习惯、适量的运动等。

1. 规律的作息时间

规律的作息时间对孩子的成长至关重要。家长应当养成良好的作息习惯，如按时起床、按时就寝，让孩子在有序的生活环境中茁壮成长。家长要做到早睡早起，避免熬夜，以确保自己和孩子有充沛的精力应对日常生活和工作学习。此外，家长还应教育孩子珍惜时间，培养他们的时间管理能力，让他们学会合理安排自己的生活和学习。

2. 健康的饮食习惯

健康的饮食习惯对孩子的生长发育具有重要意义。家长应当注重营养均衡，为孩子提供丰富多样的食物，避免过度依赖高热量、高脂肪、高糖分的食品。家长需要率先养成健康的饮食习惯，避免偏食和暴饮暴食，以培养他们的健康饮食习惯。家长还应让孩子了解食品安全知识，增强他们对食品的鉴别能力，确保孩子的饮食安全。

3. 适量的运动

适量的运动对孩子的身心健康大有裨益。家长应积极参与体育锻炼，激发孩子参加运动的兴趣。家长可以陪孩子一起参与漫步、跑步、游泳和球类运动等户外活动，增强他们的体质。同样，家长也需关注孩子的精神健康，通过交流来了解他们的真实想法，帮助他们缓解心理压力，养成良好的心理素质。

（二）制定家庭规则

家庭规则是维护家庭和谐、促进孩子健康成长的重要保障。家长可以和孩子协同设定家庭规定，并清楚地定义家庭成员的责任。这不仅有助于孩子养成良好的生活习惯，还有助于培养他们的自律能力。

1. 制定家庭规则有助于孩子养成良好的生活习惯

家庭规则可以明确孩子在日常生活、学习、休闲等方面的行为规范，如按时起床、按时完成作业、保持房间整洁等。当孩子遵守规定时，他们会渐渐培养出优秀的生活习惯，并且形成自我管理意识。另外，设立家庭规则也能协助孩子树立恰当的价值观，比如尊重他人、珍视财物和热衷于劳动等，进而推动他们的全方位发展。

2. 参与制定家庭规则有助于培养孩子的自律能力

在制定家庭规则的过程中，孩子需要思考、沟通、与家长协商，这有助于提高他们的沟通能力、团队协作能力和解决问题的能力。同时，孩子会在规则的约束下，学会自我管理，培养自律能力。这种自律能力将伴随他们成长，同时有助于他们在学校和社会中取得更好的成绩。

3. 家庭规则有助于增进家庭成员之间的感情

通过共同制定和遵守规则,家庭成员可以更好地相互理解、支持和包容,形成紧密的家庭共同体。家庭规则可以是关于生活琐事的约定,如家务分工、作息时间等,也可以是关于家庭价值观的传承,如家庭道德、文化传统等。这些规则将家庭成员紧密联系在一起,共同营造温馨、和谐的家庭氛围。

(三)设定明确的目标

1. 设定早睡早起的习惯

针对年龄较小的孩子,家长可以设定早睡早起的习惯。这个年龄段的孩子,好奇心强、玩耍心重,他们可能会抗拒早睡。此时,家长可以通过讲故事、唱歌、进行亲子游戏等方式,帮助孩子放松身心,养成良好的作息习惯。

2. 设定规律的作息时间和健康的饮食习惯

针对年龄较大的孩子,家长可以设定规律的作息时间和健康的饮食习惯等。这个年龄段的孩子已经开始上学,有了一定的自我管理能力。家长可以和孩子一起制订作息时间表,明确每天的起床时间、就寝时间、学习时间和运动时间等。此外,家长还能帮助孩子形成良好的饮食行为,比如增加蔬果摄入,减少油炸食物的食用量,避免暴饮暴食等。

3. 设定生活习惯目标

每个孩子都有自己的兴趣爱好,家长可以从中找到切入点,设定相应的生活习惯目标。例如,如果孩子喜欢运动,那么家长可以设定每天运动 1 小时的目标。如果孩子喜欢阅读,那么家长可以设定每天阅读半小时的目标。只有这样,孩子在享受兴趣的同时,才能养成良好的生活习惯。

(四)给予适当的奖励和惩罚

1. 奖励和惩罚的原则

家长需要密切观察孩子的行为,对他们的正面行动予以赞赏和激励,而对他们的负面行动施以适当的惩戒。家长要根据孩子的年龄、性格等因素,设定合适的奖励和惩罚措施。家长要对所有孩子一视同仁,避免偏爱或偏袒,确保奖励和惩罚的公平性。

2. 奖励和惩罚的具体实施

当孩子准时做完家务或准时睡觉时,家长需要马上赞扬他们。这将有助于提升孩子的自尊心,同时刺激他们坚持正面行为的积极性。当孩子没有按时完成家务或熬夜时,家长要给予适当的惩罚,但惩罚不宜过于严厉。通过减少娱乐时间、限制电子产品使用等,家长可以让孩子认识到自己的错误,引导他们改正不良行为。

(五)关注孩子的需求

1. 关注孩子的生理和心理需求

家长要关注孩子的生理需求,确保他们有充足的营养、合适的衣物和舒适的居住环境。通过这种方式,孩子可以保持健康的身体,更好地投入生活和学习中。家长应该关注孩子的心理需求,关心他们的情感波动,给予足够的关爱和支持。这有助于孩子建立自信心,增强应对生活压力的能力。

2. 倾听和理解孩子

家长要学会倾听孩子的心声,给他们提供一个倾诉的平台。当孩子遇到困扰时,家长应该耐心倾听他们的想法和感受,给予关心和支持。家长应该理解孩子的困境,站在他们的角度思考问题。通过换位思考,家长能更好地理解孩子的需求,为他们提供有针对性的帮助。

3. 帮助孩子解决问题

家长要根据孩子的实际情况,仔细分析他们遇到的问题,并提供合理的解决方案。这有助于孩子克服困难,养成良好的生活习惯。面对问题时,家长要教育孩子勇敢地去解决,培养他们解决问题的能力。同时,家长要关注孩子解决问题的方法,引导他们采用正确的方式处理问题。

如何引导家长在学业辅导中激发孩子的学习兴趣？

一、孩子学习兴趣缺失的具体案例

（一）小明的故事

1. 案例描述

小明是一名初中生,学习成绩中等。在家里和学校,他总是表现出一副无精打采的样子,对学习缺乏兴趣。即使老师和家长对他进行了督促,他也难以投入学习中。这种现象的原因可能涉及家庭因素、学业压力及教育方法等多个方面。

在课堂上,他常常走神,对老师的讲解反应迟钝。即使面对老师的提问,他也表现得不够积极,缺乏参与意识。在完成作业的过程中,他常常敷衍了事。虽然家长和老师对他的学习态度进行了督促,但并未带来明显改善。他对课外活动缺乏兴趣,即使参加,也表现得不积极。他在班级的各项活动中难以融入,这进一步影响了他的学习兴趣。

2. 原因分析

孩子的成长深受家庭环境的影响,而家长的教导方法和家庭氛围对他们的学习热情起着关键的作用。小明的家长可能过于注重成绩,因而忽视了培养孩子的兴趣和个性发展。这种家庭教育方式可能导致孩子产生逆反心理,并对学习失去兴趣。

在应试教育的大环境下,小明面临来自家长和学校的较高期望。过高的学业压力使他对学习产生恐惧感,进而影响学习兴趣。

素质教育是激发孩子学习兴趣的关键。传统的应试教育模式过于注重分数,忽略了孩子的兴趣培养。在学习的过程中,小明可能未能寻觅到适合自己的学习方式,从而导致缺乏学习热情。

3. 解决策略

家长应关注孩子的兴趣和个性发展,尊重孩子的选择。在家庭教育中,家长应以身作则,培养孩子良好的学习习惯,引导孩子树立正确的学习态度。

学校应该合理安排课程,减轻孩子的学业负担。家长应该给孩子留出足够的时间和空间,让他们有时间发展自己的兴趣爱好,从而提高学习兴趣。

老师应该关注孩子的兴趣和需求,开展多样化的教学活动,如小组讨论、做实验等。老师还可以引入实际生活案例,使孩子感受到知识与生活的紧密联系,从而提高学习兴趣。

(二)小红的故事

1.案例描述

小红是一名小学生,她学习成绩优异,但过于依赖家长和老师的监督。在没有家长和老师督促的情况下,小红不仅对学习提不起兴趣,还常常拖延完成作业。这种情况可能是家长过度干预,导致孩子缺乏自主学习的能力和兴趣。

2.具体表现

在没有家长和老师监督的情况下,小红的学习态度变得消极。她对待作业缺乏积极性,难以独立完成学习任务。在缺乏监督的情况下,她的时间管理能力较弱。她常常拖延完成作业,导致学习效果不佳。在家长和老师的监督下,小红的学习成绩优异。而一旦失去监督,她的自主学习能力就显得不足,难以独立完成学习任务。

3.原因分析

这可能是家长过度干预,导致孩子缺乏自主学习的能力和兴趣。家长过度关注孩子的学习成绩,忽视了培养孩子的自主学习意识,使孩子在学习中过分依赖家长的监督。

传统的应试教育模式过于注重分数,忽略了孩子的兴趣培养。老师应该关心每个孩子的独特性,尝试新的教导方式,以激发他们的学习热情,并提升他们的自主学习能力。

在孩子的学习过程中,缺乏有效的激励机制。家长与教师应时刻留意孩子的成长,及时予以肯定与激励,以激发他们的学习欲望。

4.解决策略

家长应关注孩子的兴趣和个性发展,适度干预孩子的生活和学习。家长可以引导孩子养成良好的学习习惯,培养孩子的自主学习能力。

老师应关注孩子的兴趣和需求,开展多样化的教学活动,激发孩子的学习兴趣。同时,老师要注重培养孩子的自主学习能力,引导他们独立完成学习任务。

家长和学校应共同建立有效的激励机制,关注孩子的进步。在孩子取得成绩时,家长和学校应该给予表扬和鼓励,激发孩子学习的内在动力。

二、孩子缺乏学习兴趣的原因

(一)家庭因素

孩子的成长环境在很大程度上由家庭决定,而家长的教导方式及家中的环境气氛,对孩子的学习兴趣产生了深远的影响。一些家长过于注重成绩,忽视了培养孩子的兴趣,以及促进孩子的个性发展。这种家庭教育方式可能导致孩子产生逆反心理,对学习失去兴趣。

在以考试为主的教育环境中,大部分家长把孩子的学习成绩视为评判教育成败的唯一准则。在这种思维模式下,孩子所承受的压力可想而知,长此以往,他们可能会对学业产生厌烦心态。

家庭氛围对孩子的学习兴趣具有重要的作用。在和谐、轻松的家庭环境中，孩子更容易产生学习的兴趣。而在紧张、压抑的家庭氛围中，孩子可能会对学习产生抵触情绪。

（二）学业压力

过高的学业压力会导致孩子对学习产生恐惧感，进而影响学习兴趣。在应试教育的大环境下，孩子可能面临来自家庭和学校的较大压力，他们可能会感到疲惫、无助，甚至产生厌学情绪。

长期承受过大的学业压力，可能导致孩子的身心健康受损。他们可能会出现焦虑、抑郁等心理问题，甚至影响日常生活和人际交往。

（三）教育方法

教育方法是激发孩子学习兴趣的关键。传统的应试教育模式过于注重分数，忽略了孩子的兴趣培养。家长和老师应关注孩子的个体差异，因材施教，对教学方法进行创新，激发孩子的学习兴趣。

在传统的应试教育模式下，家长过分关注孩子的考试成绩，将分数视为衡量孩子能力和教育成果的唯一标准。这种做法导致孩子在学习过程中忽略了自身兴趣和特长的发展。

在传统的应试教育模式下，老师往往采用单一的教学方法，未能关注孩子的兴趣和个性发展。这使得孩子在学习过程中缺乏动力和兴趣，难以投入学习中。在传统的应试教育模式下，老师往往采用"一刀切"的教学方法，未能充分考虑孩子的个体差异。这使得一部分孩子在学习过程中难以跟上教学进度，逐渐丧失信心。

（四）社会环境

社会环境对孩子的学习兴趣具有重要的影响。不良的社会风气，如过度追求分数、忽视孩子兴趣，可能导致孩子对学习产生反感。

在当前社会中，分数成为衡量孩子表现的重要标准，甚至被认为是评价一个孩子是否优秀的唯一依据。这种过度追求分数的风气，使孩子在学习过程中感受到巨大的压力，导致他们对学习产生负面情绪。

不良的社会风气，如拜金主义、功利主义等，可能会对孩子的学习兴趣产生负面影响。孩子在接触这些风气时容易产生对学习的抵触情绪，甚至对学业产生怀疑。

（五）孩子自身因素

孩子的性格、兴趣和动机等个体差异会影响学习兴趣。一些孩子可能天生对学习不感兴趣，或者在成长过程中因为各种因素失去了学习的热情。

每个孩子都有自己的兴趣，这些兴趣差异会影响他们的学习效果。一些孩子可能对学习的内容本身不感兴趣，导致在学习过程中缺乏动力。

孩子的学习动机对学习兴趣有重要的影响。如果孩子缺乏明确的学习目标和动力，那么他们可能会对学习产生消极态度。

三、指导建议

（一）家庭引导

1. 以身作则，树立榜样

家长应积极参与孩子的学习过程，并与孩子分享自己的学习经验和心得。通过自己的言行，家长应该传递给孩子积极向上的学习态度。家长应该关注孩子的学习进度，适时给予鼓励和肯定，让孩子感受到学习的成就感。

2. 培养孩子良好的学习习惯

家长应帮助孩子建立规律的作息时间规划，确保孩子有充足的睡眠和休息，从而为学习提供良好的生理基础。家长应该引导孩子制订学习计划，确保学习任务有序进行。同时，家长应该关注孩子的学习方法，帮助他们找到适合自己的学习方式。

3. 引导孩子树立正确的学习态度

家长应教育孩子正确看待学习，使他们明白学习不仅是为了追求高分，还是为了提升自己的能力和素质。家长应该培养孩子面对困难的勇气和毅力，让他们在学习过程中形成积极应对问题的态度。

4. 激发孩子学习兴趣的方法

家长应该了解孩子的兴趣爱好，尊重他们的选择，为孩子提供发展特长的空间。家长应该运用多样化的教育方式，如亲子游戏、讲故事、参观博物馆等，激发孩子的学习兴趣。家长应该鼓励孩子参加各类竞赛和活动，培养他们的竞争意识和团队精神，从而提高学习兴趣。

（二）减轻学业压力

1. 家长和学校共同的责任

家长和学校应关注孩子的全面发展，不仅要关注孩子的学业成绩，还要关注孩子的身心健康、兴趣爱好等方面。通过合理安排课程，学校让孩子在学业与兴趣之间找到平衡，从而提高学习兴趣。家长和学校应该共同努力，减轻孩子的学业负担。在保证学业质量的前提下，家长和学校应该合理调整学习时间和任务，让孩子有更多的时间和精力投入兴趣爱好中，从而提高学习兴趣。家长和学校应该鼓励孩子发展自己的特长，尊重他们的兴趣选择。家长和学校应该通过提供丰富的教育资源，帮助孩子拓宽视野，激发学习兴趣。

2. 给孩子留出足够的时间和空间

家长和学校应确保孩子有充足的休息时间，保证他们的身心健康。家长和学校应该让孩子在良好的精神状态下学习，提高他们的学习兴趣。家长和学校应该鼓励孩子参加各类课外活动，如社团、竞赛、志愿服务等。这些活动能够激发孩子的兴趣爱好，使他们的课后生活更为丰富，也能激发他们的学习热情。家长和学校应该尊重孩子的个性发展，允许他们在兴趣爱好方面有所尝试和探索。这样既能培养孩子的独立思考能力，又能激发他们的学习兴趣。

（三）创新教育方法

1. 关注孩子兴趣和需求

老师应该了解孩子的兴趣爱好,尊重他们的选择,鼓励他们在课堂上积极发言,提高参与度。根据孩子的年龄特点和心理需求,老师应该设计富有挑战性和趣味性的教学内容,激发孩子的求知欲。

2. 开展多样化的教学活动

老师应该组织小组讨论,鼓励孩子相互交流、合作,提高他们的沟通能力和团队协作精神。老师还应该开展实验、户外活动等实践性教学,让孩子在动手实践中掌握知识,激发学习兴趣。

3. 引入实际生活案例

老师需要重视社会发展趋势和现实生活实例,并将其融入教育教学的过程中,让孩子体验到知识与日常生活的紧密联系。老师还应该鼓励孩子将所学应用于解决现实问题,以提升他们的成就感并激发他们对学习的热情。

4. 创设情境,激发孩子思考

老师可以通过创设情境,引导孩子主动思考问题,培养他们的创新意识和批判性思维。在情境教学中,老师应关注孩子的情感需求,营造轻松、愉快的学习氛围。

5. 个性化教学,因材施教

老师应关注孩子的个体差异,针对不同特点的孩子采取个性化教学策略。老师应该鼓励孩子发挥自己的特长,让他们在课堂上得到充分展示和发挥的机会。

（四）创设良好的学习氛围

1. 构建有利于孩子成长的教育环境

老师要关注每个孩子的个性,提供多元化的教育资源,满足他们的需求。老师还应该鼓励孩子参与课堂讨论,培养他们的沟通能力和团队合作精神。

2. 鼓励孩子探索、创新

家长和老师应该关注孩子的创新意识,引导他们运用所学知识解决实际问题。家长和老师还应为孩子提供充足的空间和时间,让他们有机会进行尝试、探索,发挥创造力。

3. 关注孩子的兴趣培养

学校应该开展丰富多样的课外活动,如社团、竞赛、志愿服务等,让孩子在兴趣爱好中找到自己的特长。家长和老师应该关注孩子的兴趣爱好,给予鼓励和支持,帮助他们实现个性化发展。

如何引导家长在亲子活动中增进亲子关系？

一、亲子关系紧张的案例及分析

（一）家长忙碌，缺乏沟通

1. 案例描述

小明是一名初中生，他的家长都是事业心强的工作狂。由于经常加班，他们很少有时间陪伴小明。即使回家，他们也往往疲惫不堪，因此很少与小明交流。小明的成绩逐渐下滑，性格也变得内向、孤僻。

2. 案例分析

在这个案例中，家长由于工作忙碌而缺乏与孩子的沟通，这导致亲子关系变得疏远。有效的沟通是建立良好亲子关系的关键，家长应尽量抽出时间与孩子交流，了解孩子的想法和感受，增强亲子间的互动和理解。

（二）代际矛盾，观念不合

1. 案例描述

小华的家长是传统的中国式家长，他们认为孩子应该遵循家长的意愿。而小华则崇尚西方的独立自由思想。家长与子女的观念时常发生冲突，致使亲子关系变得紧张。

2. 案例分析

在这个案例中，家长和孩子之间的观念不合导致亲子关系紧张。家长应尊重孩子的意愿和个性发展，同时与孩子保持良好的沟通，寻找共同点，缓解代际矛盾。

（三）期望过高，压力太大

1. 案例描述

小红是一名高中生，她的家长对她寄予了很高的期望，要求她考上名牌大学。小红感到压力很大，每天都要学习到很晚，导致睡眠不足、焦虑等问题，同时与家长的关系也变得紧张。

2. 案例分析

在这个案例中，家长对孩子的期望过高，给孩子带来了过大的压力。家长应合理设定对孩子的期望值，关注孩子的身心健康，鼓励孩子发挥自己的潜能，而非过度追求成绩。

（四）家长溺爱，孩子独立性差

1. 案例描述

小强是一名大学生，之前从未离开过家长，他的一切生活琐事都是由家长打理的。进入大学后，他无法适应独立生活，无法处理人际关系和学业压力，因此与家长频繁争吵。

2. 案例分析

在这个案例中，家长溺爱孩子，导致孩子独立性差。家长应逐步培养孩子的独立生活能力，让孩子学会面对挑战和处理问题。同时，家长也要学会放手，让孩子独立成长。

（五）社交媒体，影响家庭交流

1. 案例描述

小丽一家三口在饭桌上吃饭时，每个人都低头玩手机，导致家庭成员之间的交流变得越来越少，亲情关系也逐渐变得疏远。

2. 案例分析

在这个案例中，社交媒体影响了家庭成员之间的交流。家长应该树立榜样，尽量避免在孩子面前过度使用手机，而要积极和孩子进行实质性的沟通和互动，以便深化亲子关系。同时，家长也要引导孩子正确使用社交媒体，避免过度沉迷。

（六）家庭暴力，伤害孩子心灵

1. 案例描述

小亮经常遭受家长的打骂和责备，心灵受到严重创伤。他变得胆小、自卑，缺乏安全感，同时与家长的关系也变得异常紧张。

2. 案例分析

在这个案例中，家庭暴力对孩子的身心健康造成了极大的伤害。家长应树立正确的教育观念，采用适当的方法，以理性和温和的方式引导孩子成长，同时及时寻求专业帮助和干预。

（七）忽视情感，缺乏亲密感

1. 案例描述

小美一家生活条件优越，但家庭成员之间缺乏情感交流和亲密感，导致家庭气氛冷淡、沉闷，同时彼此之间缺乏了解和支持。

2. 案例分析

家庭应该是孩子成长的温馨港湾。良好的家庭氛围能让孩子充分感受到家长的关爱和安全感。因此，家长要提高认识，并给予孩子陪伴和鼓励。

二、亲子关系紧张的原因

（一）忙碌的生活

现代社会的竞争压力导致家长忙于工作，他们无法腾出更多时间与子女共度美好的时光。这导致家庭成员之间缺乏沟通和了解，从而加深了亲子关系的紧张程度。

（二）沟通不畅

当家庭成员无法充分沟通彼此的需要和情感时，亲子关系往往会变得紧张。而沟通不畅使得家庭成员之间的误解不断加深，进一步加剧了亲子关系的紧张。

（三）教育观念和方法不一致

家长对如何教育子女持有不同的看法。例如，一些家长可能更加重视学业成绩，忽视了子女的兴趣和个性的发展。这种教育观念的差异造成了家长和子女之间的紧张关系。

（四）家庭矛盾

夫妻之间的不和谐关系会对子女的成长产生负面影响，往往使他们陷入困境。冷战、争吵和家庭暴力都会对孩子的心理健康造成巨大的负面影响，导致亲子关系紧张。

（五）过度使用电子产品

当下，电子产品已经变成家庭生活中的必需品。然而，家庭成员过度使用这些电子产品会使他们与亲人之间的交流减少，相互之间的互动变少，进而加剧亲子关系的紧张。

（六）进入青春期

青春期是一个关键时期，孩子开始独立思考和探索自我。这种变化可能使他们与家长产生分歧和争议，从而导致亲子关系变得紧张。

三、指导建议

社区家庭教育指导机构可以通过举办讲座、工作坊等形式的活动，向家长传授亲子沟通技巧、情绪管理方法等方面的知识，帮助家长更好地理解孩子的需求和感受，提高他们的家庭教育能力。

社区家庭教育指导机构应该鼓励家长积极参与亲子活动，通过共同的游戏和任务，增加亲子之间的互动和交流，培养亲密的亲子关系。在家庭互动中，社区家庭教育指导机构可以规划一些具有挑战性的项目和活动，刺激孩子们的想象力与创新能力，这也能增强家庭间的协作与互帮互助精神。

社区家庭教育指导机构可以定期组织亲子活动，如户外探险、亲子运动会、艺术节等，为家长和孩子提供丰富多彩的活动。通过参与不同类型的活动，社区家庭教育指导机构可以让孩子展示自己的才能和兴趣，同时让家长更好地了解孩子的需求和喜好。

社区家庭教育指导机构可以搭建家长沟通的平台，如微信亲子活动群组、社区讨论区等，使家长能够相互分享抚养孩子的经验和感悟。通过分享经验和感悟等活动，社区家庭教育指导机构可以促进家长之间的互动和学习，同时也可以为其他家长提供宝贵的参考和建议。

（一）提供个性化的支持

（1）了解家庭需求。社区家庭教育指导机构可以通过调查、访谈等方式,深入了解每个家庭的需求并为每个家庭建立档案。社区家庭教育指导机构可以动态掌握每个家庭的情况,以便提供更有针对性的支持。

（2）量身定制服务。根据家庭需求,社区家庭教育指导机构可以为家长提供个性化的教育方案和建议。针对特殊需求的家庭,如单亲家庭、留守儿童家庭等,社区家庭教育指导机构可以提供专门的关爱和支持。

（二）培养积极的家庭氛围

（1）宣传教育。社区家庭教育指导机构可以开展宣传教育,倡导积极、和谐的家庭氛围。通过宣传科学的家庭教育理念,社区家庭教育指导机构可以帮助家长树立正确的教育观念。

（2）亲子活动。社区家庭教育指导机构可以举办各类亲子活动,促进家庭成员之间的沟通与交流。社区家庭教育指导机构可以引导家长和孩子共同参与社区公益活动,培养他们的家庭责任感和社会责任感。

（三）强化家庭与社区的联系

（1）社区活动。社区家庭教育指导机构可以组织丰富多彩的家庭活动,让家庭了解和参与社区事务。社区家庭教育指导机构可以鼓励家庭参与社区治理,提升家庭对社区的认同感和归属感。

（2）资源共享。社区家庭教育指导机构可以与社区单位合作,共享教育资源和设施,为家庭提供更多的便利。社区家庭教育指导机构可以建立家庭与社区资源共享机制,促进家庭与社区共同发展。

（四）鼓励家长自我成长

（1）培训课程。社区家庭教育指导机构可以开展家长培训课程,帮助家长提升家庭教育技能和教育观念。社区家庭教育指导机构可以提供家长心理辅导,帮助家长解决家庭教育过程中遇到的困难及学会应对相关压力。

（2）交流平台。社区家庭教育指导机构可以设立家长交流平台,如亲子论坛、微信群等,方便家长互相学习、分享经验。此外,社区家庭教育指导机构可以邀请专家举办讲座,解答家长在家庭教育过程中遇到的疑问。

（五）加强与学校的合作

（1）加强互动。社区家庭教育指导机构可以定期举办家长学校,促进家长与学校的沟通与交流。社区家庭教育指导机构可以引导家长参与学校组织的教育活动,增进家长对学校的了解和支持。

（2）联合活动。社区家庭教育指导机构可以开展家校联合活动,如亲子运动会、家校联谊会等,以增进亲子关系。社区家庭教育指导机构可以促进家庭、学校、社会三方共同参与教育活动,形成教育合力。

（六）反馈与评估

（1）意见征集。社区家庭教育指导机构可以建立有效的反馈机制，定期搜集家长的意见和建议。社区家庭教育指导机构还可以了解家长对亲子活动的满意度，以提高活动质量和效果。

（2）效果评估。社区家庭教育指导机构可以对亲子活动的效果进行评估，分析优点和不足。根据评估结果，社区家庭教育指导机构可以对活动进行调整和改进，以满足家长和孩子的需求。

（七）技术支持

（1）手机应用程序。社区家庭教育指导机构可以开发手机应用程序，为家长提供便捷的家庭教育信息。通过这种方式，社区家庭教育指导机构可以实现家长与专家、家长与家长之间的在线交流，让他们分享家庭教育经验。

（2）线上社区。社区家庭教育指导机构可以建立线上社区，如微信群、QQ 群等，方便家长随时学习和交流。社区家庭教育指导机构可以邀请专家在线解答家长疑问，提供实时的帮助和支持。

如何引导家长培养孩子的团队合作能力？

一、孩子缺乏团队合作能力的案例及分析

（一）不愿分享个人观点

1. 案例描述

在一场小组讨论中，小明不愿分享自己的观点，总是说"一切正常"。当被问到为什么不发表意见时，他回答说："我不知道说什么好。"

2. 案例分析

小明可能缺乏自信，或者害怕自己的观点会被他人否定。这种不愿意分享个人观点的行为阻碍了团队成员之间的交流和合作，影响了团队的凝聚力和效率。

（二）不积极参与集体讨论

1. 案例描述

在课堂上，老师组织了一次小组讨论，但小红始终保持沉默，不愿意参与讨论。老师询问她时，她说："大家说得都很好，我没有什么补充的。"

2. 案例分析

小红可能对讨论的话题不感兴趣，或者没有意识到集体讨论的重要性。小红应该认识到，不积极参与集体讨论不仅会削弱自己在团队中的影响力，还不利于培养自己的团队合作能力。

（三）遇到分歧容易发怒

1. 案例描述

在小组合作完成任务时，小强与队友产生了分歧，他开始发脾气，指责队友。最后，团队关系变得紧张，任务进展变得缓慢。

2. 案例分析

小强缺乏处理分歧的能力，容易情绪化。在团队合作中，分歧是难免的，但处理分歧、化解矛盾是团队合作能力的重要组成部分。遇到分歧时，我们应该保持冷静，理性沟通，并寻找解决问题的方法。

（四）任务中过分关注自我

1. 案例描述

在一次团队任务中,小丽只关注自己的部分,对团队其他成员的工作不闻不问。当被问到为什么不多关心一下队友时,她说:"我只负责我的部分,别人的事情与我无关。"

2. 案例分析

小丽缺乏团队意识和合作精神,过分关注自我利益。在团队任务中,每个人都应该为团队的整体目标贡献自己的力量,关心和帮助队友。我们只有相互支持、共同努力,才能完成团队任务。

二、孩子缺乏团队合作能力的原因

（一）家庭环境的影响

（1）缺乏社交技巧。孩子在封闭的家庭环境中成长,就可能没有机会学习和运用社交技巧,如分享、合作、协商等,而这些是团队合作的基本要素。

（2）习惯于个体活动。当孩子在家庭中总是独自玩耍或学习时,他们可能没有意识到团队工作的价值和重要性。

（二）家长的过度保护

（1）过度依赖。过度保护孩子可能会造成他们对家长的过度依赖,从而缺乏独立处理事务的技巧,这在团队合作中将成为一个巨大的阻碍。

（2）以自我为中心。过度保护可能导致孩子以自我为中心,他们只关注自己的需求和欲望,而不顾及他人的感受和需要。

（三）现代科技的影响

（1）缺乏面对面交流。电子设备和在线娱乐使孩子更倾向于虚拟交流,而不是面对面的沟通,这对于团队合作技能的培养是不利的。

（2）时间碎片化。频繁使用电子设备不仅会使孩子的时间变得碎片化,还不利于他们参与需要长时间投入的集体活动。

（四）教育体系的偏重

（1）竞争压力。现代教育体系过于强调个体竞争,这可能导致孩子更注重个人表现,而不是与他人合作。

（2）对合作技能的忽视。学校教育往往缺乏对合作技能的重视和培养,也没有提供足够的团队活动或项目来锻炼孩子的合作能力。

（五）社会文化因素

（1）个人主义价值观。在某些文化中,个人主义被过分强调,导致孩子更关注自己的利益和成就,而不是与他人共享和合作。

（2）媒体影响。媒体经常强调个人英雄主义和他们独自取得成功的故事,这可能影响孩子的价值观和行为模式。

三、指导建议

社区家庭教育指导机构在培养孩子的团队合作能力方面具有重要的作用。通过组织亲子活动,举办团队建设游戏,鼓励家长参与学校活动,引导家长尊重孩子的意见,以及强调团队沟通的重要性等方面的工作,社区家庭教育指导机构可以有效地引导家长在家庭教育中培养孩子的团队合作能力。

（一）组织亲子活动

（1）活动目的。亲子活动可以增进家庭成员之间的感情,提高孩子的团队协作意识。通过亲子活动,孩子可以在实践中学会合作与沟通。

（2）活动举例。户外拓展活动:组织家庭进行户外拓展活动,让孩子和家长共同面对挑战,培养他们的团队精神。家庭运动会:举办各类家庭运动会,鼓励家庭成员相互支持、协作,提高孩子的团队合作意识。

例如,在户外拓展活动中,孩子可以分成几个小队,每个小队需要共同完成一个任务。在这个过程中,孩子学会了如何协作,如何为同一个目标努力,最后成功地完成了任务。家长也通过这个过程看到了孩子的成长,并加深了对团队合作教育的理解。

（二）举办团队建设游戏

（1）游戏意义。通过团队建设游戏,孩子能够体验团队合作带来的乐趣和挑战,从而培养与他人沟通、协作的能力,提高团队精神。

（2）游戏举例。通过团队接力比赛,孩子可以培养自己的团队协作精神。此外,有趣的解谜游戏可以引导孩子在团队合作中学会解决问题。

例如,在团队接力比赛中,孩子需要相互配合,传递接力棒。这个过程让孩子体会到了团队合作的重要性,也让家长看到了孩子在团队中的成长。

（三）鼓励家长参与学校活动

（1）活动意义。家校合作可以共同促进孩子团队合作能力的发展,同时也让家长深入了解学校的教育理念,从而更好地支持孩子的成长。

（2）示例活动。定期召开家长会可以让家长对学校的教育教学有更深的理解,从而深化对孩子的了解。

例如,在家长会上,学校介绍团队合作教育的重要性,以及如何在家庭中培养孩子的团队合作能力。通过家长会,家长可以更好地了解学校的教育理念,并在家庭教育中注重培养孩子的团队合作能力。

（四）引导家长尊重孩子的意见

（1）尊重孩子的重要性。尊重孩子的意见和选择,可以帮助孩子树立自信心,提高孩子的沟通能力和协商技巧,促进团队协作。

（2）方法建议。家长要学会倾听孩子的想法,鼓励孩子表达自己的观点。家长要尊重孩子的兴趣和特长,支持他们在团队合作中发挥积极的作用。

例如,在学校活动中,如果孩子提出了一个新颖的合作方案,那么家长要尊重孩子的意见,并与孩子一起探讨实施方案。在这个过程中,孩子培养了自信心,也为团队作出了贡献。

（五）强调团队沟通的重要性

（1）沟通的意义。团队沟通是团队合作的核心要素。有效的沟通有助于提高团队协作的效率。

（2）活动举例。通过向家长传授团队沟通的技巧,社区家庭教育指导机构可以提高家庭教育水平,引导家长与孩子进行有效沟通,促进家庭成员之间的相互理解和支持。

例如,在亲子沟通工作坊中,家长学会了一些有效的沟通技巧,并与孩子进行了实践。这些活动不仅增强了家庭成员之间的理解和支持,还为孩子在团队合作中更好地进行沟通奠定了基础。

如何引导家长培养孩子的时间管理能力？

一、孩子缺少时间管理能力的案例及分析

（一）案例描述

小明是一名五年级的学生，他常常陷入时间管理的困境。每天放学后，他总是第一时间冲向电视或电脑，直到晚饭后才开始做作业。由于时间已经很晚，他常常草草地完成作业，因此没有足够的时间复习当天的学习内容或准备第二天的课程。

由于时间管理能力不足，小明的学习成绩开始下滑。他的作业错误率较高，课堂表现也不如以前出色。老师和家长发现，他在学习上的专注度和积极性有所下降。

小明的日常生活也受到了影响。由于缺乏时间管理，他的生活变得没有规律。他经常熬夜，导致第二天早上起床困难，因此经常上学迟到。他的饮食也不规律，影响了身体健康。

（二）案例分析

小明对时间管理的缺乏也反映了一定的心理问题。他可能感到压力和焦虑，因此不知道如何有效地安排时间。同时，他可能缺乏自我约束和目标设定能力，导致他无法有效地管理自己的时间。

小明的家庭环境可能对他的时间管理产生不良影响。如果他的家长本身就有不良的时间管理习惯，或者对他的学习生活缺乏足够的关注和指导，就可能影响他形成良好的时间管理习惯。

孩子的时间管理能力是一个长期培养的过程，需要家长和老师的持续关注和支持。家长和老师要定期检查孩子的计划执行情况，评估其时间管理能力，并根据实际情况调整策略和方法。此外，家长和老师同样需要重视孩子的独立性和责任心的培养，使他们逐步掌握时间管理能力，为他们未来的学习和生活奠定稳固的基础。

二、孩子缺少时间管理能力的原因

（一）生理原因

有些孩子可能天生就是慢性子，这导致他们做事情较慢，需要更多的时间来适应和完成任务。这些孩子在时间管理上可能会遇到困难，因为他们需要更多的时间来应对日常的学习和生活任务。

（二）缺乏规划和目标

孩子可能不知道如何规划自己的时间，或者没有明确的目标，导致时间浪费在无意义的事情上。缺乏规划和目标会使孩子在面对众多任务时感到迷茫，不知从何入手，从而影响时间管理能力。

（三）缺乏自律和责任感

孩子可能缺乏自律和责任感，无法有效地管理自己的行为和时间。他们可能更容易受到外界的干扰，无法集中精力完成任务。在孩子的成长过程中，自律和责任感对于时间管理至关重要。

（四）环境因素

家庭和社会环境可能影响孩子的时间管理能力。如果家长没有树立榜样，或者家庭环境混乱无序，那么可能会影响孩子的时间管理意识。而有序、和谐的家庭环境有助于培养孩子的时间管理能力。

（五）心理因素

孩子可能存在心理压力、焦虑或抑郁等问题，导致他们无法有效地管理自己的时间和情绪。这些问题可能会影响他们的决策能力和自我控制能力，从而导致时间管理困难。

（六）电子设备干扰

现代科技的发展，如手机、电脑等电子设备的普遍使用，可能会分散孩子的注意力，导致他们无法专注于任务，从而影响时间管理能力。家长应关注孩子使用电子设备的时间和方式，引导他们合理地使用电子设备，提高时间管理能力。

（七）家庭支持不足

如果家长没有给予孩子足够的支持和指导，就可能会影响孩子的时间管理能力。家长应该帮助孩子理解时间的重要性，教给他们规划和管理时间的方法。在孩子的成长过程中，家长的支持对于培养孩子的时间管理能力至关重要。

三、指导建议

（一）制订时间表

家长应该为孩子制订明确的时间表，包括学习、休息、娱乐和家务等各项活动的时间安排。这有助于孩子形成有规律的生活习惯，提高时间管理能力。在制订时间表时，家长要充分考虑孩子的实际情况和个性特点，灵活地调整时间表。

（二）设定目标与计划

家长应引导孩子设定具体、可行的目标，并为实现这些目标制订详细的计划。通过这种方式，孩子能够明确自己要做什么，以及需要多长时间完成，从而更好地管理时间。同时，家长也要教会孩子根据实际情况调整计划,以适应不断变化的需求和情况。

(三)培养自律习惯

良好的自律习惯是提高时间管理能力的重要保障。家长应该引导孩子学会自我约束,学会按照时间表安排各项活动。对于年龄较小的孩子,家长可以在开始阶段给予一定的监督和提醒,逐渐让孩子养成自主管理的习惯。

(四)合理安排休息

在紧张的学习和生活中,孩子需要足够的休息来保持精力和体力。家长应该引导孩子合理安排休息时间,保证充足的睡眠,同时也要让孩子进行适当的体育锻炼和娱乐活动,以保持身心健康。

(五)引导孩子反思

家长应该定期引导孩子反思自己的时间使用情况,总结哪些活动是有效利用时间,哪些活动是浪费时间。通过反思,孩子能够更好地认识自己的行为习惯,找出改进的方向,进一步提高时间管理能力。

(六)家长的榜样作用

家长的行为习惯对孩子具有潜移默化的影响。因此,家长应该树立良好的时间管理榜样,让孩子看到正确的时间管理方式。比如,家长可以合理安排自己的工作和生活时间,高效地完成各项任务,从而影响孩子使其形成良好的时间管理意识。

(七)鼓励与奖励

当孩子在时间管理方面取得进步时,家长应该及时给予鼓励和奖励。这有助于增强孩子的自信心和积极性,促使他们更加努力地提高自己的时间管理能力。在奖励时,家长要根据孩子的实际情况和需求进行选择,避免过度奖励导致适得其反的效果。

(八)组织活动参与

家长可以通过组织各种活动来提高孩子的时间管理能力。比如,家长可以定期组织家庭会议,让孩子参与计划和活动。家长可以鼓励孩子参加社会实践或义工活动,提高他们管理时间和完成任务的能力。家长还可以通过组织亲子活动或团队活动,培养孩子的协作能力和时间观念。

如何引导家长培养孩子的审美观?

一、孩子缺少审美观的案例及分析

(一)案例描述

小明是一个 12 岁的男孩,他在日常生活中表现出缺乏审美观的情况。例如,他常常选择穿一些不搭调的衣服,对音乐和艺术也缺乏兴趣。在学校中,他的美术作品往往显得缺乏创意和美感。

小明对美的追求缺乏兴趣,他不愿意花时间去欣赏艺术品、听音乐或者阅读文学作品。相反,他更愿意把时间花在电子产品和游戏上,缺乏对美的感知和追求。

(二)案例分析

由于没有接受过良好的审美教育,小明缺乏对美的判断标准。他无法区分什么是美的,什么是丑的,对艺术作品和日常生活中的美丑表现无法给出正确的评价。小明的美术作品缺乏创意和美感,这反映出他缺乏审美创造力。他无法通过自己的想象和创意来创造出美的作品,缺乏对美的感知和表现能力。在日常生活中,他缺乏对美的表达。他无法通过语言和文字来表达自己对美的感受和认识,也无法欣赏和理解别人的审美表达。小明的审美观受流行文化的影响较大,因此他更倾向于追求时尚和潮流,忽视了对美的本质追求。他的审美观念比较肤浅,缺乏对美的深度理解和感受。由于学校和家庭忽视了审美教育的重要性,他没有接受过良好的审美教育。因此,学校和家庭应该加强对孩子的艺术教育,培养他们的审美观和创造力。

小明的媒体素养较低,他无法正确地分辨媒体信息中的美丑标准,并容易受到不良信息的影响。因此,社会和家庭应该加强对孩子的媒体素养教育,提高他们对媒体信息的分辨能力。

二、孩子缺少审美观的原因

(一)教育环境

学校和家庭的教育环境可能过于注重学科知识的学习,忽视了审美教育。而缺乏审美教育的孩子难以培养出对美的感知和欣赏能力。

(二)社会文化因素

现代社会的快节奏和高科技化可能导致孩子对审美的兴趣减弱。同时,流行文化、消费主义和社交媒体也可能影响孩子的审美观念,使他们的审美观念变得肤浅和商业化。

(三)缺乏引导与教育

孩子需要正确的引导和教育来培养自己的审美观。如果孩子缺乏家长的引导和教育,就可能难以深入理解和欣赏艺术与美。

(四)个体差异

每个孩子都有不同的兴趣、天赋和个性,对美的感知和追求也可能存在差异。有些孩子可能天生对艺术和审美更敏感,而另一些孩子可能需要更多的引导和培养。

(五)媒体素养

孩子在成长过程中会接触到各种各样的媒体信息,包括电视、网络、广告等。如果孩子缺乏对媒体信息的批判性思维和分辨能力,就容易受到不良信息的影响,导致审美观念的偏差或扭曲。

三、指导建议

(一)营造艺术氛围

家庭环境对孩子的审美观具有重要影响。家长可以在家中布置一些艺术作品,如著名画作或雕塑的复制品,或者挂一些富有艺术感的装饰画,这样可以让孩子在生活中随时感受到美的存在。此外,家长也可以在家中摆放一些充满生机的绿色植物或者花朵,通过让孩子观察它们的生长历程,提升他们的洞察力,培养他们的审美能力。

此外,家长可以提供各种艺术材料,如画笔、颜料、纸张等,让孩子在家中也能自由地进行绘画或其他形式的艺术创作。这样的环境不仅能够激发孩子的创造力,还能够培养他们的审美情趣和独立思考的能力。

(二)提供多元艺术体验

仅仅在家里营造艺术氛围是不够的,家长还应该组织各类艺术活动,让孩子接触不同类型的艺术形式。比如,家长可以带着孩子定期参观博物馆、画展或听音乐会等,让孩子直接接触和欣赏到各种艺术作品,拓宽他们的审美视野。如果有机会,家长就可以鼓励孩子参加学校或社区的艺术团体,如合唱团、舞蹈队等,让孩子在表演中感受艺术之美。

此外,给孩子安排艺术课或训练是非常重要的。这不仅能够提升他们的艺术技巧,如画画、音乐或舞蹈等技巧,还能提高他们的艺术鉴赏力。家长在引导孩子进行艺术学习的过程中,应当鼓励他们保持兴趣和好奇心,享受艺术的乐趣。

(三)加强家庭艺术创作

除了营造艺术氛围和提供多元艺术体验,家长还可以通过加强家庭艺术创作来培养孩子的审美观,包括鼓励孩子进行绘画、手工制作、音乐演奏等。在创作的过程中,孩子能够体验美的价值,从而激发对艺术的兴趣和热爱。

家长可以陪伴孩子共同参与艺术创作,增进亲子关系。例如,家长可以和孩子一起制作手工艺品、演奏乐器、绘画等。这样的互动不仅能够培养孩子的审美观,还能增强家庭成员之间的情感联系。

为了让孩子更好地展示自己的作品,家长可以定期举办家庭艺术展示。家长可以设定一个指定的时间点,让孩子展示自己的绘画和手工作品等艺术创作,并分享创作旅程。通过作品展示,孩子们可以提高自信心和美学表达能力,同时也能启发自己的创造力和想象力。

（四）引导阅读经典文学作品

阅读经典文学作品是培养孩子审美观的重要途径之一。家长可以选择适合孩子年龄的经典文学作品,如童话、诗歌、小说等,引导孩子欣赏其中的美感和文学价值。通过阅读不同形式的文学作品,孩子能够接触到丰富的语言和思想,拓宽自己的视野和审美想象力。

为了增强孩子对文学的兴趣,家长可以鼓励孩子参加阅读活动,如读书俱乐部、朗诵比赛等。这些活动能够让孩子更好地理解作品,感受文学之美,同时也能够培养他们的语言能力和文学素养。

在引导孩子阅读经典文学作品的过程中,家长还可以与孩子共同阅读,分享阅读心得。这样可以增进亲子之间的交流和理解,同时也能提高孩子的审美鉴赏能力和对文学作品的深刻理解能力。

（五）鼓励表达审美感受

培养孩子的审美观不仅仅是让他们接触美的事物,更重要的是让他们学会表达自己的感受和理解。因此,家长应该鼓励孩子用语言或文字来表达自己对美的感受和认识。通过表达自己的审美感受,孩子能够更好地理解美,提高自己的审美鉴赏能力。

为了实现这一目标,家长可以组织家庭讨论会,让孩子分享自己对艺术作品的看法和感受。这样的讨论会能够激发孩子的思考和表达能力,同时也能促进家庭成员之间的交流和理解。在讨论的过程中,家长要耐心地倾听孩子的意见,尊重他们的审美观点,激发他们对美的热爱和追求。

（六）提高媒体素养

随着现代科技的进步,媒体在孩子的生活中占据了越来越重要的地位。因此,提高孩子的媒体素养是培养审美观的重要一环。家长需要教育孩子分辨媒体信息中的美丑,引导他们批判性地思考媒体内容,避免受到不良信息的影响。

家长需要关注孩子的媒体使用情况,限制他们接触含有暴力、色情等不良内容的网站、游戏或视频。同时,家长也要为孩子营造良好的媒体环境,提供有益的、高质量的媒体内容,如优秀的儿童电影、动画片、书籍等。

鼓励孩子参与媒体制作是提高他们媒体素养的有效方式。例如,家长可以鼓励孩子拍摄短片,撰写文章或制作简单的动画,这样能够培养他们的媒体创作能力和审美观。通过实践,孩子能够更好地理解媒体内容的制作过程,提高对美的追求和表达。

（七）家庭与学校和社会合作

培养孩子的审美观需要家庭、学校和社会的共同努力，因此加强家庭与学校和社会的合作是至关重要的。通过与学校合作，家长可以共同参与艺术教育活动和课程的设计，为孩子提供更丰富的艺术教育资源。

参与校内外艺术活动是提高孩子审美能力的另一个途径。例如，家长可以鼓励孩子参加学校的文艺汇演、艺术展览等活动，让他们在更大的舞台上展示自己的审美才华。此外，鼓励孩子参加各类艺术比赛也是提高他们审美实践能力和社会竞争力的有效方式。

通过与社会的合作，家长可以引导孩子参与更多的艺术活动和项目，如社区艺术节、公益艺术项目等。这些活动能够让孩子接触到更多元化的艺术形式和创意，拓宽他们的审美视野，同时也能培养他们的社会责任感和团队合作能力。

（八）家长树立榜样

培养孩子的审美观不仅需要家长在言行上予以教导，还需要家长自身树立正确的审美观念，为孩子树立榜样。例如，家长可以展示对美的追求和热爱，如保持良好的家居环境、穿着得体、参与艺术活动等。这能够激发孩子对美的热爱和追求。

此外，家长还可以积极参与家庭艺术活动，与孩子共同成长。例如，家长和孩子可以一起绘画、制作手工艺品、欣赏音乐等。这样的互动能够营造和谐美满的家庭氛围，增强家庭成员之间的情感联系。同时，通过共同创作和体验，家长能够更好地了解孩子的审美发展状况，鼓励他们独立思考，培养他们正确的审美价值观。

（九）尊重个体差异

每个孩子都是独一无二的，他们有着各自不同的性格、兴趣和天赋。在培养孩子的审美观时，家长应当尊重孩子的个体差异，鼓励他们发展自己的独特审美。所有的孩子都有自己独特的艺术品位，家长应该尊重这种偏好，而不是强行将自身的审美观念强加于他们。

为了发现孩子的潜能和特长，家长需要仔细观察孩子的兴趣和爱好，提供有针对性的艺术教育和培养。例如，如果孩子对绘画有特别的兴趣，那么家长可以提供更多的绘画材料和课程，引导他们深入探索和发展自己的绘画技巧。如果孩子对音乐有特别的喜好，那么家长可以鼓励他们学习乐器和音乐理论，培养他们的音乐审美能力。

通过尊重孩子的个体差异，并提供有针对性的艺术教育和培养，家长可以帮助孩子成为具有独立审美能力的人。这将有助于孩子在未来的人生中更好地欣赏和理解各种艺术形式，并能够以自己的独特审美来表达和创造美。

如何引导家长帮助孩子养成良好的生活习惯？

一、孩子不良生活习惯的案例及分析

（一）饮食不规律

小王是一名五年级的孩子，他经常在上学前买一些零食填饱肚子。中午和晚上的时候，他却对正餐提不起兴趣。

【案例分析】孩子的不良饮食习惯是许多问题的根源。孩子长时间只吃零食，不仅营养摄取不均衡，还容易影响对正餐的食欲。长此以往，这可能引发健康问题。作为家长，应当对孩子的饮食行为进行引导，帮助他们养成合理的饮食习惯。

（二）沉迷电子产品

小明是一名初二的学生，他经常放学后玩电子游戏，导致学习时间被大量压缩，严重影响了他的学习和休息。

【案例分析】随着电子产品的普及，过度使用电子产品已经成为许多孩子的问题。过度使用电子产品不仅影响学习，还会对孩子的视力、睡眠等产生负面影响。家长应限制孩子使用电子产品的时间，引导他们合理使用电子产品。

（三）缺乏运动

小红是一名三年级的孩子，因为住在高楼大厦里，所以整天待在家里看电视或者玩游戏，不参加户外运动。

【案例分析】适当的运动对孩子身心发展极为重要。孩子如果长时间待在室内，不参加户外运动，就容易导致体质下降、注意力不集中等问题。家长应鼓励孩子多参与户外运动，培养他们的运动习惯。

（四）不良作息习惯

小李是一名六年级的孩子，他经常晚睡晚起，导致作息不规律。

【案例分析】良好的作息习惯对孩子的成长至关重要。晚睡晚起不仅影响孩子的身体健康，还会影响他们的学习效率和生活质量。家长应设定合理的作息时间，培养孩子良好的生活作息习惯。

二、孩子形成不良生活习惯的原因

（一）家庭环境

家长作为孩子成长过程中的首要模仿对象，其言行举止对孩子具有强烈的示范效应。如果家长自身生活习惯差，如熬夜、饮食不规律等，那么孩子很可能会效仿这些不良习惯。

家长的教育方式对孩子的习惯养成至关重要。过于严格的管教可能使孩子产生逆反心理，从而导致不良生活习惯的养成。相反，过于放任不管的态度也可能让孩子缺乏自制力，陷入不良生活习惯的困境。

家庭氛围对孩子的心理和行为习惯有很大的影响。和谐、愉快的家庭氛围有助于孩子形成良好的生活习惯，增强他们的自信心和幸福感。家长应关注家庭氛围的营造，通过亲子互动，让孩子感受到家庭的温暖和支持。而紧张、压抑的氛围可能会导致孩子出现心理问题，进而影响生活习惯。

（二）社会环境

随着科技的发展，电子产品日益普及，如手机、平板、电脑等。这些产品为孩子提供了丰富的娱乐和学习资源，但同时也可能成为孩子过度沉迷的根源。过度使用电子产品可能导致孩子的生活习惯受到严重影响，如作息不规律、视力下降等。网络游戏具有很强的趣味性和互动性，容易让孩子沉迷其中。长时间沉浸在网络游戏中，孩子容易忽视日常生活和学习，导致学习成绩下滑。而对电子设备和网络游戏的过度痴迷，可能会对孩子的身体和心理健康产生不良影响。

随着社会经济的发展，物质享受成为一些人追求的目标。在这种氛围下，孩子容易产生攀比心理，过分关注物质生活，忽视生活习惯的重要性。这可能导致孩子养成不良的生活习惯，如浪费资源、忽视环保等。攀比心理使孩子过分关注自己的物质生活与他人之间的差距，从而忽视了良好生活习惯的培养。这种心理可能导致孩子为了满足物质需求而忽视身体健康，甚至走上错误的道路。不良社会风气如拜金主义、功利主义等，可能使孩子的价值观产生扭曲，从而影响他们的生活习惯。

（三）学校教育

在传统的应试教育的大背景下，一些学校过度侧重学生的考试分数，把成绩作为衡量学生能力的准绳。这种教育模式可能导致孩子忽略生活习惯的培养，使他们将所有精力投入学习中。

不良的师生关系对于孩子的成长具有重要的作用。师生关系紧张或缺乏沟通，可能导致孩子在学习和生活上遇到困难，进而影响他们的生活习惯。

（四）同伴影响

在孩子的成长过程中，同伴关系具有重要的影响。孩子容易受到同伴的影响，尤其是在生活习惯方面。良好的同伴关系可以促使孩子积极向上，养成良好的生活习惯；而不良的同伴关系则可能导致孩子养成不良的生活习惯。

孩子可能会面临同伴之间的竞争和压力。为了融入团体，他们可能会模仿一些不良的生活习惯，如抽烟、喝酒等。这种同伴压力可能导致孩子的生活习惯受到负面影响。

（五）个人因素

自我控制能力是一个人对自己行为的调节和控制能力。孩子如果没有自我调节的能力，就很容易被外部因素影响，进而引发生活习惯恶化。例如，他们可能会因为贪玩而耽误学习，或者因为喜欢吃零食而忽略健康饮食。

辨别能力是孩子在面对不同事物时，能够分辨是非、优劣的能力。孩子在生活中会遇到各种诱惑，如不良嗜好、错误价值观等。具备辨别能力的孩子能够识别这些诱惑，避免受到不良影响。

自我管理能力是一个人对自己生活和学习等方面的管理能力。如果缺乏自我管理，那么通常很难养成健康的生活习惯。孩子可能会拖延完成作业、作息时间不规律，导致学习和生活受到影响。

三、指导建议

（一）开展家庭教育讲座和培训

社区可以定期邀请家庭教育专家或经验丰富的家长来开展讲座或培训活动，分享他们的家庭教育经验和技巧，如教育孩子养成良好的生活习惯，提升孩子的自尊心等。这些活动能让家长熟悉并掌握科学的教育方式和工具，促使他们提升教育观念和技能，从而更好地指导孩子们塑造健康的生活习惯。

（二）建立家长交流平台

社区可以建立家长交流平台，如社区群、家长会等，让家长之间能够互相交流、分享家庭教育经验和心得。通过这些平台，家长可以共同探讨家庭教育过程中遇到的问题，分享有效的解决方案，共同成长。此外，这些平台还可以促进家长之间的互相支持和鼓励，增强家长在家庭教育方面的信心和动力。

（三）组织亲子活动

社区可以举办各类亲子活动，如户外运动、文化活动等，以增强家庭亲子关系，培养孩子的兴趣和爱好。通过这些活动，家长和孩子可以共同参与、互动合作，促进彼此之间的情感交流和理解。通过这些活动，孩子可以在轻松愉快的氛围中感受到家庭的温暖和快乐，增强对家庭的归属感和责任感。

（四）宣传推广

社区可以通过多种渠道宣传健康的生活方式和习惯，引导家长和孩子树立正确的价值观和生活观。例如，社区可以在宣传栏中张贴有关良好生活习惯的宣传海报、健康饮食的食谱等，或者通过微信公众号等社交媒体平台定期发布相关的教育文章、视频等，帮助家长了解和学习如何引导孩子养成良好的生活习惯。此外，社区还可以通过举办相关主题的活动和展览等来提高家长和孩子对健康生活习惯的认识和重视程度。

（五）提供资源支持

社区可以为家长提供各种教育资源,如图书、视频资料、在线课程等,以帮助他们更好地引导孩子养成良好的习惯。这些资源可以涵盖不同领域,如心理学、教育学、家庭教育等,使家长能够获取丰富的知识和技巧。同时,社区也可以设立一个信息平台,将各种教育资源整合在一起,方便家长随时查阅和学习。通过这些资源支持,家长可以更好地理解孩子的发展需求,掌握正确的教育方法,从而更好地引导孩子养成良好的习惯。

（六）鼓励家校合作

社区可以积极与学校合作,共同关注孩子的成长,促进他们的全面发展。这种合作包括定期举办家长会、组织亲子活动、邀请教育专家举办讲座等形式。通过与学校合作,家长可以更全面地了解孩子在学校的情况,同时也可以从学校获得更多的教育资源和支持。此外,社区还可以与学校共同制订一些家庭教育的计划,以提高家庭教育的效果和质量。

（七）开展评估与反馈

社区可以定期对孩子的成长进行评价,及时发现并解决不良习惯问题,并提供个性化指导。这种评估包括孩子的身体健康、心理状态、学习表现等方面。通过定期评估,家长可以更清楚地了解孩子的成长状况,发现潜在的问题。同时,社区也可以为家长提供反馈和建议,帮助他们更好地引导孩子养成良好的习惯。此外,社区还可以根据评估结果为孩子制订个性化的成长计划,以促进他们的全面发展。

（八）建立激励机制

社区可以通过建立激励机制来鼓励孩子坚持良好的生活习惯。例如,社区可以设立奖励制度,对表现良好的孩子进行表扬和奖励,或者组织各种活动和比赛,激发孩子的积极性和参与度。通过这些激励机制,孩子可以逐渐养成良好的生活习惯,增强自信心和积极性。社区还可以为家长提供指导和支持,帮助他们更好地引导孩子养成良好的生活习惯。

（九）组织社会实践活动

社区可以组织各种社会实践活动,让孩子参与其中,培养他们的社会责任感和团队协作能力。这些活动包括志愿者服务、环保活动、文化交流等。通过参与社会实践活动,孩子可以接触到更多的人和事物,拓宽自己的视野。此外,这些活动也有助于孩子形成优秀的道德品质和价值理念,推动他们的全面成长。此外,社区还可以为家长提供支持和指导,帮助他们更好地引导孩子参与社会实践活动。

如何引导家长培养孩子的独立性？

一、孩子缺乏独立性的案例及分析

（一）小明，10岁

1. 案例描述

小明是一名小学四年级的学生。由于家长过于关心和呵护,他几乎没有任何独立做事的机会。小明的家长一直负责整理他的书籍和学习物品。在学校里,当遇见问题时,他总是习惯向教师寻求指导。因此,小明在学习和生活上严重缺乏独立性。

2. 案例分析

（1）过度呵护。家长过度关心孩子的日常生活,使孩子失去了锻炼独立性的机会。家长担心孩子在生活中受苦,因此过度关心孩子的日常生活,事事为孩子操办。然而,在保障孩子安全的前提下,家长应该给予孩子一定的自主权,让他们有机会锻炼独立性。

（2）缺乏自主权。孩子在家庭中没有自己的话语权,一切事务均由家长操办,导致缺乏自主意识。家长过度干预孩子的生活,使孩子在家中没有自己的话语权。因此,家长应尊重孩子的意见,让孩子参与家庭事务决策,培养他们的自主意识。

（3）依赖心理。当遇到问题时,孩子总是寻求家长和老师的帮助,使自己越来越依赖他人。在成长的过程中,孩子习惯了遇到问题找家长和老师解决,导致缺乏独立解决问题的能力。家长和老师应教育孩子独立面对问题,鼓励他们寻找解决方案,培养他们独立解决问题的能力。

（二）小芳，16岁

1. 案例描述

小芳是一名高中生。虽然已经到了青春期,但是她依然不具备独立生活的能力。每天晚上,家长都会为她准备好第二天的早餐。因为遇到问题时,家长都会亲自指导,所以小芳在生活中严重缺乏独立性。

2. 案例分析

（1）家长过度干预。生活上的过度呵护使小芳失去锻炼独立生活的机会。家长担心小芳在生活中受苦,因此过度关心她的日常生活,事事为她操办。小芳在生活中缺乏独立性,无法自己处理基本的生活事务。然而,家长应在保障小芳安全的前提下,给予她一定的自主权,让她有机会锻炼独立性。

（2）缺乏自主学习。家长在学习上的过度指导使小芳无法独立解决问题,从而养成了依赖心理。家长过度关注小芳的学习成绩,总是及时解答她的问题,使她无法独立思考。小芳在学习上形成了依赖心理,遇到问题时,她不愿独立解决,而是寻求家长的帮助。家长应鼓励小芳独立思考,培养她自主解决问题的能力,逐步减少学习上的干预。

（3）自我价值观缺失。家长过度干预小芳的生活和学习,使她无法独立解决问题,从而缺乏自我价值观。在面对人生抉择时,小芳难以根据自己的意愿和价值观进行选择。家长应尊重小芳的意见,鼓励她独立思考解决问题,培养她的自我价值观。

（三）小华,14 岁

1. 案例描述

小华是一名初中生。在日常生活中,他很少主动承担家务,总是依赖家长。在学习上,小华害怕遇到困难。当遇到问题时,他不愿请教他人,导致学习效果不佳。

2. 案例分析

（1）家长过度溺爱。家长担心小华在生活中受苦,因此包办所有家务,让小华无须操心生活琐事。小华在生活中缺乏独立性,无法自己处理基本的生活事务。家长应在保障小华安全的前提下,教会他基本的生活技能,让他有机会锻炼独立性。

（2）缺乏责任感。由于家长的溺爱,小华习惯依赖家长,不愿承担家务和学习任务。小华在面对生活和学习任务时,缺乏主动性,容易产生逃避心理。家长应适度引导小华承担家务和学习任务,培养他的责任感和自律意识。

（3）社交能力不足。由于家长的过度呵护,当面对困难时,小华习惯依赖家人,不愿请教他人。小华在人际交往中缺乏自信。当遇到困难时,他不知道如何寻求帮助,导致社交能力不足。家长应鼓励小华积极参与社交活动,培养他与人沟通、协作的能力,提高人际交往技巧。

二、孩子缺乏独立性的原因

（一）家庭原因

1. 过度关心

家长过度关心孩子的日常生活,为孩子包办一切,使孩子失去锻炼独立性的机会。例如,家长为孩子准备好一切生活用品,不让孩子自己整理书包、规划作息时间等。家长在孩子面前表现出过度的担忧,使孩子认为家庭责任全由家长承担,从而缺乏责任感。例如,家长总是对孩子说:"你只要好好学习就行,其他事情不用担心。"

2. 过度干预

家长过度干预孩子的生活和学习,使孩子在家中缺乏自主权,无法独立思考和做决策。例如,家长为孩子规划好一切学习计划,不让孩子自己尝试安排时间。家长过度保护孩子,不让孩子承担家庭责任,导致孩子缺乏独立生活的能力。例如,家长在孩子面前常说:"你还小,不懂事,让我来帮你。"

（二）社会原因

1. 过度重视应试教育

社会普遍关注学生的考试成绩,忽视孩子独立思考和解决问题的能力。这导致孩子在面对实际问题时,缺乏独立分析和解决问题的能力。传统的应试教育导致孩子在学习过程中过于依赖老师和家长,失去自主学习的机会。

2. 同龄人的影响

孩子在同龄人中容易受到不良价值观的影响,如过分追求安逸,不愿面对挑战。同龄人之间的竞争和攀比心理使孩子过于关注物质享受,进一步影响孩子独立性的培养。

（三）学校原因

1. 过分关注考试成绩

学校过于重视学生的分数,却疏于培育他们的独立思维和自学能力。这导致学生在面对实际问题时,缺乏独立分析和解决问题的能力。传统的应试教育使学生在学习过程中过于依赖老师和教材,失去自主学习的机会。

2. 教师的权威

教师过度强调权威,缺乏与学生之间的平等沟通,使学生缺乏独立发表观点的勇气。这使得学生在面对问题时,不敢提出自己的见解,过分依赖教师。此外,教师过度强调权威导致学生在课堂上不敢提问,不敢挑战教材,限制了学生的独立思考能力。

3. 课程设置过于理论化

学校课程设置过于理论化,缺乏实践性,导致学生无法将理论知识应用于实际生活中。这使得学生在面对实际问题时,缺乏解决问题的能力。学校课程设置缺乏实践性,使学生在理论学习中逐渐丧失兴趣,进一步影响独立性的培养。

三、指导建议

在当今社会,独立性成为一个人在生活和学习中必备的能力。培养孩子的独立性,不仅关乎他们的个人成长,还关系到国家和社会的未来。独立性强的孩子,在生活中能够自主处理事务,适应社会生活,更好地照顾自己。他们在学习中敢于面对困难,勇于自主探索。他们拥有较强的心理承受能力,能够积极应对生活中的挑战和压力。他们具有较强的社交能力,能够与他人建立良好的人际关系。然而,许多孩子在家长的过度呵护下,缺乏独立性。孩子的独立性培养是一个长期、系统的过程,需要家庭、学校、社会等多方共同努力。家长应关注孩子的独立性培养,适度放手,让孩子在生活和学习中锻炼自己。同时,学校和社会应携手创设良好的成长环境,为孩子的独立性发展提供有力支持。

（一）家庭层面

家长应该让孩子承担一定的家务,以锻炼他们的独立生活能力。家长应该让孩子参与家务劳动,如整理房间、洗碗、购物等,使他们在实践中学会自我管理和生活技能。在做家务的过程中,家长应给予孩子适当的指导和支持,使他们逐步学会独立完成任务,增强他们的自信心。

家长应尊重孩子的兴趣和选择,鼓励他们独立思考,培养自主决策能力。家长应倾听孩子的想法,引导他们独立思考问题,培养他们自主决策的能力。

家长应与孩子保持良好的沟通,关心孩子的成长需求,为孩子提供温馨、和谐的家庭环境。家长需要周期性地和孩子进行交流,掌握他们的心理需要和疑虑,为他们提供关心和援助。家长应该营造温暖、融洽的家庭环境,让孩子在愉悦的环境下成长,增强他们独立应对生活的勇气。

(二)学校层面

学校应注重培养孩子的综合素质。学校应开展多样化的课外活动,如科技、艺术、体育等,让学生在兴趣爱好中发掘潜能,提高自身的综合素质。学校应关注学生的个性化发展,尊重每个学生的特点,提供个性化的教育方案,以满足不同学生的需求。

学校应该激发学生的独立思考能力,鼓励他们大胆地表达自我观念。学校应该创设开放、包容的课堂氛围,鼓励学生提问、发表见解,培养他们的创新精神和独立思考能力。学校应加强团队协作能力的培养,让学生在集体活动中学会沟通和协作,提高他们解决问题的能力。

学校应关注学生的心理健康。学校应开展心理健康教育,让学生了解心理健康的重要性,培养他们良好的心理素质。学校应有心理咨询处,定时进行心理辅导,帮助学生克服心理难题,并确立合适的个人价值取向。

(三)社会层面

社会各界应积极为孩子创造实践活动平台,如实习、夏令营、社会实践等,让他们在实践中学会自我管理。企业与社会组织应积极与学校合作,为孩子提供更多的实践机会,让他们在真实的环境中锻炼独立能力。

社会各界应积极组织公益活动,鼓励孩子参与,培养他们的社会责任感和公民素养。在参与公益活动的过程中,孩子有机会学习如何与人交流、合作,这有助于增强他们自主处理问题的能力。

社会各界应关注孩子的心理健康,为他们提供安全、和谐的成长环境。社会各界应该倡导尊重孩子个性、鼓励独立思考的教育观念,共同促进孩子的发展。

如何引导家长培养孩子的自信心？

一、孩子缺乏自信心的案例及案例分析

（一）小明在课堂上不敢发言

1.案例描述

小明在家庭环境中可能缺乏鼓励和支持，导致他对自己的能力缺乏信心。在课堂上，他表现得沉默寡言，失去了与同学交流的勇气。

2.案例分析

小明在课堂上不敢发言，这反映出他内心缺乏自信和沟通能力不足的问题。家庭环境中缺乏鼓励和支持，导致他对自己能力的信心不足。因此，他害怕发言，担心自己的答案不正确或不被同学接纳。

为了帮助小明建立自信心和提高沟通能力，家长和老师需要多关注他的心理需求，给予鼓励和支持。在小明发言时，即使答案不正确，老师也要表扬他敢于发言的勇气。同时，老师应该教导他正确的发言技巧，以提高他的自信心。此外，通过组织课外活动，小明可以有更多机会与同学进行互动，从而提高自己的沟通能力。

（二）小红在体育课上不敢尝试新动作

1.案例描述

小红是一名初中生，她在体育课上总是害怕尝试新动作，担心自己做得不好。因此，她在体育方面的表现一直较为谨慎，无法体验到运动的乐趣。

2.案例分析

小红在家长过度保护的环境中长大，形成了依赖性，不敢面对挑战。同时，学校对她的学业成绩过于关注，却忽视了培养她的自信心。

为了帮助小红建立自信，家长和老师应鼓励她积极参与体育活动。体育活动能培养小红的团队合作精神、毅力和自信心。家长和老师应该对小红在运动中的点滴进步给予表扬，让她感受到自己的努力得到了认可，从而激发她继续努力的信心。家长和老师应该引导小红正确看待失败，让她明白失败是成功的前提，鼓励她从失败中吸取经验教训。家长和老师要给予小红充分的支持和关爱，帮助她建立自信心。

小红自信心不足的问题，需要家庭和学校共同努力解决。家庭和学校通过鼓励小红积

极参与体育活动,表扬她的进步,引导她正确看待失败,以及给予充分的关爱和支持,可以帮助她建立自信心,勇敢面对挑战。只有这样,小红才能在未来的学习和生活中充满信心,迎接挑战,实现自己的价值。

(三)小华在人际交往中过于害羞

1.案例描述

小华是一名高中生,她在人际交往中非常害羞,不敢主动与同学交流。这使得她在班级中朋友不多,很难融入集体。

2.案例分析

小华的自信心不足,这主要源于她在家庭环境中缺乏足够的沟通和社交训练。她害怕被拒绝或不被接纳,因此在与他人交往时缺乏自信。

家长和老师应该鼓励小华多参与集体活动,以提升她的团队合作能力,并增强她的自信心。同时,家长和老师可以教授小华一些基本的社交技巧,如倾听、表达、同理心等。

家长和老师需要给予小华充分的支持和关爱,关注她的心理需求,鼓励她勇敢地与人交往。同时,在小华取得进步时给予表扬,让她感受到自己的价值。

解决小华自信心不足的问题需要家庭和学校的共同努力。只有这样,她才能在人际交往中更加自信,为未来的学习和生活打下坚实的基础。

二、孩子缺乏自信心的原因

(一)家庭因素

(1)家长过度保护。在很多家庭中,家长担心孩子受到伤害,过度保护孩子,导致他们习惯依赖,不敢面对挑战。过度保护使孩子失去了锻炼自己能力的机会,导致自信心不足。

(2)家庭沟通不足。家长与孩子之间的有效沟通是培养孩子自信心的重要途径。然而,在现实生活中,许多家庭存在沟通不足的问题,家长未能深入了解孩子的需求和感受,导致孩子在家中感受不到关爱,从而影响自信心的培养。

(二)学校因素

(1)教育压力。学校通常过分重视学生的学习表现,而对孩子的精神健康疏于关注。过高的学业压力使孩子产生挫败感,而长时间处于焦虑状态,影响他们自信心的建立。

(2)评价体系单一。学校过于依赖通过考试成绩来评价学生,导致成绩成为衡量孩子价值的标准。这种单一的评价体系使孩子对自己的学习能力产生怀疑,从而损害了他们的自信心。

(三)社会环境

(1)竞争激烈。随着社会的发展,竞争日益加剧,孩子面临巨大的压力。长期的竞争导致孩子害怕失败,担心被淘汰,从而影响自信心的培养。

(2)同伴影响。同龄人之间的攀比和嘲笑容易让孩子对自己失去信心。在这种情况下,孩子容易产生自卑情绪,进一步影响自信心的建立。

（四）个性因素

（1）天生胆怯。部分孩子天生性格胆怯,面对挑战和失败时,他们容易产生恐惧心理。这种胆怯性格导致孩子缺乏自信,不敢挑战自己。

（2）成长经历。在成长过程中,孩子经历的挫折和失败会对他们的自信心产生负面影响。由于连续的失败体验,孩子开始质疑自身的能力,这阻碍了自信心的形成。

三、指导建议

（一）家庭方面:为孩子营造温馨的成长环境

（1）增进沟通。家长要多与孩子进行沟通与交流,了解孩子的需求和感受。在孩子面临困境时,家长要给予孩子关爱和支持。此外,家长要学会倾听,尊重孩子的意见,鼓励他们表达自己的想法,从而增强他们的自信心。

（2）适度放手。家长要适度放手,让孩子学会独立面对挑战,从而培养他们的自信心。在这个过程中,家长要相信孩子的能力,给予他们足够的信任和空间,让他们在尝试和失败中不断成长。

（二）学校方面:创建有益于孩子成长的教育环境

（1）减轻学业压力。学校要关注学生的心理健康,合理安排课程和作业量。同时,学校要提倡素质教育,让孩子在多样化的活动中发现自己的兴趣和特长,从而提高自信心。

（2）完善评价体系。学校要多元化评价学生,关注学生的全面发展。除了考试成绩,学校还要关注学生的品德、爱好、特长等方面。通过全面的评价,学校应该让孩子认识到自己的优点和潜力,增强自信心。

（三）社会环境:营造有利于孩子成长的社会氛围

（1）营造良好氛围。社会各界要关注孩子的心理健康,营造关爱、包容的氛围。媒体要积极宣传家庭教育和心理健康知识,为孩子树立正确的价值观。

（2）加强同伴教育。学校和家庭要引导孩子树立正确的价值观,学会尊重和关爱同伴,以促进孩子之间建立友好、互助的关系,减少竞争和攀比,让孩子在和谐的环境中成长。

（四）个性培养:帮助孩子建立独特的自信心

（1）注重个性发展。学校和家庭要关注孩子的个性特点,因材施教。通过个性化的教育,学校和家庭要让孩子认识到自己的独特之处,从而增强自信心。

（2）增强抗挫折能力。通过参加各类活动,学校和家庭可以培养孩子面对挫折和失败的勇气。当孩子遇到挫折时,家长和老师要给予关爱和支持,帮助他们分析原因,勇敢面对失败,逐步提高抗挫折能力。

如何引导家长培养孩子的责任感?

一、当代孩子缺乏责任感的案例

（一）案例一

小华是一个聪明伶俐的孩子,学习成绩优异。然而,他在生活中却表现出极度的自私自利和缺乏责任感。他从不参与家务劳动,对家长的付出视而不见。在学校,他不愿为团队作出贡献。

（二）案例二

身为家里的独子,小明享受着父母的悉心照顾。他们总是满足小明的任何需求,导致小明养成了过度依赖他人的习惯,同时缺乏独立处理问题的能力。当遭遇挫折或困难时,小明更倾向于逃避,而不是勇敢地去面对。

二、当代孩子缺失责任感的原因分析

（一）家庭教育方式因素

1. 过度关注学业成绩

在许多家庭中,孩子的学习成绩被视为首要任务。家长将大量的精力和资源投入孩子的学习中,期望他们能够在学校取得好成绩。这种过度关注导致家长忽视了孩子在其他方面的成长,如责任感和独立性。

2. 包办一切的教育方式

有些家长选择替孩子包办一切,从日常生活的琐事到学校的事务,他们都会为孩子安排好。这种做法剥夺了孩子承担责任的机会,导致他们在成长过程中逐渐形成了依赖心理,认为自己无须为自己的行为负责。

（二）学校教育因素

1. 知识传授的倾向

当前的学校教育体系在一定程度上过于注重知识传授。学校将大量的时间和资源投入学科教学中,而相对忽视了对学生品德、责任感等能力的培养。这导致学生在学校中只学到了书本知识,而对如何成为一个有责任感的人,学校却缺乏充分的引导和教育。

2. 分数和升学率的压力

一些学校过于强调学生的分数和升学率,以此来提升学校的声誉。这种压力直接影响到学生的学习心态,使他们只关注个人的成绩和排名,而忽视了团队合作、社会责任感等更为重要的品质。

(三)社会环境因素

1. 快节奏生活的影响

现代社会的快节奏生活方式使许多孩子过早地感受到压力和焦虑。在这种环境下,一些孩子可能更倾向于追求个人享乐和满足,而不是承担社会责任。他们可能觉得,与其花费时间和精力为社会作出贡献,不如追求自己的快乐和舒适。

2. 错误价值观的渗透

在当今社会,物质主义和消费主义盛行。一些孩子受到这种价值观的影响,过于关注物质追求,而忽视了作为一个公民应承担的基本责任。他们可能认为,只要自己过得好,就是对社会作出了贡献。而实际上,他们却忽略了在社区、学校和家庭中可以发挥的积极作用。

三、指导建议

(一)转变家庭教育方式

1. 明确培养目标

家长应重新审视自己的教育目标,不仅关注孩子的学业成绩,还要重视他们个人品质和责任感的养成。家长应该明确教育方向,努力培养孩子的独立思考和行动能力。

2. 实践与教育结合

在日常生活中,家长应该鼓励孩子参与家务劳动和社交活动。例如,家长应该安排适当的家务活,让孩子明白家务是每个家庭成员的责任;鼓励孩子参与社区志愿服务,培养他们的社会责任感。

3. 树立榜样

家长自身应成为负责任的楷模。通过自己的言行,家长应该展示出负责任的态度和行为,为孩子树立榜样。家长还应与孩子分享自己负责任的经历,增强孩子的认同感。

(二)改革学校教育

1. 课程设置调整

学校应重新设计课程体系,将品德教育和责任感培养作为重要的教育内容。学校通过增加相关课程或在日常教学中融入责任感教育,确保学生在校期间能够接受全面的教育。

2. 实践活动

学校应组织各种实践活动,如社区服务、团队合作项目等,让学生在实践中体验到负责任的重要性。通过实践活动,学生能够认识到负责任的行为对个人和团队的积极影响。

3. 教师引导

教师应发挥积极的引导作用。在日常教学中,教师应该注重培养学生的品德和责任感。通过自身的言行,教师应该传递正能量,为学生树立榜样。

(三) 改善社会环境

1. 媒体宣传

媒体应承担社会责任,传播正能量的价值观。通过电视、广播、网络等渠道,媒体应该鼓励孩子关注社会发展,参与公益事业,并营造关注社会责任的文化氛围。

2. 政府支持

政府应制定相关政策,鼓励和引导孩子参与社会实践,并为志愿服务活动提供经费支持,为参与公益事业的学生提供奖励等。

3. 社会组织参与

各类社会组织应积极参与孩子责任感的培养工作。各类社会组织应该提供实践机会,如环保项目、社区服务等,使孩子在实际操作中感受社会责任感。同时,通过合作项目,各类社会组织可以增进组织间的交流与合作。

如何引导家长关注孩子的心理健康？

一、当代孩子心理不够健康的案例及分析

（一）焦虑症

1. 案例描述

小明是一名高中生，他经常因为考试成绩不好而感到焦虑。每次考试前，他都会出现失眠、心慌等症状，甚至有时还会出现呼吸急促、手脚发抖等现象。小明的焦虑症状越来越严重，影响了他的学习和生活。

2. 案例分析

焦虑症是一种常见的心理障碍，其特征是过度担心、紧张和恐惧。焦虑症的原因包括遗传、环境和个人因素等。对于小明的案例，一方面可能是由于学习压力过大，另一方面也可能是因为他的焦虑性格和对失败的恐惧。

（二）抑郁症

1. 案例描述

小红是一名初中生，她经常感到心情低落，对任何事情都提不起兴趣。她常常觉得自己无用和无助，甚至有自杀的想法。小红的食欲和睡眠都受到了严重影响，她的学习成绩也因此明显下降。

2. 案例分析

抑郁症是一种常见的心理障碍，其特征是持续的情绪低落，失去兴趣和活力。小红的抑郁症可能与她的生活环境、家庭关系、学习压力等有关。如果得不到及时的治疗和关注，那么抑郁症可能会引发更严重的后果。

（三）孤独症

1. 案例描述

小华是一个幼儿园的孩子，他平时不喜欢和人交流，总是独自一人玩玩具或看书。他不愿意参加集体活动，也不愿意和其他孩子一起玩耍。小华的语言表达能力也比较差，只会说一些简单的词汇。

2. 案例分析

孤独症是一种由神经系统发育障碍引起的疾病，主要表现为社交困扰、语言发育迟缓及

123

重复性的行动。小华的孤独症可能与遗传、环境因素等有关。对于患有孤独症的孩子,家长和教师需要给予引导和关爱,帮助他们逐渐融入社会。

（四）强迫症

1. 案例描述

小亮是一名高中生,他总是反复检查门窗是否关好、电器是否关掉等。即使明知已经做好了这些事情,他也无法控制自己的行为。小亮的症状严重影响了他的学习和生活,使他感到非常苦恼。

2. 案例分析

强迫症是一种精神疾病,其特征是反复出现强迫性的思维和行为。小亮的强迫症可能与他的个性、生活环境和遗传因素等有关。对于患有强迫症的孩子,家长和教师需要给予理解和支持,帮助他们控制自己的思维和行为。

（五）暴躁症

1. 案例描述

小强是一名初中生,他经常因为一些小事情而大发脾气,比如玩具被抢走、作业太多等。他的情绪非常不稳定,经常大喊大叫、摔东西,甚至打人。小强的行为严重影响了他的家庭和学校生活。

2. 案例分析

暴躁症是一种情绪障碍,其特征是易怒、脾气暴躁,缺乏自我控制能力。小强的暴躁症可能与他的家庭环境、学习压力等有关。对于患有暴躁症的孩子,家长和教师需要给予引导和行为矫正,帮助他们控制自己的情绪。

二、当代孩子心理不够健康的原因

（一）家庭教育方式原因

1. 家长教育观念的局限性

许多家长过于重视孩子的学习成绩,认为只有取得好成绩,才能有好的未来。这种观念导致家长对孩子的评价标准单一,忽略了孩子在其他方面的发展和成长。

2. 养成替代处理的习惯

少数家长基于对儿女的关爱和关注,习惯上代替他们解决问题,导致孩子失掉了自主思考和应对问题的能力。随着时间的推移,孩子会形成依赖心理。当面临挑战时,他们不会主动寻找解决方案,而是倾向于求助于他人。

3. 家庭氛围的影响

家庭环境对孩子的心理健康有着至关重要的影响。如果家庭缺乏温暖和关爱,或者家庭成员之间关系紧张,就会给孩子带来心理压力,影响他们的心理健康。

（二）学校教育因素

1. 以应试教育为主导

当前的教育体制仍以应试为主，学校注重知识的灌输，相对忽视了学生的品德教育、情感教育和社交技能的培养。

2. 过分强调分数

分数和升学率成为衡量学校和学生水平的标准。这种过分强调分数的做法导致学生过于关注个人成绩，忽视了团队合作和社会责任。

3. 缺乏心理健康辅导

学校通常注重知识的传授，但对学生的心理健康辅导投入不足。如果学生在学习、社交等方面遇到困难时缺乏有效的心理支持和引导，那么可能会导致心理问题的产生。

（三）社会环境因素

1. 社会价值观的扭曲

现代社会中，物质追求和享乐主义成为一些人的生活重心。在这种价值观的影响下，一些孩子过于追求个人利益，忽视了对社会的贡献和对他人感受的关心。

2. 社交媒体的负面作用

社交媒体的普及使孩子过度关注自我形象和物质追求。他们在社交媒体上花费大量时间，与现实生活脱节，忽视了对现实世界的关注和对他人的关心。

3. 竞争压力的增大

随着社会竞争的加剧，孩子从小就面临着各种各样的压力。这种压力可能导致孩子产生焦虑、抑郁等心理问题，从而影响他们的心理健康。

（四）人际关系方面因素

一些孩子可能因为缺乏社交技巧而难以建立和维持友谊关系，导致他们陷入孤独和自卑的情绪中。另一些孩子可能因为个性上的问题，如过于敏感、易怒或孤僻等而难以与同伴建立良好的关系。这些不良的人际关系可能导致孩子出现厌学、抑郁等不良情绪，影响其心理健康。

（五）学习压力因素

随着社会竞争的加剧，孩子的学习压力越来越大。此外，家长和学校对孩子的期望越来越高，孩子自身也对自己的表现有所要求。这种长期的高压状态可能导致孩子出现焦虑、抑郁等心理问题。

过度的学习压力可能让孩子感到无法承受，导致他们对学习失去兴趣和动力。长期的焦虑和抑郁情绪可能影响孩子的心理健康，使他们变得敏感、易怒或孤僻。此外，过度的学习压力还可能影响孩子的睡眠质量和身体健康，进一步加剧其心理问题。

三、指导建议

（一）开展家庭教育讲座和培训

为了帮助家长更好地理解和关注孩子的心理健康,社区可以定期组织家庭教育讲座和培训。社区可以邀请心理学家、教育专家或经验丰富的家长来分享他们的知识和经验。

通过开展教育讲座和培训,专家们可以深入地讲解孩子心理发展的特点,如不同年龄阶段的孩子在认知、情感和社会性发展等等方面的表现。他们还可以分享如何识别和处理孩子常见的心理问题,如焦虑、抑郁、自卑等。通过这些讲座和培训,家长可以学习到有效的沟通技巧、应对策略及如何建立积极的家庭氛围等。

此外,这些教育讲座和培训可以包括亲子互动方面的技巧,如如何与孩子进行有效的沟通,如何设定合理的期望,如何处理矛盾等。通过这些教育讲座和培训,家长可以更好地理解孩子的需求,与孩子建立更亲密的关系,促进孩子的心理健康发展。

（二）提供亲子活动和社交机会

除了教育讲座和培训,社区还可以提供各种亲子活动和社交机会,以鼓励家长和孩子进行互动和交流。这些活动包括亲子游戏、读书会、户外探险等,为家长和孩子提供了共同参与的机会,增进了彼此的感情。

在参与亲子活动的过程中,家长可以和孩子一起玩游戏、阅读书籍,还可以进行各种户外活动。这些活动不仅可以增强亲子关系,还可以帮助孩子发展社交技能,提高自信心,以及培养积极的心态。同时,通过与其他家庭的交流和互动,家长可以互相学习并分享家庭教育经验,共同成长。

（三）建立家长支持小组

为了方便有相似教育困惑的家长互相交流和学习,社区可以建立家长支持小组。这些小组可以定期组织聚会或线上交流活动,让家长分享他们的经验和心得。

在支持小组的帮助下,家长能够就儿童的教育议题进行交流,分享有用的教导手段和策略,以及一同面对并解决困扰。通过交流和分享,家长可以获得更多的资源,从而更好地应对家庭教育过程中的挑战。同时,支持小组也为家长提供了一个互相支持和鼓励的平台,帮助他们更好地理解和关心孩子的心理健康。

（四）宣传心理健康知识

为了提高家长对孩子心理健康的关注度,社区可以制作和分发有关孩子心理健康的宣传册。这些资料可以包括基本的心理健康知识、识别和处理心理问题的技巧及寻求专业帮助的途径等。

通过宣传册,社区可以帮助家长更好地理解孩子的心理需求和发展规律。这些资料还可以提醒家长关注孩子的情绪变化、行为问题及社交困难等,及时发现并解决潜在的心理问题。同时,社区可以利用各种渠道进行心理健康知识的宣传,如社区公告板、社交媒体平台等,以提高家长的关注度。

（五）建立心理咨询服务

社区可以与专门的心理咨询机构建立合作关系，为有请求的家庭解决孩子的心理健康问题提供更具针对性的帮助，如提供心理咨询服务。这些服务可以提供给有需要的家庭，帮助解决孩子面临的各种心理问题。

心理咨询服务可以包括个体咨询、家庭咨询或团体咨询等多种形式。专业心理咨询师可以帮助家长了解孩子的心理需求、解决家庭矛盾、改善亲子关系等。他们还可以提供技能训练和策略指导，帮助家长更好地应对孩子的情绪问题、行为问题和学业压力等。通过这些咨询服务，社区可以为家庭提供更全面和专业的支持，促进孩子的心理健康发展。

（六）定期开展心理健康筛查活动

为了及时发现和处理孩子的心理问题，社区可以定期开展心理健康筛查活动。这些筛查活动可以由专业的心理医生或心理咨询师进行。通过一系列的评估工具和方法，专业人员可以了解孩子的心理状况和潜在问题。

在筛查活动中，专业人员可以评估孩子的情绪状态、社交能力、学习困难等方面的问题。他们可以与孩子进行一对一的谈话，了解他们的想法、感受和需求，也可以通过观察孩子的行为、答题等方式来获取相关信息。通过这些评估，专业人员可以得出孩子的心理状况报告，向家长提供有关孩子心理状况的反馈和建议。

如何引导家长帮助孩子应对生活中的困扰？

一、当代孩子在生活中存在困扰的案例与分析

（一）小红，小学生

1. 案例描述

小红是一名小学生，性格内向，不善于表达自己。在学校里，她很难与同学建立友谊，因此感到孤独和无助。她开始害怕上学，不想与人交流，导致社交能力进一步下降。

2. 案例分析

社交难题是孩子成长过程中常见的问题之一。有些孩子天生内向，需要更多的时间和机会来适应新环境和新朋友。家长和学校应该鼓励孩子参加一些社交活动，培养孩子的社交能力和技巧。同时，家长也应该关注孩子的情感需求，给予他们足够的关爱和支持。

（二）小丽，初中生

1. 案例描述

小丽是一名初中生，她沉迷于网络游戏。她每天花费大量时间在网络游戏上，甚至晚上也会熬夜玩游戏。她开始忽视学业和社交生活，变得孤僻和不合群。家长发现后试图限制她使用电子产品的时间，但仍然无法使她摆脱网络游戏的诱惑。

2. 案例分析

网络成瘾问题已经成为一个普遍的社会问题，尤其是在青少年中。网络游戏、社交媒体和其他电子设备可以提供虚拟的社交体验和刺激感，让孩子沉迷其中。在这种情况下，家长应该限制孩子使用电子产品的时间，帮助他们建立正确的生活习惯和兴趣爱好，引导他们积极参与现实生活中的社交活动。

（三）小刚，高中生

1. 案例描述

小刚是一名高中生，他的家庭关系紧张。家长经常吵架，导致家庭氛围十分压抑。小刚感到无法与家长沟通，心里话无法得到倾诉和理解。他开始对家庭失去信心，不愿意回家，选择在外面游荡，导致学习成绩大幅下降。

2. 案例分析

家庭关系困扰是孩子成长过程中常见的问题之一。孩子的心理健康在很大程度上受家庭环境的影响。如果家庭气氛紧张或家长经常斗嘴，那么孩子可能会陷入无助和忧虑的情绪中。在这种情况下，家长应该关注孩子的情感需求，积极与孩子进行沟通，了解孩子的想法和感受，并尽可能解决家庭矛盾。

二、当代孩子在生活中存在困扰的原因

（一）学习压力过大

孩子的学习压力可能来自多个方面。例如，学校的教育方式可能过于注重考试成绩，导致孩子感到压力很大。为了在考试中取得好成绩，孩子可能需要花费大量时间学习和复习，甚至牺牲休息和娱乐时间。这样的生活方式会让孩子感到疲惫和焦虑。

家长对孩子的期望过高可能导致孩子产生学习压力。有些家长可能会对孩子的学习成绩有非常高的要求，甚至会给孩子施加压力，要求他们在各方面都表现出色。这种压力可能会让孩子感到无法满足家长的期望，导致他们感到沮丧和无助。

学习压力过大会对孩子的身心健康产生负面影响。长期处于高压力状态下可能会导致孩子出现焦虑、抑郁等情绪问题，影响他们的睡眠质量和食欲。此外，过度的学习压力还可能让孩子对学习产生厌倦和反感，失去对学习的兴趣和热情。

（二）社交难题

随着科技的发展，孩子的社交方式发生了巨大的变化。如今的孩子更多地使用社交媒体、电子游戏等虚拟方式来进行社交活动，而不是传统的面对面交流。这种社交方式的转变可能导致孩子在现实生活中的社交能力下降。

过度依赖电子设备进行社交活动可能导致孩子缺乏面对面交流的经验。这可能导致孩子变得害羞或孤僻，害怕与人进行真实的交流。此外，网络上的负面信息、网络欺凌等问题也可能对孩子的社交产生负面影响。

社交难题可能对孩子的情感发展产生影响。与他人建立良好的关系是孩子情感发展的重要部分，而社交难题可能导致孩子无法与同龄人建立亲密的关系。这可能导致孩子感到孤独和无助，影响他们的心理健康。

（三）家庭关系困扰

家庭关系困扰是孩子生活中常见的困扰之一。家庭内部的矛盾、家长关系不和或其他家庭问题可能给孩子带来心理压力，影响其情感发展。

家庭关系困扰可能源于多个方面。例如，家长之间的争吵、矛盾或其他不和可能会导致孩子感到不安和焦虑。这些矛盾可能让孩子对家庭环境感到不安全，影响他们的情感发展。

其他家庭问题也可能导致家庭关系困扰。例如，家庭经济困难、家庭成员的健康问题或其他家庭变故都可能给孩子带来心理压力和困扰。这些问题可能导致孩子感到无助和无法应对，影响他们的情感发展和社会适应能力。

（四）网络成瘾

随着互联网的普及，网络成瘾成为当代孩子面临的一大困扰。孩子沉迷于网络游戏、社交媒体等虚拟世界，导致他们无法自拔，影响了正常的学习和生活。

网络成瘾会导致孩子的学习成绩下降、注意力不集中等问题。沉迷于网络游戏的孩子往往会花费大量时间在虚拟世界中，缺乏对现实生活的关注和投入。这不仅导致学习成绩下降，还可能使孩子对学习失去兴趣和动力。

长期沉迷于网络世界还可能导致孩子脱离现实生活，产生孤独感和社交障碍。过度使用电子设备进行社交活动可能使孩子缺乏面对面交流的经验，导致他们在现实生活中难以建立健康的人际关系。长期缺乏与他人的真实互动可能导致孩子感到孤独和无助，进一步加剧他们的社交障碍。

（五）情绪波动和焦虑

孩子在成长过程中面临越来越多的压力和挑战，如考试、升学等。这些压力可能导致孩子情绪波动和焦虑，影响其日常表现和学习成绩。

情绪波动可能导致孩子时而情绪低落，时而脾气暴躁，无法有效控制自己的情绪。这种情绪波动可能使孩子在学习和生活中无法保持稳定的情绪状态，导致他们难以集中注意力应对问题。

焦虑则可能使孩子过于紧张和担忧，导致孩子在学习和生活中缺乏自信，难以发挥自己的潜力。

（六）自尊心受挫

当孩子对自己的期望较高时，一旦遭遇失败或批评，他们的自尊心可能受到严重打击。自尊心受挫可能导致孩子自信心下降，产生自我怀疑等负面情绪，影响其学习和生活表现。长此以往，自尊心受挫还可能对孩子的心理健康产生负面影响。

当孩子在学习、社交或其他方面遭遇失败时，他们可能会对自己的能力产生怀疑。这种自我怀疑可能导致孩子自信心下降，并对自己的能力产生不信任感。长此以往，这种不健康的心理状态可能对孩子的心理健康产生负面影响，如抑郁、焦虑等问题。

三、指导建议

（一）建立良好的沟通渠道

为了深入理解孩子的需要和问题，亲子间需要构建有效的交流途径。这个渠道应该是开放、坦诚和尊重的，让孩子感受到被理解和被支持。

家长应该创造宽松、和谐的沟通环境，让孩子愿意分享自己的心事和困惑。在与孩子交流时，家长要避免使用指责、批评或攻击性的语言，而是以关心和理解的态度倾听孩子的声音。

家长可以定期与孩子进行一对一的沟通，如每周安排一个固定的时间与孩子进行交流，让孩子有足够的时间和空间表达自己的想法和感受。在这个过程中,家长可以询问孩子的生活、学习情况,了解他们的需求和困扰,并提供支持和建议。

家长也可以利用现代通信工具,如微信、QQ等,与孩子保持实时沟通,及时了解他们的动态和心理状态。通过多种方式的沟通,家长可以更全面地了解孩子的内心世界,从而更好地帮助他们应对生活中的困扰。

(二)提供家庭教育知识培训

为了提高家长的家庭教育技能,社区家庭教育指导机构可以定期组织家庭教育知识培训。这些培训可以涵盖不同方面的内容,如儿童心理学、家庭教育方法、青少年成长规律等。这些培训使家长有机会深刻地洞察孩子的精神特性和需求,进而更有效地处理孩子可能面临的问题。

在培训过程中,培训师可以采用多种形式,如讲座、小组讨论和案例分析等,让家长从多个角度了解家庭教育的知识和技巧。同时,培训师可以分享自己的经验和观点,与家长共同探讨如何更好地支持和引导孩子成长。

社区家庭教育指导机构还可以提供一些实用的工具和资源,如家庭教育手册、在线课程等,供家长随时学习和参考。通过不断学习和实践,家长可以不断提升自己的家庭教育能力,更好地应对孩子生活中的困扰。

(三)鼓励家长与孩子共同参与活动

社区家庭教育指导机构可以通过组织各种亲子活动,鼓励家长和孩子一起参与。这些活动可以是文化、体育、艺术等方面的兴趣班或俱乐部,也可以是社区组织的公益活动或节日庆典等形式。通过共同参与这些活动,不仅可以增进家长和孩子之间的感情和家庭凝聚力,还可以在轻松愉快的氛围中缓解孩子生活中的困扰。

在亲子活动中,家长可以观察孩子的表现和情绪变化,及时发现孩子可能存在的困扰和问题。通过与孩子的互动和合作,家长可以引导孩子积极面对困难和挑战,培养他们解决问题的能力。此外,亲子活动还可以促进家庭成员之间的互信和理解,增强家庭的稳定性。

为了更好地组织亲子活动,社区家庭教育指导机构可以建立一支志愿者队伍或工作小组,专门负责活动策划和组织。这些志愿者可以从社区居民中招募,也可以邀请专业机构或人士提供支持和指导。通过精心策划和组织活动,社区家庭教育指导机构可以确保每个家庭都能享受到愉快的亲子时光。

(四)提供心理咨询服务

当孩子面临焦虑、抑郁等问题时,他们可能会感到无助和困惑。为了帮助孩子应对这些心理困扰,社区家庭教育指导机构可以建立心理咨询服务平台,提供专业的心理咨询和心理疏导服务。

这个平台可以由专业的心理咨询师来运营,他们具备丰富的经验和专业知识,能够为孩子提供有效的心理支持和疏导。家长可以通过这个平台及时寻求专业的帮助和建议,从而更好地理解和支持孩子。

心理咨询服务的方式可以多样化,如面对面咨询、电话咨询、在线咨询等,以满足不同家庭的需求。此外,这个平台还可以定期举办心理讲座和培训活动,提高家长和孩子的心理健康意识和自我调节能力。

为了保护孩子的隐私和尊严,社区家庭教育指导机构应该确保心理咨询服务的保密性和安全性。同时,他们还应该教育孩子如何保护自己的隐私和尊严,使他们明白在寻求帮助时应该信任专业人士。

通过心理咨询服务平台,社区家庭教育指导机构可以为孩子提供必要的心理支持和疏导,帮助他们更好地应对生活中的困扰。这不仅可以提高孩子的心理素质和适应能力,还可以增强家庭之间的凝聚力和和谐氛围。

(五)倡导健康的生活方式

社区家庭教育指导机构应推广健康的生活习惯,其涵盖的范围不限于身心两方面。通过践行健康的生活习惯,孩子们能够更好地面对生活中的挑战,进一步增强他们的心理适应能力。

家长应该关注孩子的饮食健康,确保他们摄取足够的营养物质,以维持身体健康。家长可以与孩子一起制订健康的食谱,鼓励他们多吃蔬菜水果、粗粮杂粮等有益健康的食物,减少高糖、高脂、高盐等不健康食品的摄入。

家长应该保证孩子有足够的睡眠时间。睡眠对于孩子的身体发育和心理健康至关重要。家长应该制订合理的作息时间表,并督促孩子按时睡觉和起床。同时,家长也要注意孩子的睡眠环境,保持安静、舒适、温度适宜的睡眠条件。

适量的运动是健康生活方式的重要组成部分。家长可以鼓励孩子参加各种体育运动和户外活动,如游泳、跑步、骑车、爬山等。这些运动不仅能够锻炼身体,增强免疫力,还能够缓解压力,增强心理韧性。

除了身体健康方面,家长还应该关注孩子的心理健康。家长应该教育孩子学会调节情绪、缓解压力的方法,如冥想、呼吸练习、放松训练等。这些方法能够帮助孩子在面对压力和困扰时保持冷静和乐观的心态。

如何引导家长激发孩子的创新思维?

一、当代孩子缺乏创新思维的案例及分析

（一）应试教育下的牺牲品

1. 案例描述

小明是一名高中生,他的学习成绩一直名列前茅。然而,他在面对创新性题目或实际问题时常常感到困惑,缺乏独立思考和解决问题的能力。这是因为他长期接受应试教育,习惯了标准化的答案和解题方法。

2. 案例分析

应试教育过于强调考试成绩,导致学生在学习过程中过于关注记忆和模仿,缺乏创新思维和实践能力的培养。这种教育模式下的学生往往缺乏独立思考和解决问题的能力,无法应对复杂多变的现实情况。

（二）盲目追求标准答案

1. 案例描述

小红在数学课上一直表现优秀,但在科学实验课上表现平平。这是因为她在数学课上习惯了标准答案,而在科学实验课上则要求她探索未知领域,并且没有明确的答案。她因此感到困惑和不安。

2. 案例分析

追求标准答案是一种固化的思维模式,限制了学生的创造力和探索精神。在现实世界中,许多问题并没有明确的答案,需要学生勇于探索和尝试,发现新的解决方案。因此,家长和老师应该鼓励学生勇于尝试和创新,而不是一味追求标准答案。

（三）缺乏实践与探索的机会

1. 案例描述

小华是一名初中生,他对计算机编程很感兴趣。然而,由于学校的课程安排缺乏实践机会,他无法充分展现自己的才能和创造力。他只能在学校之外参加一些编程俱乐部和比赛来满足自己的求知欲。

2. 案例分析

许多学校在课程设置上过于偏重理论教学,导致学生缺乏实践和探索的机会。实践是培养创新思维的重要途径,学生在实践中可以发现问题、解决问题,从而培养自己的创造力和独立思考能力。因此,学校应该为学生提供更多的实践机会,让他们在实践中学习和成长。

(四)社交媒体影响深度思考

1. 案例描述

小丽是一名初中生,她非常频繁地使用社交媒体。她虽然经常在社交媒体上浏览和分享信息,但是很少进行深度思考和分析。这导致她在写作和表达方面的能力受到限制,无法有效地表达自己的思想和观点。

2. 案例分析

社交媒体上的信息往往缺乏深度,因此过度使用社交媒体会使学生养成浅阅读和浅思考的习惯。深度思考是培养创新思维的重要一环,学生需要通过深度思考来理解复杂的问题和现象。因此,学生应该适度使用社交媒体,养成深度阅读和思考的习惯。

(五)家长过度干预与保护

1. 案例描述

小强是一名小学生,他的家长非常注重他的学习成绩和未来发展。为了确保他在学习上取得好成绩,家长经常为他安排各种辅导课程,限制了他的自由时间和空间。这导致小强在学习上缺乏主动性和创造性,过于依赖家长的安排。

2. 案例分析

家长过度干预和保护会限制孩子的自主性和创造性。孩子在学习和成长过程中需要一定的自由和空间来发挥自己的想象力和创造力。家长应该适度放手,鼓励孩子自主探索和学习,培养他们的独立思考和创新能力。

(六)全球化与文化同质化

1. 案例描述

随着全球化的发展,各种文化相互交融,一些传统文化面临着新的挑战。小华的家乡有一种独特的民间艺术,但随着时代的变迁和年轻一代的兴趣转移,这种艺术逐渐被边缘化。小华虽然对这种艺术很感兴趣,但是周围的人普遍认为这种艺术与现代社会脱节,没有实用价值。

2. 案例分析

全球化带来了文化的交融与同质化现象,导致许多独特的传统文化被忽视或边缘化。文化多样性是创新思维的重要土壤,不同的文化背景能够激发人们的创造力。因此,我们应该重视传统文化的保护与传承,鼓励年轻一代了解和发扬传统文化,培养他们的文化自信心和创新能力。

二、当代孩子缺乏创新思维的原因

（一）应试教育的影响

在应试教育体制下,孩子的学习目标主要聚焦于考试成绩,而不是培养创新思维。在应试教育中,标准化的课程内容和考试形式限制了孩子的思维广度。教师往往侧重于知识的灌输和记忆,而非培养孩子独立思考和解决问题的能力。在这种教育体制下,孩子的创新潜能被埋没,他们的学习过程变得单调乏味,缺乏探索和发现的乐趣。

（二）缺乏实践与探索的机会

在应试教育体系中,实践和探索的机会并没有得到足够的重视。应试教育体系常常过于强调理论知识的教学,却对实践技能的提升缺乏关注。学生缺乏进行实践操作的机会,难以将所学知识应用于实际情境中。这导致学生无法真正理解知识的内涵和实际意义,难以激发他们的创新思维。

（三）社交媒体的负面影响

社交媒体上的信息大多缺乏深度,并且往往只追求快速传播。过度使用社交媒体可能导致学生养成浅阅读和浅思考的习惯,从而影响创新思维的发展。社交媒体上的信息往往是碎片化的,缺乏深度和完整性。这种浅阅读和浅思考的习惯限制了学生的思维深度和广度,不利于培养他们的创新思维。

（四）家长过度干预与保护

家长过度干预和保护孩子的学习与生活,限制了孩子的自主性和创造性。许多家长倾向于为孩子安排好一切,包括学习计划、课外活动和社交圈子。他们认为这样可以确保孩子得到最好的教育和未来发展,但这种做法实际上限制了孩子的自由和空间,让他们无法充分发挥自己的想象力和创造力。家长过度干预和保护还可能导致孩子过度依赖家长,缺乏独立思考和解决问题的能力。

（五）全球化与文化同质化

在全球化进程中,不同文化的交融与同质化现象限制了孩子的创新思维。随着全球化的加速,西方文化和其他外来文化对本土文化的冲击越来越明显。这种文化同质化现象可能导致年轻一代对本土文化的认同感减弱,缺乏文化自信和创新动力。文化的多样性是激发创新思维的重要土壤,而本土文化的衰减使孩子难以从多元的文化背景中汲取灵感和创造力。

（六）教育资源不均衡

教育资源的不均衡是导致孩子缺乏创新思维的一个重要原因。在一些贫困或教育资源匮乏的地区,孩子往往无法获得高质量的教育资源,这限制了创新思维的培养。相比之下,富裕地区的孩子更容易获得优质的教育资源,如参加各种兴趣班、夏令营和拓展活动,从而培养自己的创新思维和实践能力。这种教育资源的不均衡不仅影响了孩子的创新思维,还加剧了社会不平等现象。

三、指导建议

（一）培养好奇心

好奇心是孩子与生俱来的天性，是他们探索世界的动力。家长可以通过鼓励孩子提问、参与讨论和探索未知领域来培养他们的好奇心。当孩子提出问题时，家长应该耐心回答，引导他们深入思考。同时，家长还可以通过引导孩子观察身边的事物，进行科学实验等方式，激发他们的好奇心，让孩子主动探索、发现和创新。

（二）提供丰富的环境

孩子的成长环境对创新思维的培养具有重要的影响。家长可以为孩子提供文化、艺术和科技环境，拓宽孩子的视野和知识面。家长可以带孩子参观博物馆、艺术展览和科技馆等场所，让他们接触不同的文化和知识，激发他们的想象力和创造力。家长也可以引导孩子广泛阅读、聆听音乐和观赏电影，这不仅能够提升他们的审美鉴赏能力和文化修养，还能在他们头脑中种下创新思维的种子，为创新思维的发展奠定稳固的基础。

（三）实践动手能力

实践动手能力是培养孩子创新思维的关键环节。通过动手操作，孩子可以发现问题、解决问题，并从中获得创新的灵感。家长可以鼓励孩子参与手工艺制作、科学实验和种植等活动，让他们在实践中锻炼自己的动手能力。此外，家长还可以引导孩子参加社会实践和志愿服务等活动，让他们在实践中拓宽视野、锻炼能力，培养创新意识和实践能力。

（四）鼓励想象力与表达能力

想象力和表达能力的培养是激发孩子创新思维的重要途径。想象力是创新的源泉，而表达能力则是将创新思维呈现给外界的方式。家长可以鼓励孩子发挥自己的想象力，对未知领域保持探索精神，并尝试从不同的角度思考问题。在家庭教育中，家长可以组织一些创意写作、绘画、音乐等活动，让孩子通过创作来表达自己的思想和情感。这不仅可以培养孩子的创新能力，还能增强他们的自信心和自我表达能力。

（五）引导团队合作

团队合作是培养孩子创新思维的重要方式之一。在团队中，孩子可以互相学习、互相启发，共同解决问题。家长可以组织一些家庭团队活动，让孩子在合作中锻炼自己的沟通、协调和合作能力。此外，家长还可以鼓励孩子在学校、社区等组织中参与团队合作，让他们在更广阔的平台上发挥自己的创造力。通过团队合作，孩子可以学会倾听他人的意见、分享自己的想法、整合资源等，从而提升自己的创新思维和协作能力。

如何引导家长教会孩子感恩？

一、当代孩子不懂感恩的案例及分析

（一）家庭环境影响

1. 案例描述

小明是家里的独生子，从小备受家长宠爱。家长为了给他提供最好的生活条件，辛苦工作，但小明不懂得珍惜，对家长的付出视若无睹。

2. 案例分析

在当代家庭中，许多家长溺爱孩子，导致孩子认为别人的付出是理所当然的，从而缺乏感恩之心。同时，一些家庭缺乏交流和沟通，导致孩子无法理解家长的辛苦和期望。

（二）学校教育缺失

1. 案例描述

小红在学校中表现优秀，但对待同学的态度很冷漠。当同学帮助小红时，她没有表示感激，有时甚至会对同学发脾气。

2. 案例分析

学校在传授孩子知识的同时，往往忽略了情感和道德教育。感恩教育缺失导致孩子缺乏对他人的尊重和理解，无法意识到自己的行为对别人的影响。

（三）社会环境变迁

1. 案例描述

小强在社交媒体上经常晒出自己收到的各种礼物和旅游照片，但很少提及自己对家长的感激之情。

2. 案例分析

随着社会的发展，物质条件的丰富导致人们对物质追求的过度关注。一些孩子沉迷于物质享受，忽略了精神层面的追求，对感恩的重要性缺乏认识。

（四）孩子的心理发展不成熟

1. 案例描述

小丽在成长过程中经常遇到挫折和困难，但她总是抱怨别人，不懂得从自身找原因。当别人帮助小丽时,她也没有表示感激。

2. 案例分析

孩子的心理发展不成熟会导致他们缺乏感恩之心。在成长过程中,孩子需要学会如何正确处理人际关系和情绪,如何理解和尊重他人。在这个过程中,如果孩子没有得到正确的引导和教育,就很容易产生抱怨和不满的情绪。

(五)缺乏有效的感恩教育方法

1. 案例描述

小李的家长经常告诉他要感激别人,但没有具体告诉他应该怎么做。虽然小李口头上同意了,但是他的实际行为并没有作出任何改变。

2. 案例分析

感恩教育需要采用具体、实际的方法,仅仅口头教育是不够的。家长需要引导孩子在实际生活中体验和践行感恩的行为。

(六)传统美德淡化

1. 案例描述

小张生活在传统美德观念淡化的家庭和社会环境中,因此他对感恩等传统美德缺乏认识和理解。

2. 案例分析

随着社会的发展和文化的多元化,一些传统美德在当代社会中逐渐被淡化。这导致一些孩子对传统美德的重要性缺乏认识,从而忽略了感恩的重要性。

二、当代孩子不懂感恩的原因

(一)家庭教育因素

许多家长溺爱孩子,替孩子包办一切,从学习、生活到娱乐,所有事情都替孩子做了。这种做法导致孩子觉得这些付出都是理所当然的,他们不会对家长的辛勤付出感到感激,甚至在面对家长的付出时表现出冷漠的态度。这种家庭教育方式是存在严重缺陷的,它剥夺了孩子学习感恩和回馈家庭的机会。

有些家庭缺乏交流和沟通,导致家长与孩子之间没有建立起良好的情感纽带。孩子无法理解和感知家长的辛勤付出,因为他们没有看到家长的努力和付出。在这样的家庭环境中,孩子自然难以养成感恩的习惯。

(二)学校教育因素

许多学校没有设置专门的感恩教育课程,导致孩子无法系统地学习感恩的价值观和行为准则。即使有些学校有相关课程,也往往被其他学科所挤压,没有得到足够的重视。感恩教育不仅是理论知识的传授,还需要通过实践活动来加深孩子的理解和体验。然而,许多学校缺乏这方面的活动,孩子无法体验感恩的行为,也就难以养成感恩的习惯。由于学校过于注重知识传授,老师与学生之间的情感交流减少,导致他们之间的关系变得疏远。一些老师不注重与学生的情感交流,很少关心学生的个人发展和情感需求。这种师生关系导致孩子感受不到他人的善意和关心,也就难以学会感恩。学校中,孩子之间的互动也经常缺乏情感和道德的引导。同学之间的矛盾往往通过孤立、排斥等方式来解决,而不是通过沟通和互相理解。这种环境不利于孩子学会尊重他人和感激他人。

（三）社会环境的变化

随着社会的发展和科技的进步,物质条件的日益丰富导致人们对物质追求的过度关注。一些孩子沉迷于电子产品、社交媒体和物质享受,从而忽略了精神层面的追求。他们无法认识到生活中的美好事物是值得感恩的,也无法意识到自己的行为对他人和社会的影响。社会环境的变化对孩子产生了深远的影响,并对感恩教育提出了新的挑战。

（四）心理发展不成熟

孩子的心理发展不成熟是导致他们缺乏感恩之心的原因之一。在成长过程中,孩子需要学会正确处理人际关系和情绪,学会理解和尊重他人。然而,由于心理发展不成熟,一些孩子无法理解和感知他人的善意和付出,也难以表达感激之情。

（五）缺乏有效的感恩教育方法

感恩教育需要采用具体、实际的方法,仅仅口头教育是不够的,需要引导孩子在实际生活中体验和践行感恩的行为。一些家长和学校虽然尝试进行感恩教育,但是方法不当或缺乏耐心,导致孩子无法真正理解感恩的意义。

（六）传统美德淡化

随着社会的发展,一些传统美德在当代社会中逐渐被淡化。在快速发展的社会中,人们更加注重个人利益和自我价值的实现,从而忽略了对他人的尊重和感恩。这种价值观的变化对孩子的成长产生了影响,导致一些孩子对传统美德的重要性缺乏认识,从而忽略了感恩的重要性。

三、指导建议

（一）树立正确的家庭教育观念

在许多家庭中,家长往往过分关注孩子的学业成绩,忽略了孩子的品德和情感教育。这种教育观念导致孩子在成长过程中缺乏感恩之心。因此,家长应该树立正确的家庭教育观念,注重培养孩子的品德和情感发展。感恩教育是家庭教育的重要组成部分,家长应该认识到教会孩子学会感恩的重要性,并积极引导孩子关注他人的付出和善意。通过转变观念,家长能够更好地关注孩子的全面成长,培养他们成为有品德、有情感的人。

（二）加强沟通与交流

家长与孩子之间的沟通和交流是培养孩子感恩意识的关键。家长应该多与孩子交流,了解他们的内心世界和情感需求。通过与孩子进行互动,家长可以更好地了解孩子对家庭、学校和社会的看法。在沟通的过程中,家长要引导孩子表达感激之情,鼓励他们用言语和行动回馈他人的善意。同时,家长也要关注孩子的情绪变化,帮助他们处理负面情绪,培养积极的心态。通过有效的沟通和交流,家长能够更好地引导孩子学会感恩,建立和谐的家庭关系。

（三）以身作则

家长是孩子最好的榜样,他们的言行举止对孩子产生深远的影响。因此,家长应该在日常生活中表现出对他人的尊重和感激之情。他们可以通过关爱行动、志愿服务等方式为社会作出贡献,让孩子看到感恩的行为并效仿。此外,家长也要与孩子分享自己的感恩经历,让他们感受到感恩的重要性。通过家长的榜样作用,孩子能够更好地理解并实践感恩。家长也要注意自己的言行举止,避免在孩子面前表现出不尊重和冷漠的态度。通过以身作则的方式,家长能够引导孩子学会感恩,培养他们成为有爱心和责任感的人。

（四）开展家庭活动

家庭活动是培养孩子感恩意识的有效途径之一。通过参与各种家庭活动,孩子能够感受到他人的需要,并体验到自己的行为对他人产生的积极影响。例如,家长可以组织家庭志愿服务活动,让孩子参与到关爱老人、帮助残疾人等公益事业中。通过与弱势群体的接触,孩子能够更加珍惜自己的生活,并对他人的困境产生同理心。此外,家长还可以鼓励孩子参与家庭劳动,让他们体验到劳动的辛苦,从而更加珍惜他人的劳动成果。这些家庭活动不仅能够增强孩子的感恩意识,还有助于培养他们的社会责任感和独立性。

（五）社区支持与合作

社区是孩子成长的重要环境之一,也是家庭教育的重要平台。社区可以组织各种感恩教育活动,如感恩节庆典、社区义工等,鼓励家长和孩子一起参与。这些活动不仅能够增进亲子关系,还能让孩子感受到社区的温暖和支持。此外,社区还可以提供一些家庭教育课程和讲座,帮助家长更好地引导孩子学会感恩。通过与社区的合作,家长可以更好地培养孩子的感恩意识,让他们学会关注他人、回馈社会。

（六）引导孩子关注社会问题

孩子作为社会大家庭的一员,应该意识到自己作为社会成员的责任和义务。家长可以引导孩子关注社会问题,如贫困、环保等,并鼓励他们通过自己的行动为社会作出贡献。这种方式可以使孩子更加珍视自己的生活,也能让他们对他人的困扰有更深的同情。此外,家长还可以引导孩子关注环保问题,教育他们保护环境、珍惜资源。通过关注社会问题,孩子能够培养感恩之心和责任感,为未来的社会发展作出贡献。

如何引导家长关注孩子的情感需求？

一、当代孩子情感需求得不到满足的案例及分析

（一）缺乏关爱与陪伴

1. 案例描述

小王是一名留守儿童，他的父母一直在异地工作，很少回家。因此，他一直由年迈的祖父母照看。由于缺乏家长的疼爱和陪伴，小王在成长之路上出现了很多问题，如孤单、焦虑和行为异常等。

2. 案例分析

在孩子的成长过程中，他们需要得到家长的照顾和陪伴，这是他们形成自我保护意识、信赖感及自尊心的主要原因。缺乏关爱和陪伴会导致孩子情感上的空虚和孤独，影响他们的心理健康和社会适应能力。

（二）教育期望过高

1. 案例描述

小李是一名学习表现出众的学生，因此他的家长对他的学业表现抱有极大的期望。然而，过高的期待使小李常常承受着压力和焦虑，以至于出现了失眠和抑郁等状况。

2. 案例分析

家长对孩子的教育期望要合理，并要根据孩子的兴趣和能力来设定目标。过高的期望不仅会给孩子带来巨大的压力，还会导致孩子失去信心。

（三）社交需求受压抑

1. 案例描述

小张是一个性格内向的孩子，他不善于与人交往。由于家长经常限制他与同龄人交往，他在社交方面遭遇了更大的挑战。

2. 案例分析

孩子在成长过程中需要与同龄人交往，这是他们培养社交技能和团队精神的重要途径。限制孩子的社交需求会导致他们缺乏社交经验和技能，影响他们的人际关系和心理健康。

（四）兴趣爱好被忽视

1. 案例描述

小赵是一个喜欢画画的孩子，但家长认为画画不能作为未来的职业，因此不支持她的爱好。这使她感到失落和无助，渐渐失去了对生活的热情。

2. 案例分析

孩子的兴趣爱好是他们个性发展的重要组成部分。忽视孩子的兴趣爱好会导致他们失去自信和激情，影响其创造力和未来的职业发展。

二、当代孩子情感需求得不到满足的原因

（一）社会压力与期望

在现代社会，学业成绩和职业前景成为衡量孩子是否成功的关键标准。然而，这种对学业成绩和职业前景的过度关注导致家长和教育者忽视了孩子的情感需求。家庭和学校往往将重心放在孩子的学业成绩上，期望他们在考试中取得优异成绩，为未来的职业生涯打下基础。这使家庭教育和学校教育过于功利化，忽视了孩子的全面发展和情感关怀。

在这种环境下，孩子常常面临巨大的学习压力，缺乏自由发展和探索的空间。他们可能感到孤独、焦虑或无助，因为他们的情感需求得不到足够的关注和满足。这种状况对孩子的心理健康和社会适应能力产生负面影响，甚至可能导致一些心理问题的出现。

（二）家庭环境与亲子关系

家庭环境和亲子关系对孩子的情感需求有着直接而深远的影响。充满爱、温暖和支持的家庭环境能够为孩子提供必要的情感滋养，满足他们的情感需求。然而，有些家庭可能存在矛盾、冷漠的氛围，这会导致孩子缺乏关爱和陪伴。这种情况下，孩子容易产生情感上的疏离感和不安全感，可能会影响他们的心理健康和社会适应能力。

家长的教育方式和态度也会影响孩子的情感需求。有些家长溺爱孩子，导致孩子缺乏独立性和自主性；而有些家长则过于严厉或要求过高，导致孩子感到压力和无助。这些不恰当的教育方式和态度都可能阻碍孩子健康情感的发展。

（三）学校教育环境

学校是孩子成长的重要场所之一，但有些学校可能过于注重学业成绩和纪律，忽视了学生的情感需求。这种状况可能导致学生在学校中感到压力和焦虑，缺乏归属感和自我价值的认同感。

一些学校可能过于关注学生的学业表现和考试成绩，忽视了学生的心理健康与情感状况。在这样的教育环境中，学生可能会承受巨大的学习压力，缺乏足够的休息和娱乐时间。这可能导致学生出现各种心理问题，如焦虑、抑郁和自卑等，对他们的身心健康和学业成就产生负面效果。

一些学校可能缺乏情感教育的课程和活动。由于缺乏情感方面的引导和支持，学生无

法学会有效地处理情感问题和建立良好的人际关系。这可能导致学生在社交方面遇到困难，无法适应学校和社会环境。

（四）科技与社交媒体

随着科技的发展，社交媒体成为现代生活中不可或缺的一部分。社交媒体上的信息常常是碎片化的，并且大多数交流都是通过文字或图片进行的，缺乏面对面交流的真实性和深度。过度使用社交媒体可能导致孩子在现实生活中的人际关系变得疏离，缺乏面对面的互动和沟通。这使得他们难以建立真实、深入的人际关系，从而无法满足他们的情感需求。

社交媒体上的攀比和虚荣心可能给孩子带来压力和焦虑感。他们可能会将自己的生活与他人进行比较，从而产生不满、失落或自卑的情绪。这种情绪可能会影响他们的自尊心和自信心，使他们无法积极面对生活中的挑战和机遇。

（五）文化背景与社会价值观

不同的文化背景孕育出不同的价值观，这些价值观对孩子的情感需求产生深远的影响。一些家长可能更注重孩子的成绩和物质需求，对孩子的情感需求关注不够。这种情况可能导致孩子在追求学业成绩和职业发展的过程中，忽略了自己的情感需求。

社会价值观对孩子的情感需求具有重要作用。在强调个人奋斗、功利主义和竞争的社会环境中，家长和孩子会承受巨大的压力。这会导致家长过分关注孩子的学业成绩和未来的职业前景，从而忽视了孩子的情感需求。当社会普遍强调物质追求和竞争时，孩子可能会受到这些价值观的影响，过分关注自己的成就，从而忽视情感需求。

（六）经济与生活压力

随着生活压力的不断增大，家长可能会无暇顾及孩子的情感需求。随着生活成本的上升和竞争的加剧，许多家长为了维持家庭生计而奔波忙碌，这使他们很难有足够的时间和精力关注孩子的情感需求。在这种环境下，家长往往会更加注重孩子的学业成绩和物质生活，从而忽视了孩子的情感需求。

工作忙碌、生活节奏快等因素导致家庭成员之间的沟通和互动减少。在繁忙的生活中，家长可能会对孩子的生活和学业表现出更多的关注，从而忽略了孩子的情感需求。在这种环境中，孩子可能会体验到孤寂和恐惧，他们的感情需求无法得到充分的呵护，这将对他们的心理健康产生影响。而长期得不到关注和关爱的孩子，可能会产生抑郁、焦虑等心理问题，甚至影响他们的性格发展和人际交往能力。

（七）个体差异与性格因素

每个孩子都有自己的性格特点，这些特点在很大程度上影响了他们的行为方式和情感表达。有些孩子性格开朗，容易与他人沟通与交流，他们可能会更愿意表达自己的情感需求；而有些孩子性格内向，不善于表达自己的感受，他们的情感需求可能得不到满足。孩子的兴趣爱好不同也会影响他们的情感需求。有些孩子可能在兴趣爱好中找到情感寄托，得到满足；而有些孩子可能因为兴趣爱好无法得到满足，而导致情感需求得不到满足。每个孩子都有自己的需求，这些需求包括物质需求和精神需求。有些孩子可能更注重物质需求的满足，而有些孩子可能更关注精神需求的满足。不同需求的孩子在情感需求方面可能存在差异。

（八）家庭教育知识与技能

一些家长可能不擅长与孩子沟通，不知道如何表达自己的关心和支持。他们可能缺乏有效的沟通技巧，无法与孩子建立积极的互动和交流。这种沟通障碍可能导致孩子感受到家长的忽视和冷漠，从而无法满足他们的情感需求。

（1）采用过于传统或陈旧的教育方法。一些家长可能过分强调学业成绩，忽视孩子的兴趣和情感需求。这种不当的教育方法可能导致孩子感到压力和不满，影响他们情感需求的满足。

（2）没有接受过相关的教育和培训，不知道如何给予孩子情感支持。一些家长无法理解孩子的情感需求，无法给予孩子足够的关注和关爱。这种情感支持的缺失可能导致孩子感到孤独和无助，影响情感需求的满足。

三、指导建议

（一）强化家长教育意识

为了提升家长对孩子情感需求的重视，首要任务就是加强他们对教育重要性的理解。这就好比盖房子打地基，没有深厚的教育意识作为基础，其他的工作都难以展开。而强化这种意识，可以通过各种形式的活动来进行，如定期举办家庭教育讲座，邀请专家为家长讲解孩子在不同成长阶段的心理变化和情感需求；开设家庭教育培训班，让家长通过实际的操作和体验，深入了解如何满足孩子的情感需求。

（二）搭建沟通平台

在强化了家长的教育意识之后，下一步就是为他们提供一个可以交流的平台。这个平台的作用就好比一座桥梁，连接着家长和学校，也连接着家长和家长。通过这个平台，家长可以分享自己的家庭教育经验，也可以向其他家长寻求帮助。

这个平台可以是线上的，如建立家长微信群、QQ群等社交媒体群组，方便大家随时随地进行交流；也可以是线下的，如定期举办家长交流会，让家长在轻松的环境中分享心得和解决问题。

学校同样可以发挥重要的作用，如定期组织家长会，向家长反馈孩子在学校的情况，提醒他们关注孩子的情感需求。同时，学校也可以通过这种机会搜集家长的反馈，不断改进学校的工作。

（三）推广科学的家庭教育理念

要使家长能够关注孩子的情感需求，我们就必须推广更加科学和全面的家庭教育观念。在现代教育观念的指导下，我们不再仅仅看重孩子的学业成绩，而是更加注重他们的身心健康、性格培养和人际交往能力。这种全面发展的观念强调，家长和教育工作者需要更多地关注孩子的情感、心理状态，而不仅仅是学业表现。

通过各种方式推广这种观念，如家庭教育讲座、媒体宣传、社区活动等方式，我们可以让更多的家长了解情感教育的重要性。我们也可以邀请家庭教育专家、心理咨询师等，为家长提供专业的指导和建议，帮助他们更好地理解和满足孩子的情感需求。

（四）提供专业指导与支持

为了让家长更好地理解和满足孩子的情感需求，我们可以为他们提供专业的指导和支持。例如，我们可以开设家庭教育咨询热线，为家长提供个性化的咨询服务，帮助他们解答在抚养孩子过程中的疑问。此外，我们还可以定期开展家庭教育培训，教授家长正确的沟通技巧、教育方法。这些培训包括如何与孩子建立亲密关系，如何正确表达关心和爱意，如何理解孩子的情绪等。通过这些专业指导和培训，家长能够更好地关注和满足孩子的情感需求，促进孩子的健康成长。

（五）营造良好的社会氛围

为了让家长更加关注孩子的情感需求，我们需要在全社会营造一个共同关注和支持孩子情感需求的氛围。这不仅需要家庭和学校的努力，还需要整个社会的参与和配合。

我们可以利用媒体的力量，如电视、广播、报纸、网络等，传播正确的家庭教育观念，强调情感教育的重要性。通过新闻报道、专题节目、公益广告等形式，我们可以让更多的人了解到情感需求对孩子成长的影响，并鼓励他们参与到关爱孩子情感需求的行动中来。

我们可以借助社交媒体平台，如微博、微信等，发起相关的话题讨论和活动，让更多的人关注到这个话题，并分享自己的看法和经验。这不仅可以增强人们对于情感需求的认知，还可以汇聚更多的力量，共同推动这个议题的深入。

企业和社会组织是重要的力量。我们可以鼓励企业参与到家庭教育的公益活动中，让他们提供资金、物资等方面的支持。同时，我们也可以引导社会组织开展相关的活动，如亲子活动、家庭教育讲座等，为家长和孩子提供一个互动和学习的平台。

如何引导家长培养孩子的沟通能力？

一、孩子沟通能力差的案例及分析

（一）缺乏表达技巧

1. 案例描述

小明是一个害羞的小男孩，往往在诉说自己的想法时感到困难。在与人沟通时，他常常会出现结巴、口齿不清、语无伦次等问题，让人难以理解他的意思。

2. 案例分析

表达技巧是沟通能力的重要组成部分。缺乏表达技巧的孩子往往难以清晰地表达自己的意思，容易造成沟通障碍。这可能是由语言发展迟缓、缺乏口语表达训练或者家庭语言环境不佳等原因造成的。

（二）语言理解困难

1. 案例描述

小红在课堂上总是无法理解老师的讲解，导致她的学习成绩受到了影响。在家庭中，她也无法理解家长的意思，因此经常出现误会和冲突。

2. 案例分析

语言理解困难是指孩子在理解语言方面存在障碍，导致他们无法理解他人的意思。这可能是由孩子在听力、智力、语言发展等方面存在问题造成的。

（三）社交经验不足

1. 案例描述

小华是家中的独生子，他平时很少与同龄孩子接触和交流，因此缺乏社交经验。在学校里，他经常无法与其他同学正常交往，显得比较孤僻。

2. 案例分析

社交经验是提高沟通能力的重要因素。缺乏社交经验的孩子往往在与人交往时显得比较生疏和拘谨，无法自如地表达自己的情感和想法。这可能是由家庭环境、学习环境等方面的原因造成的。

二、孩子沟通能力差的原因

（一）语言理解困难

语言理解困难可能是由于听力问题，如听力损伤或注意力不集中，这使孩子难以捕捉和理解他人的语言。智力障碍也可能影响孩子的语言理解能力，因为智力与语言发展之间存在密切关系。此外，语言发展迟缓也是一个常见原因，这可能是由于孩子在语言习得方面尚未完全成熟。

（二）词汇量少

词汇量少的孩子在表达自己的想法时可能会遇到困难，因为他们没有足够的词汇来准确传达自己的意思。这可能是由于孩子的阅读量少，导致他们的词汇积累有限，或者他们可能没有得到足够的指导来扩大词汇量。

（三）缺乏表达技巧

表达技巧是有效沟通的关键。一些孩子可能不知道如何表达自己的想法和情感，或者不熟悉如何使用合适的语言来表达自己的意思。这可能是由于缺乏适当的训练和指导，或者缺乏足够的社交经验来发展他们的表达能力。

（四）社交经验不足

社交经验不足可能使孩子在与人交往时感到不自在和困惑。如果孩子没有足够的社交经验与不同类型的人交流，那么他们可能不知道如何适应不同的社交环境，如何解读他人的非语言暗示，以及如何建立和维护人际关系。

（五）情绪管理不当

情绪管理不当可能会影响孩子的沟通能力。如果孩子无法控制自己的情绪，那么他们可能会在沟通中表现出过度的反应，比如过于激动或过于冷淡。这可能会使他们难以清晰地表达自己的想法和情感。

（六）自信心不足

自信心不足可能会影响孩子与人沟通时的表现。如果孩子对自己的沟通能力缺乏自信，那么他们可能会在与人交流时显得犹豫不决，害怕说错话或被人拒绝。这种不安全感可能会阻碍他们自由地表达自己，从而影响沟通的流畅性和效果。

（七）家庭沟通氛围不佳

家庭沟通氛围不佳可能对孩子的沟通能力产生负面影响。如果家庭成员之间的交流不充分、不频繁或质量不高，那么孩子可能无法获得足够的语言输入和输出机会，从而影响他们的语言发展和沟通能力。此外，家庭中若存在冲突、紧张或不和谐的关系，那么也可能给孩子带来负面影响，阻碍他们提高沟通技巧。

（八）学校教育环境的影响

学校教育环境可能对孩子的沟通能力产生影响。老师的教学方法可能会影响学生的表达能力。如果老师注重口语表达，并提供机会让学生实践这些技能，那么孩子的沟通能力可能会得到更好的发展。此外，学校对社交技能的重视程度也会影响学生的沟通能力。如果学校能够提供社交技能培训和实践机会，那么学生将有更多机会学习和实践沟通技巧。

（九）生理因素

有些孩子可能由于生理因素，如口齿不清或发音困难，导致表达不清，从而影响沟通效果。这些生理因素可能使孩子在与人交流时感到自卑和挫败感，从而影响他们沟通能力的发展。对于这些孩子来说，接受专业的语音治疗和语言训练是必要的，这可以帮助他们克服生理障碍并培养他们的沟通能力。

（十）文化背景差异

如果孩子来自不同的文化背景，就可能会因为文化差异而影响沟通。语言和文化是密不可分的，不同的语言和文化有着独特的表达方式和社交规范。如果孩子没有充分了解和适应目标文化的沟通规范和习惯，那么他们可能会在沟通中遇到困惑和误解。此外，文化背景也可能影响孩子的价值观、态度和行为方式，从而影响他们的人际交往和沟通能力。

三、指导建议

在现代社会，沟通能力对孩子的成长和发展至关重要。具备优秀的沟通技巧，孩子能够形成积极的社交关系，提高学习效果，以及处理日常生活中遇到的困难。社区在培养孩子的沟通能力方面扮演着重要角色。

（一）增强沟通意识

为增强家长的沟通意识，社区可以采取以下措施。

（1）举办讲座。社区可以举办讲座，邀请专家或教师为家长讲解沟通的重要性，以及如何培养孩子的沟通能力。通过生动的案例和实际经验，家长可以深入理解沟通能力对孩子成长的影响。

（2）家长学校。社区可以设立专门的家长学校，系统地介绍沟通的相关知识和技巧。家长可以在这里学习如何与孩子建立良好的沟通，以及了解孩子的沟通需求和发展特点。

（3）亲子工作坊。社区可以组织亲子工作坊活动，让家长和孩子一起参与沟通训练和互动游戏。通过实际操作，家长可以了解孩子的沟通需求，增强亲子间的默契和信任。

（二）举办亲子活动

通过举办各种亲子活动，社区可以促进家长与孩子之间的互动和沟通。例如，通过组织家庭读书会、亲子运动比赛、户外探险等活动，社区可以增进家长与孩子之间的了解和感情。在活动中，社区应该鼓励孩子发挥主动性，勇敢地表达自己的想法和感受。

社区可以精心策划并组织家庭成员共同参加读书活动,选择适合孩子的书籍进行阅读和讨论。在读书会上,社区可以鼓励孩子们把自己的想法和感触说出来,从而提升他们的思考和表达能力。

在亲子活动中,社区可以为家长提供必要的指导和支持,帮助他们更好地与孩子进行互动。例如,社区可以为家长提供亲子活动指南、活动场地和设施等资源支持,邀请专业人士为活动提供技术支持等。社区还可以通过宣传和教育活动,提高家长对亲子活动的重视程度和参与意愿。例如,通过宣传资料、社交媒体等方式来传播亲子活动的意义和价值、举办家庭教育讲座等,社区可以让更多的家长认识到亲子活动对孩子沟通能力发展的重要性。

(三)鼓励孩子表达

孩子的表达能力是培养沟通能力的重要基础。家长可以采取以下措施,帮助孩子提高表达能力。

(1)为孩子营造自由、安全的表达环境。家长应该提供无压力、无评判的氛围,让孩子感到舒适和自在,从而愿意表达自己的想法。在与孩子的交流中,家长应该避免打断或否定孩子的意见,而是鼓励他们完整地表达自己的观点。

(2)引导孩子使用适当的语言表达方式。家长可以与孩子一起练习不同的表达技巧,如清晰地陈述观点,使用合适的语气和表情等。家长还可以鼓励孩子通过绘画、手工或其他创意方式来表达自己的想法,以激发他们的表达欲望。

此外,家长还可以通过与孩子共同讨论问题、阅读故事或观看影片等方式,引导孩子表达自己的情感和感受。在讨论和分享中,家长应该鼓励孩子分享自己的情感体验,提高他们对情感的认知和理解。

如何引导家长教会孩子尊重他人？

一、孩子不懂得尊重他人的案例及分析

（一）案例描述

小明是一个 8 岁的男孩，他在家里和学校都表现出对他人缺乏尊重的行为。在家里，他对家长大声喊叫，不尊重他们的意见，经常打断他们的谈话。在学校，他嘲笑同学的外貌和成绩，甚至在班级群里发布他们的糗事，让同学们感到尴尬和不舒服。

（二）案例分析

小明不懂得尊重他人的行为可能是由多种原因造成的。首先，他的家长可能没有给予足够的正面示范和有效指导，导致他不知道如何正确地表达自己的想法和情感。其次，社会环境和媒体也可能对他产生负面影响，使他学会了通过嘲笑和贬低他人来获取短暂的快感。再次，小明可能缺乏社交技巧和同理心，他无法理解他人的感受和需要。

为了帮助小明改变这种行为，家长、老师和学校需要采取一系列措施。首先，家长应该树立榜样，并教育小明如何正确地表达自己的想法和情感。其次，教师也应该在班级中强调团结友爱和互相尊重的重要性。再次，学校可以提供相关的教育活动，增强孩子尊重他人的意识。通过这些措施，我们可以帮助孩子认识到尊重他人的重要性，并培养他们成为有爱心和同理心的人。

二、孩子不懂得尊重他人的原因

（一）家庭因素

家庭是孩子最早接触的社会环境，也是他们行为习惯养成的摇篮。在家庭中，孩子观察并模仿家长的行为，并逐渐形成自己的行为模式。如果家庭中缺乏尊重的氛围，那么孩子可能无法认识到尊重他人的重要性。例如，如果家长经常对孩子进行打骂，不尊重孩子的意见，或者家庭成员之间缺乏相互尊重，孩子就会认为这种行为是正确的，从而在未来的社交行为中表现出对他人不尊重的态度。

（二）教育因素

学校和老师的教育方式对孩子的价值观和行为习惯有着重要的影响。如果学校过于注

重学业成绩,忽略了对孩子品德和社交技能的培养,或者老师不注重培养孩子的同理心和社交技能,那么孩子可能无法学会尊重他人的情感和需求。此外,老师对待学生的态度也会影响孩子对待他人的态度。如果老师能够平等对待每个学生,关注学生的情感需求,孩子就会更容易学会尊重他人。

（三）社会因素

社会环境和媒体对孩子的价值观和行为习惯有着不可忽视的影响。在现代社会中,孩子很容易接触到各种负面信息,如网络霸凌、不尊重他人的言论等。这些信息可能导致孩子认为不尊重他人是正常的行为,从而无法学会尊重他人。此外,社会风气和社交环境也会影响孩子对待他人的态度。如果社会风气不好,社交环境恶劣,那么孩子就可能无法学会尊重他人。

（四）年龄因素

孩子的认知和情感发展会影响孩子对待他人的态度。年幼的孩子可能缺乏同理心和社交技巧,无法理解他人的感受和需求,从而无法尊重他人。随着年龄的增长,孩子的认知和情感发展逐渐成熟,他们才有可能学会尊重他人。

三、指导建议

在当今社会,教导孩子懂得尊重他人,是家庭教育的主要职责之一。尊重他人是人际交往的基本准则,也是一个人品格修养的体现。社区家庭教育指导机构在引导家长教育孩子学会尊重他人方面发挥着重要作用。

（一）家庭教育理念:树立尊重他人的价值观

1. 家长以身作则

家长是孩子最重要的模仿对象,他们的行为和态度对孩子的价值观形成有着深远的影响。因此,家长在日常生活中应该注重自己的言行举止,尊重家人、朋友和邻居,为孩子树立榜样。例如,当与孩子对话时,家长应耐心对待孩子,聆听他们的思想和情感,避免无理中断或否定他们的言论。当与家人或者朋友交流时,家长也应该表现出尊重和友善的态度,让孩子看到如何正确地处理人际关系。只有这样,孩子才会逐渐认识到尊重他人的重要性,并且模仿家长的行为,表现出尊重他人的态度。

2. 培养同理心

同理心是指能够设身处地地理解他人的感受和需求的能力。家长应该教育孩子学会关注他人的感受和需求,理解他人的立场和想法,从而培养孩子的同理心。例如,家长可以和孩子一起读一些关于同理心的故事或者观看一些相关的动画片,让孩子通过故事情节来了解他人的感受和需求。此外,家长也可以鼓励孩子参加一些志愿者活动或者社区服务,让孩子体验帮助他人的快乐和满足感。通过培养同理心,孩子能够更好地理解他人的需求和感受,从而更加尊重他人。

（二）家庭教育方法：让孩子体验尊重他人的重要性

1. 情景教育

情景教育是一种生动且富有实效的教育方法，它通过模拟现实生活中的情境，让孩子身临其境地进行体验和学习。在家庭教育中，家长可以通过设计各种生动的情景，让孩子体验尊重他人的重要性。例如，家长可以组织一些亲子活动，让孩子在游戏中扮演不同的角色，学会尊重同伴、合作共赢。在这些活动中，孩子通过体验认识到，只有尊重他人，才能赢得他人的尊重，从而获得更多的合作机会。这样的教育方法可以帮助孩子深刻地理解尊重他人的价值，并且养成尊重他人的良好习惯。

2. 沟通交流

在家庭教育中，有效的对话和交流是至关重要的。通过与孩子进行深入的交流，家长可以理解他们的想法和感受，并指引他们了解尊重他人的重要性。在日常的交流中，家长可以讲述一些关于尊重他人的故事，引导孩子理解尊重他人的意义。例如，家长可以讲述一些有关历史人物的故事，让孩子了解这些人物如何通过尊重他人来获得成功。此外，家长还可以与孩子一起讨论一些社会热点问题，引导孩子思考如何尊重他人，如何处理人际关系。通过沟通与交流，家长可以帮助孩子树立正确的价值观，培养孩子尊重他人的品质。

（三）社会环境：营造尊重他人的良好氛围

1. 社区支持

社区是孩子成长的重要环境之一，社区的支持和引导对孩子的价值观形成起着重要的作用。因此，社区可以通过举办各类亲子活动，倡导尊重他人的价值观，为孩子营造良好的成长环境。例如，社区可以组织一些社区活动，鼓励家长和孩子一起参与，让孩子在参与中体验尊重他人的重要性。此外，社区还可以通过在社区内张贴宣传标语、设置宣传栏等方式，宣传尊重他人的价值观，引导家长和孩子共同营造和谐、友善的社区氛围。

2. 校园教育

学校是孩子接受教育的重要场所，也是孩子形成良好品德的重要场所。因此，学校应该加强校园文化建设，开展以尊重他人为主题的班会、演讲比赛等活动，培养学生尊重他人的习惯。此外，学校还可以通过开展志愿者活动、社会实践等方式，让学生在实践中体验尊重他人的重要性，增强学生的同理心和社交能力。

3. 媒体宣传

在现代社会中，媒体对人们的思想和行为产生着重要的影响。因此，借助媒体力量，宣传尊重他人的重要性，可以有效地引导社会风气。例如，媒体可以通过公益广告、电视节目等形式，向社会传递尊重他人的价值观，引导人们树立正确的道德观念。此外，媒体还可以通过报道一些尊重他人的典型人物和事迹，鼓励更多的人参与到尊重他人的行动中来，共同营造和谐、友善的社会氛围。

如何引导家长培养孩子的同情心?

一、孩子缺少同情心的案例及分析

小明是一个 8 岁的男孩,就读于小学二年级。他的家长发现他在与同龄人相处时表现出缺乏同情心的特点,具体表现为以下几个方面。

(1)缺乏对他人的关心。小明在与同学交往时,很少主动询问对方的情况,也很少表现出对他人生活的兴趣。

(2)难以理解他人的感受。当同学由于考试成绩不佳而心情低落时,小明往往无法理解对方的感受,甚至可能会取笑对方。

(3)无视或忽视他人的需求。在班级中,当有同学需要帮助时,小明往往选择无视或忽视,不愿意主动提供帮助。

(4)缺乏对动物或小生命的关爱。小明对动物或小生命缺乏关爱。有一次,他在小区里踩到了一只小猫的尾巴,却没有表现出任何关心或愧疚。

(5)以自我为中心,不考虑他人的感受。小明经常以自我为中心,很少考虑他人的感受。在班级活动中,他常常只顾自己的表现,而不愿意与团队合作。

(6)在集体中缺乏合作精神。在集体活动中,小明往往不愿意与他人合作,缺乏合作精神和团队意识。

二、孩子缺少同情心的原因

(一)家庭环境

家庭是孩子成长的第一课堂,对孩子的性格、价值观和行为习惯产生深远的影响。如果家庭中缺乏爱的氛围,那么孩子可能无法学会关心和体谅他人,表现出缺乏同情心的特点。另外,家长的教育方式也至关重要。过于严厉或冷漠的教育方式可能会导致孩子在成长过程中缺乏情感的支持和引导,从而影响他们发展同理心和关爱他人的能力。

(二)社会环境

现代社会中,科技的迅猛发展使许多孩子沉迷于电子产品和社交媒体,缺乏与他人的真实交流和互动。这种虚拟的社交环境可能导致孩子对他人的需求和感受变得漠不关心。此外,社会中的竞争压力和功利主义思想也可能影响孩子的价值观,使他们更加关注个人利益而非关心他人。

（三）教育方式

家长和老师的教育方式对孩子同情心的发展起着关键作用。如果过分强调学习成绩和竞争意识，忽略了孩子品德和情感方面的教育，那么孩子可能会变得自私和冷漠。在这种教育环境下，孩子可能会忽视对他人的尊重和理解，只关注自身的利益和需求。

（四）个人因素

每个孩子都有独特的性格特点和成长背景，这也会影响他们同情心的发展。有些孩子天生比较内向、冷漠或以自我为中心，缺乏对他人的同情心。一些负面经历，如欺凌、被忽视或家庭暴力等也可能对孩子的心理造成创伤，导致他们对外界充满戒备和冷漠。

三、指导建议

（一）举办家庭教育讲座和活动

社区可以定期举办家庭教育讲座和活动，邀请教育专家、心理学家等，为家长们提供有关家庭教育和同情心培养的专业知识和建议。这些讲座和活动可以涵盖如何培养孩子的同理心，如何建立良好的亲子关系，如何引导孩子关心他人等内容。通过这些活动，家长们可以学习正确的教育方法，提高对同情心教育的认识和重视程度。同时，社区也可以邀请家长分享他们的成功经验和故事，让其他家长从中获得启发和动力。

（二）提供亲子活动机会

社区可以组织各种亲子活动，如志愿服务、团队游戏等，鼓励家长和孩子一起参与。这些活动可以增进亲子关系，让孩子在实践中学会关心和体谅他人。例如，社区可以组织志愿者团队，参观敬老院、孤儿院等公益活动，让孩子体验帮助他人的喜悦和成就感。通过这些活动，孩子可以逐渐培养同理心和社会责任感，同时也能提高团队协作能力和沟通能力。

（三）创建互助平台

社区可以建立一个家长互助平台，让家长们可以分享家庭教育经验和心得，共同探讨如何培养孩子的同情心。这个平台可以以线上或线下的形式存在，为家长们提供一个交流和学习的平台。家长们可以在这里分享自己的成功经验和困惑问题，相互支持和鼓励。通过这样的平台，家长们可以获得更多的资源和支持，共同成长为更好的家长。

（四）加强与学校的合作

社区可以与当地的学校建立合作关系，共同开展有关同情心教育的活动。学校可以提供教育资源和方法，如教材、教案等；社区则可以提供实践机会和平台，如志愿者活动、公益项目等。通过这样的合作，双方可以更好地整合资源，将同情心教育融入家庭和学校的日常教育中，让孩子在多个场合中都能得到良好的教育和引导。

（五）宣传榜样

社区可以通过各种渠道宣传那些在家庭教育中注重培养孩子同情心的优秀家长事迹，树立榜样，激励其他家长向他们学习。这些榜样可以是社区内的居民，也可以是社会上的成功人士。通过宣传他们的故事和经验，社区可以让更多的家长意识到培养孩子同情心的重要性，并激发他们的积极性。社区也可以设立奖项或荣誉制度，表彰那些在家庭教育中取得突出成绩的家长，进一步增强他们的自信心和荣誉感。

（六）引导媒体关注

社区可以充分利用各种媒体资源，如社区报纸、网站、公众号等，定期发布关于同情心教育的文章和报道。这些内容可以强调同情心在孩子成长中的重要性，介绍有关的教育理念和方法，分享成功的教育案例等。媒体的宣传和引导可以引起家长对同情心教育的关注，激发他们在家庭教育中进行实践的意愿和动力。同时，社区也可以邀请媒体对一些成功的家庭进行采访和报道，扩大影响力和示范效应。

（七）建立评价与反馈机制

社区可以建立一种评价与反馈机制，对家长在家庭教育中培养孩子同情心的实践进行评估和反馈。这个机制可以通过定期的调查问卷、座谈会等多种形式进行，广泛搜集家长在教育过程中的经验和问题。对于表现优秀的家长，社区可以给予肯定和鼓励，激励他们继续努力；对于存在不足的家长，社区可以提供具体的建议和指导，帮助他们改进教育方法。通过这种评价与反馈机制，家长可以更好地了解自己的教育效果，明确改进的方向，进一步提高教育质量。

如何引导家长帮助孩子建立正确的人际关系？

一、孩子人际关系不良的案例及分析

（一）缺乏沟通技巧

1. 案例描述

小明是一个比较沉默的孩子，他不愿意主动与他人交流，也缺乏表达自己想法和情感的能力。这导致他在与同伴交往时常常感到困难。

2. 案例分析

缺乏沟通技巧是导致孩子人际关系问题的常见原因之一。如果孩子无法表达自己的想法和情感，那么他们可能会被同伴误解或排挤。帮助孩子提高沟通技巧的方法包括鼓励他们多说话，鼓励他们表达自己的观点和感受，以及鼓励他们学习如何倾听他人。

（二）行为问题

1. 案例描述

小红经常作出一些攻击性的行为，如打人、骂人等，这导致其他孩子不愿意与她交往。

2. 案例分析

行为问题是孩子人际关系不良的原因之一。如果孩子的行为问题没有得到及时纠正，那么他们可能会成为社交场合中的不受欢迎者。纠正孩子的行为问题需要家长和学校共同配合，并通过奖励和惩罚等手段来引导孩子的行为。

（三）情绪管理不当

1. 案例描述

小华是一个比较敏感的孩子，他经常会因为一些小事情而发脾气或哭泣。这导致其他孩子对他的情绪不稳定感到害怕，不愿意与他交往。

2. 案例分析

情绪管理不当会影响孩子的社交能力。如果孩子无法控制自己的情绪，那么他们可能会变得容易争吵、攻击他人，从而影响他们与同伴的关系。家长可以通过情绪管理训练来帮助孩子控制自己的情绪，让他们学会如何在不同情境下保持冷静。

（四）竞争心态过重

1. 案例描述

小亮是一个非常要强的孩子,他总是想在各方面都超过其他孩子。这种过度的竞争心态导致他与其他孩子之间的关系变得紧张,使他不愿意与其他孩子合作。

2. 案例分析

竞争心态过重可能会影响孩子的社交能力。如果孩子过于关注自己的利益和成就,那么他们可能会变得自私、不关心他人,从而影响他们的人际关系。家长可以通过引导孩子树立正确的价值观来减轻他们的竞争心态,让他们学会尊重他人,关注团队合作。

（五）缺乏同理心

1. 案例描述

小美不太关心他人的感受和需要,他经常作出一些伤害他人的行为,如嘲笑他人的缺点,抢夺他人的玩具等。这导致其他孩子不愿意与她交往。

2. 案例分析

缺乏同理心是导致孩子人际关系问题的一个重要原因。如果孩子无法理解他人的感受和需要,那么他们可能会变得自私、不顾及他人,从而影响他们的人际关系。为了帮助孩子改善这一点,家长可以通过教育孩子关注他人的感受和需要来提高他们的同理心,让他们学会如何与他人建立良好的关系。

（六）不善于分享和合作

1. 案例描述

小强是一个非常自私的孩子,他不愿意与其他孩子分享自己的玩具和食物。在团队活动中,他也总是想成为领导者,不愿意与其他孩子合作。这导致其他孩子对他的自私行为感到不满,不愿意与他交往。

2. 案例分析

不善于分享和合作是孩子人际关系问题的一个重要原因。如果孩子过于自私、不愿意与他人分享或合作,那么他们可能会失去友谊。家长可以通过教育孩子分享和合作的重要性来帮助他们改善人际关系,让他们学会在团队中发挥自己的作用。

二、孩子人际关系不良的原因

（一）社交技能不足

孩子在社交场合中感到困惑或不安,可能是因为他们缺乏必要的社交技能。例如,他们可能不知道如何主动与他人交流,如何表达自己的情感和想法,或者如何处理冲突和误解。社交技能的缺乏可能是由于缺乏经验和指导,或者是由于孩子本身缺乏自信。

（二）以自我为中心倾向

孩子过于以自我为中心可能是因为他们在成长过程中没有得到足够的社交训练和教育。他们可能没有学会如何关注他人的感受和需求，如何理解他人的立场和观点，以及如何尊重他人的权利和意愿。这种以自我为中心的行为可能引起其他孩子的反感和排斥，导致人际关系问题。

（三）情绪管理问题

孩子可能难以控制自己的情绪，容易发脾气或表现出不适当的行为。这可能是因为他们缺乏情绪调节的能力，或者是因为他们感到焦虑、沮丧或其他负面情绪。情绪管理问题可能会影响孩子的人际关系，导致其他孩子不愿意与他交往。

（四）缺乏同理心

孩子无法理解他人的感受和需求可能是因为他们缺乏共情的能力。他们可能缺乏对他人的关注和关心，或者是因为他们缺乏足够的经验和指导。缺乏同理心可能会导致孩子在社交场合中缺乏关心和支持，从而影响他们的人际关系。

（五）不良的模仿行为

孩子通常通过观察和模仿周围的人来塑造自己的行为习惯。如果他们周围的人有不良的行为习惯，比如攻击性行为或不尊重他人，那么他们可能会模仿这些行为。这种不良的模仿行为可能导致他们在与他人交往时表现出不适当的行为，从而影响他们的人际关系。

（六）家庭环境影响

在孩子的成长过程中，家庭是不可或缺的重要环节，而家庭环境的好坏直接关系到孩子的心理状况和社交能力。如果家庭中存在矛盾、冲突或不和谐的情况，就会让孩子在人际交往中产生障碍。缺乏亲子沟通或经历家长离异等家庭变故，孩子会在人际关系中感到不安和困惑。

（七）学校环境影响

学校是孩子成长和社交的重要场所之一。在学校中，孩子会与同龄人建立关系，形成自己的社交圈子。然而，如果学校中存在欺凌现象或不健康的竞争环境，就会让孩子感到困惑或不安，从而影响他们的人际关系。此外，教师的态度和教学方法也可能会影响孩子的人际关系。

三、指导建议

（一）提供教育课程和培训

社区家庭教育指导机构可以通过组织一系列的教育课程和培训活动，帮助家长深入了解孩子在人际关系方面的需求。这些课程和培训不仅让家长认识到孩子与同伴交往的重要性，还会教授他们一些实用的方法和技巧，以促进孩子的人际交往能力。

课程和培训的内容可以涵盖多个方面,从基础的社交技能到更高级的情绪管理技巧。例如,社区家庭教育指导机构可以开设如何引导孩子主动交朋友,如何处理人际关系中的冲突,如何提升孩子的同理心等课程。这些课程可以帮助家长更好地指导孩子,让他们学会在人际交往中尊重他人、理解他人,以及如何妥善处理各种情感问题。

(二)促进亲子沟通

通过策划各类亲子活动,社区家庭教育指导能够推动家长和孩子间的交流。这些活动不仅能帮助家长更好地了解孩子的情感需求,还能让他们学习如何与孩子建立更加紧密的关系,从而为他们提供更好的支持和指导。

例如,社区家庭教育指导机构可以定期举办亲子游戏、读书会等活动,让家长和孩子一起参与其中。在这些活动中,家长可以观察孩子的行为和情感反应,了解他们在人际交往方面的困难和需求。同时,通过与孩子的互动,家长也能学习到如何更好地与孩子沟通,如何给予他们适当的支持和引导。

(三)建立支持网络

社区家庭教育指导机构可以建立一个家长之间的支持网络,让他们能够分享彼此的经验和技巧,共同解决孩子的人际关系问题。这个网络可以为家长提供一个交流和学习的平台,让他们相互学习、互相帮助。

(四)引导家长树立榜样

社区家庭教育指导机构应积极引导家长树立榜样,让孩子学会正确的行为规范和社交技巧。家长是孩子最初的导师,他们的举止深刻地影响孩子的成长。因此,家长有必要呈现出积极、健康的交往方式,做孩子的榜样。

家长在孩子的成长道路上扮演着核心角色,因此社区家庭教育指导机构可以提供一些实用的方法和技巧,如如何处理家庭关系中的矛盾,如何进行有效沟通等,让家长能够更好地树立榜样作用。此外,社区家庭教育指导机构还应该鼓励家长参与孩子的人际交往活动,如参加学校组织的亲子活动、志愿者服务等,通过实际行动为孩子树立榜样。

(五)关注特殊需求

对于那些在人际关系方面有特殊需求的儿童,社区家庭教育指导机构应提供更为细致和专业的支持和指导。例如,对于那些有社交障碍的孩子,社区家庭教育指导可以组织专门的训练活动,帮助他们提高社交技能,增强自信心。这些活动包括角色扮演、小组讨论、互动游戏等,旨在帮助孩子学习如何与人沟通,如何表达自己的情感和观点,以及如何处理人际关系中的冲突和误解。

除了社交技能的训练,社区家庭教育指导机构还应该关注孩子的情感需求。对于那些在人际关系中遇到困难的孩子,社区家庭教育指导机构可以提供心理咨询和支持,帮助他们解决情感问题,增强情感管理能力。这些支持包括定期的心理咨询、情感疏导、压力管理等,以确保孩子在人际交往中能够保持良好的心理状态。

如何引导家长帮助孩子面对失败和挫折?

一、孩子不敢面对失败和挫折的案例及分析

(一)过度保护

1. 案例描述

小明是家里的独生子,家长对他的保护可谓无微不至,几乎未让他离开过自己的视线。在幼儿园里,由于不会穿鞋,小明哭闹起来,并要求老师帮他穿鞋。

2. 案例分析

小明的家长对他过度保护,导致他缺乏独立自主的能力。因此当遇到挫折时,他容易选择放弃,并期待他人帮助自己解决问题。

(二)缺乏独立解决问题的能力

1. 案例描述

小红在数学考试中得了低分。回家后,她害怕被家长发现,于是将试卷藏了起来。当被问到时,她撒谎说试卷还没有发下来。

2. 案例分析

由于缺乏独立解决问题的能力,小红选择了逃避而不是面对问题。当孩子遇到困难时,这种行为模式容易形成,进而阻碍他们从失败和挫折中学习和成长。

(三)过度依赖电子设备

1. 案例描述

当遇到难题时,小强第一时间想到的是上网搜索答案,而不是自己深入思考。因此,他在学校里的作业和课题都过度依赖网络来完成。

2. 案例分析

过度依赖电子设备会削弱孩子的思考能力和解决问题的能力。当孩子习惯于轻易获得答案时,他们可能不愿意花时间去思考问题,导致他们在面对挫折和困难时无法独立思考。

(四)面对困难易产生挫败感

1. 案例描述

小美在舞蹈课上总是跳不好某个动作,每次尝试都以失败告终,最后她放弃了舞蹈课。

她认为自己不适合跳舞。

2. 案例分析

小美面对困难时容易产生挫败感,没有持之以恒的决心。这种情绪反应可能导致孩子在遇到挫折时轻易选择放弃,而不是积极寻找解决问题的方法。

(五)社交能力较弱

1. 案例描述

小华在和其他孩子玩耍时,常常因为一些小事情和别人发生争执。当其他孩子不和他玩时,他就会独自坐在一旁。他不懂得如何处理人际关系。

2. 案例分析

社交能力较弱的孩子在与人交往的过程中遇到挫折时,往往不知道如何处理,容易陷入孤独和沮丧的情绪中。这可能会影响他们在未来生活中的团队协作和人际关系。

(六)过度关注成绩和评价

1. 案例描述

小亮非常在意自己的考试成绩和老师、同学的评价。每次考试后,他都会紧张地等待成绩。如果成绩不理想,他就会情绪低落,失去信心。

2. 案例分析

过度关注学习成绩和外界评价会导致孩子在面对挫折时心理承受能力较弱,他们可能会将失败视为对自己价值的否定。这种心态会阻碍他们从失败中吸取教训,以及建立健康的自我价值感。

二、孩子不敢面对失败和挫折的原因

(一)家庭环境影响

孩子的成长往往是从家庭这个课堂中开始的,而家长是孩子的首位教导者。因此,家庭氛围对孩子的心理状态和行为发展产生重要的影响。在一些家庭中,家长对孩子的期望过高,希望孩子在各个方面都表现出色,这给孩子带来了巨大的压力。当孩子无法满足家长的期望时,他们可能会感到沮丧和失败,从而形成一种思维定式:失败是不被接受的。另外,一些家长过度保护孩子,不让他们面对挑战和失败。这种保护措施可能会使孩子缺乏面对挫折的勇气和经验,导致他们无法适应挑战和变化。

(二)缺乏自信

自信心是一个人成功的关键因素之一。如果孩子在成长过程中缺乏足够的自信心,他们就可能害怕失败,因为他们不相信自己有能力解决问题。这种不自信的心态可能会导致孩子在面对挑战时犹豫不决,甚至选择逃避。

（三）社交压力

在现代社会中,社交媒体和学校环境等社交场合给孩子带来了不小的压力。在同伴之间的比较和评价中,孩子可能会因为担心被嘲笑而害怕失败。这种压力可能来自学校或社交媒体等环境,也可能来自同龄人之间的竞争和攀比。

（四）负面经验

过去的不愉快经历或负面反馈可能导致孩子害怕失败。例如,过去的一次失败可能导致孩子对未来类似的挑战产生恐惧感。这种恐惧感可能来自内心的自我否定或他人的负面评价,从而导致孩子对自己的能力产生怀疑。

（五）教育方式

一些家长和教育工作者可能过于强调成功和完美,而忽略了失败的价值。这种教育方式可能导致孩子害怕尝试新事物,因为他们担心犯错或达不到预期的标准。此外,一些家长和教育工作者可能过分干涉孩子的决策和学习过程,导致孩子缺乏自主性和独立性,从而无法适应挑战和变化。

三、指导建议

（一）理解和接受失败和挫折

（1）失败和挫折的重要性。在孩子的成长过程中,遭遇失败和挫折是一种很自然的经历。然而,许多家长并不能很好地接受这一点,他们担心孩子受到伤害,担心失败会损害孩子的自尊心。因此,家长应该认识到失败和挫折其实是孩子成长中的一个重要环节。

（2）失败和挫折的价值。家长需要意识到,失败和挫折不仅是孩子成长的必经之路,还能够帮助他们锻炼韧性,增强他们解决问题的能力,并培养他们面对困难时的勇气。每一次的失败都是孩子宝贵的学习机会,他们可以通过这些经历学会如何面对挑战,如何有效地解决问题,以及如何学会坚持。

（3）家长的态度和行动。只有当家长自身能够坦然接受孩子的失败和挫折时,他们才能更好地支持孩子面对这些挑战。家长不应过分保护孩子,以免剥夺他们面对困难的机会。同时,家长也不应对孩子过分苛责,而是要积极鼓励他们从失败中吸取教训,不断成长。

（二）提供培训和讲座

（1）周期性活动。我们可以策划一些定期的训练和研讨会,邀请教育领域的专家和心理咨询顾问等专业人员,教导家长如何协助他们的孩子应对失败和困难。

（2）内容多样化。这些培训和讲座的内容可以涵盖情绪管理、有效沟通、鼓励和激励孩子的方法等各个方面,帮助家长掌握正确的方法来支持孩子。

（3）实例和实践。除了理论知识的传授,我们还可以通过实例和实践来让家长更好地理解和应用所学的技巧和方法。

（三）建立支持群体

（1）共享经验。我们可以创建一个家长支持小组，让有相似经历和困扰的家长们可以聚在一起分享他们的经验和心得。这种群体的力量可帮助家长们相互支持并共同成长。

（2）互相学习。通过分享各自的经历，家长们可以更好地理解和应对自己孩子所面临的挑战。他们还可以从其他家长的例子中学习到不同的处理方法和策略，从而找到最适合自己家庭的方式。

（3）情感支持。除了实际的帮助和建议，这种支持群体还能为家长提供情感上的支持。他们可以找到理解和共鸣，减轻自己的压力和焦虑。

（四）开展实践活动

（1）亲子共同参与。我们可以组织一系列的实践活动，让家长和孩子一起参与。这些活动包括户外探险、团队运动、手工制作等，让家长和孩子共同面对挑战和困难。

（2）增强家庭联系。通过共同参与活动，家庭成员之间的联系和默契可以得到增强。家长可以更深入地了解孩子的兴趣和需求，同时也能更好地观察孩子如何面对挫折和困难。

（3）观察与学习。在实践活动中，家长可以看到孩子如何处理失败和挫折。通过观察孩子的行为和反应，家长可以更好地了解孩子的需求，并学习如何提供适当的支持和引导。

（4）应对策略。通过观察，家长可以学习如何帮助孩子调整心态，如何鼓励他们面对困难，以及如何有效地提供支持和建议。

（五）提供心理咨询和资源

（1）专业支持。我们可以为有需要的家庭提供心理咨询和专业的资源支持，以帮助他们更好地处理孩子面临的失败和挫折问题。这可能涉及处理孩子的情绪问题，提供行为建议或解决家庭内部的问题。

（2）个性化的帮助。每个家庭的情况都是独特的，我们需要根据每个家庭的具体需求提供个性化的帮助和支持。

（3）应对困难。在面对孩子的失败和挫折时，有些家庭感到束手无策或缺乏应对策略。我们可以为这些家庭提供必要的指导和支持，帮助他们更好地应对困难。

（4）长期关怀。除了提供咨询和支持，我们还可以为家庭提供长期的关怀和跟踪服务，以确保他们能够持续获得支持和帮助。

（六）强调正面激励

（1）鼓励与支持。家长在孩子遇到失败和挫折时，应该给予他们正面的鼓励和支持。家长应该鼓励孩子不要因为一时的困难而气馁，并相信他们有能力克服挫折并取得进步。

（2）认可努力与进步。家长应该表扬孩子的努力和他们取得的进步，而不仅仅关注结果。这种正面的反馈可以帮助孩子认识到努力的价值，并建立起自信心。

（3）培养积极的心态。通过正面激励，家长可以帮助孩子培养积极的心态和面对困难的态度。这种心态有助于孩子更好地面对失败和挫折，并激发他们持续努力的动力。

（4）与消极情绪的对抗。在孩子面临失败和挫折时,他们可能会感到沮丧或失望。通过正面的激励,家长可以帮助孩子对抗这些消极情绪,鼓励他们保持乐观和积极的态度。

（七）定期评估和反馈

（1）监测进展。为了确保家长正确地支持孩子面对失败和挫折,我们需要定期评估家长的执行效果。这样可以监测家庭的进步情况,以及存在的问题或挑战。

（2）家庭会议。家庭会议是有效的评估方式,家长和孩子可以在会议上分享各自的经历、困难和进展,同时也提供了相互倾听和理解的机会。

（3）观察与反馈。我们可以观察家长与孩子的互动方式,提供有针对性的反馈和建议,帮助家长改进他们的支持方法。

（4）调整策略。通过定期评估和反馈,如果发现家长需要改进或调整他们的方法,那么我们可以提供必要的指导和支持。这有助于形成一个持续改进和支持的循环,使家长更好地帮助孩子面对失败和挫折。

如何引导家长对孩子进行热爱生命的教育？

近些年,学生自杀案例屡见不鲜,引起了全社会的广泛关注。我们应该深刻地认识到,生命只有一次,珍惜并热爱生命至关重要。自杀是一种极端行为,但它是可以预防的。我们只要采取有效的干预措施,就能降低自杀率。

学生自杀的主要原因往往与失望和痛苦有关。因此,家长需要密切关注孩子的行为变化,以便及时发现自杀迹象,并采取有效措施来预防自杀行为的发生。自杀念头的发展是一个渐进的过程,只要我们能及时阻断其中的任何一个环节,就有可能预防自杀的发生。全社会都应高度重视自杀问题,为那些身处困境的孩子提供必要的支持和援助。

生命是宝贵的,对于每个人来说,热爱生命都是至关重要的。然而,在孩子成长的过程中,他们可能会遭遇各种困难和挫折,这就需要家长引导孩子树立正确的生命观——热爱生命。社区家庭教育指导机构应如何帮助家长对孩子进行热爱生命的教育呢?

一、提供专业咨询、心理支持或寻求心理医生的帮助

随着社会的快速发展和压力的持续增加,预防自杀逐渐成了一个备受关注的话题。为了保护每一个珍贵的生命,我们必须从生命教育和心理健康两方面入手,共同努力预防自杀的发生。提供专业咨询、心理支持或寻求心理医生的帮助,是有效阻断自杀念头发生、挽救生命的重要途径。因此,全社会应高度关注学生自杀问题,加大心理健康教育的力度,并积极创造更多提供咨询和支持的机会,以保护学生的生命安全。

二、发挥媒体的作用

媒体在预防自杀方面扮演着举足轻重的角色。媒体可以利用多种渠道和平台,通过广泛的宣传和教育活动,传递有关预防自杀的重要信息。同时,媒体还可以积极组织相关活动和讲座,以进一步加深公众对预防自杀的认识和理解。

三、发挥家庭的作用

家庭在预防自杀中扮演着至关重要的角色。家长应密切关注孩子的心理状态,积极建立有效的沟通渠道,并在孩子面临困难时及时给予帮助和支持,以协助他们解决问题,克服挑战。然而,溺爱孩子往往会使他们缺乏应对困难的能力。当孩子在生活中遇到挫折时,如果家长总是为他们解决所有问题,那么孩子就会失去自主解决问题的能力,进而缺乏应对挫

折的能力。因此,家长应当注重培养孩子的适应能力和心理韧性,使他们学会独立面对并克服挫折。

作为孩子成长过程中的重要陪伴者,家长在引导孩子健康发展方面扮演着关键角色。当孩子面对矛盾和挫折时,家长应采取温和劝导的方式,避免使用刻薄的言辞或采取暴力行为。这种观念的转变对孩子的心理健康至关重要。家长需要认识到,孩子往往会在批评中感到沮丧和无助。而通过温和的劝导和减少过度关注,家长可以为孩子提供更为恰当的支持和帮助。

四、发挥学校的作用

学校应提供心理辅导服务,并高度重视学生的心理健康教育。为了及时发现并解决孩子的心理问题,学校应该与家长保持密切的沟通与交流,时刻关注孩子的情绪变化,并在必要时寻求专业心理帮助。心理辅导师的存在与关怀,将有助于促进学生情绪的稳定,有效解决他们面临的心理问题。

对孩子进行生命教育至关重要,这样他们才能深刻地理解生命的无价,并认识到一般的事情并不值得用生命去交换。学校应该告诫孩子,自杀并不是解决问题的方式,而是懦弱的表现。孩子应该珍惜自己的生命,努力让生命焕发出耀眼的光芒。此外,学校还应该引导孩子正确地思考死亡问题,帮助他们更好地领悟生命的珍贵,从而更加积极地投入学习、生活和创造中。

四、发挥政府和社会的作用

政府和社会同样应当积极参与到预防自杀的工作中来。政府可以制定和完善相关的政策和法律,提供更为充足的资源和援助,以加强对自杀危机的管理和防范。同时,社会组织和志愿者也能够发挥重要作用,组织相关活动,提供专业的咨询和支持服务,以帮助那些可能面临自杀危机的人们。社会还需要加大对孩子心理健康问题的宣传和教育力度,增强公众对这一问题的关注和认识,营造关心孩子心理健康的良好社会环境。

第三篇

>>> 隔代家庭教育指导问答

隔代家庭教育中如何提高孩子的自信心？

一、隔代家庭教育情景下，孩子没有自信心的案例及分析

（一）案例描述

1. 案例一

小明是一名小学生。他的奶奶非常疼爱他，无微不至地照顾他。每天早上，奶奶都会帮小明整理好书包，准备好早餐，甚至会帮他穿衣服。小明从小就在奶奶的宠爱下长大，导致他在学习和生活中完全没有自主性。每当遇到困难时，他不会主动思考解决问题的方法，而是等奶奶来帮忙。这样的情况持续了很久，直到有一天，小明的同学发现他无论做什么都需要别人的帮助，于是开始嘲笑他。小明变得越来越自卑，感觉自己什么都不行，完全失去了自信心。

2. 案例二

小华的父母都是公司的高管，由于工作非常忙碌，他们没有时间照顾小华，只好把她送到外婆家生活。外婆非常疼爱小华，对她有求必应。无论小华想要什么，外婆都会想尽办法满足她。在这样的环境下长大，小华逐渐习惯了依赖外婆。当遇到困难和挫折时，她发现自己没有独立解决问题的能力。每当遇到问题时，她总是想着外婆会帮她解决，而自己却没有一点应对困难的能力。这样的情况让小华备受打击，她的自信心逐渐消失。

3. 案例三

小强是一名初中生。由于父母忙于工作，他从小是由爷爷奶奶抚养长大的。小强的家庭条件非常好，爷爷奶奶总是给他买最好的东西，带他去最热闹的地方玩。然而，他们只注重物质上的满足，却忽视了小强精神上的需求。虽然小强在学校里总是穿着最好的衣服，用着最好的东西，但是他不敢与人交往，因为他害怕别人认为他在炫耀。他变得越来越内向，害怕被人注意。这样的情况持续了很久，直到有一天，他的一个好朋友告诉他，其实他很棒，但他总是隐藏自己的光芒。这时，小强才发现自己的自信心已经完全消失了。

（二）案例分析

在隔代家庭教育中，隔代家长过度操劳和包办一切，这使孩子失去了锻炼自主性和自信心的机会。过度关爱往往让孩子觉得一切都是理所当然的，因此他们容易形成依赖心理。当面对生活和学习中的困难和挑战时，他们往往缺乏自信，无法独立解决问题。这种情况可

能导致孩子在成年后,仍然无法适应社会,成为一个独立、有担当的人。

隔代家长总是满足孩子的一切要求,导致孩子在成长过程中未能经历挫折和困难的磨砺。这种一帆风顺的成长环境导致孩子在面对挑战时,容易感到无助和迷茫,从而缺乏自信心。当遇到困境时,他们可能会选择逃避,而不是勇敢地迎接挑战。这无疑对孩子的成长极为不利。

虽然家庭条件优越,但是隔代家长往往忽视了孩子的精神层面,导致孩子在情感上得不到满足。在这种情况下,孩子容易产生不安全感,担心别人认为自己炫耀,从而在人际交往中过分低调。这种心态可能会让孩子在社交场合失去自信,不敢展现自己的优点和特长,进一步影响自信心。

为了解决这些问题,隔代家长应适度放手,让孩子在成长过程中体会到困难和挫折,从而培养他们的自主性和自信心。同时,隔代家长应该关注孩子的心理健康,给予他们足够的关爱和支持,帮助他们建立自信、独立的品格。此外,隔代家长应该培养孩子正确的价值观,让他们明白成功并非一切,学会珍惜和感恩非常重要。

二、指导建议

(一)给予孩子充分的关爱和陪伴

在隔代家庭教育中,隔代家长通常会对孩子宠爱有加,但溺爱容易导致孩子依赖性强、自信心不足。为了孩子的健康成长,隔代家长在关爱孩子的同时,更要注重培养孩子的独立性和自信心。

1. 多花时间陪伴孩子,关注他们的成长需求

在孩子的成长过程中,陪伴是最好的教育。隔代家长应该利用空余时间,多和孩子沟通与交流,了解他们的内心世界,让他们感受到家庭的温暖。与此同时,隔代家长也要关注孩子的兴趣爱好,鼓励他们尝试不同的事物,从而发现自己的潜能。

2. 耐心解答孩子的问题

在成长的过程中,孩子会对周围的一切充满好奇,他们总会问各种各样的问题。隔代家长应耐心回答,满足他们的好奇心。此外,隔代家长还可以引导孩子自己寻找答案,培养他们的求知欲和独立思考能力。

3. 尊重孩子的独立性

在孩子的成长过程中,隔代家长要学会适时放手,让孩子自己去尝试、去探索。即使孩子遇到困难,隔代家长也要鼓励他们勇敢面对,培养他们的自信心。此外,隔代家长要相信孩子的能力,不要过度干涉他们的生活,让他们独立完成一些事情,从而增强他们的自信心。

4. 给予孩子充分的肯定和鼓励

在孩子取得成绩时,隔代家长要给予肯定和表扬,让他们感受到自己的价值。同时,隔代家长也要学会包容孩子的不足,鼓励他们从失败中吸取教训,勇敢尝试。

（二）尊重孩子的个性和兴趣

每个孩子都是独一无二的个体,他们有着自己的兴趣和个性。作为隔代家长,要尊重孩子的个性,鼓励他们发挥自己的优势,培养他们的自信心。

隔代家长应该花时间去了解孩子的兴趣爱好,关注他们在生活中的需求。这样可以更好地理解孩子,为他们提供适当的支持。同时,通过了解孩子的兴趣,隔代家长可以更好地引导他们发展特长,提高他们的自信心。

每个孩子都有自己独特的性格和气质,隔代家长要尊重他们的个性,不要过分干涉他们的成长。在孩子面临选择时,隔代家长可以给予建议,但最终的决定权在孩子手中。这样可以让孩子感受到自己的价值,增强自信心。

隔代家长可以鼓励孩子参加各类兴趣班和活动,让他们在实践中发掘潜能,提升自我价值感。通过与他人互动,孩子的人际交往能力也会得到提升,进一步增强自信心。

在孩子取得进步时,隔代家长要及时给予表扬和鼓励。这样可以让孩子感受到自己的价值,激发他们继续努力的信心。作为隔代家长,要树立正确的教育观念,不要过分追求孩子的成绩,而是要关注他们的身心健康。只有在宽松、愉快的环境中成长,孩子才能更好地发挥自己的潜能,建立自信心。

（三）创设良好的家庭氛围

家庭是孩子成长的摇篮,家庭氛围对孩子的自信心培养至关重要。隔代家长应该努力营造和谐、愉快的家庭环境,让孩子在家中感受到轻松和快乐。只有在这样的环境中成长,孩子才能更好地建立自信心。

家庭成员之间要相互尊重、相互关爱。尊重是家庭和谐的基石,隔代家长要带头树立尊重他人的榜样,让孩子学会尊重他人。在孩子与他人沟通时,隔代家长要给予鼓励和支持,让孩子感受到自己的沟通能力被认可。只有这样,孩子在日常生活中才会更加自信,并勇于与他人交流。

隔代家长要关注孩子的兴趣爱好,鼓励他们积极参与各种活动。在孩子展示才能时,隔代家长要给予肯定和赞美,让孩子感受到自己的价值。同时,隔代家长要关注孩子的情感需求,关心他们的内心世界,让孩子感受到家庭的温暖。

家庭活动是增进亲子关系的良好途径。隔代家长可以组织各种丰富多彩的家庭活动,如亲子游戏、亲子阅读、亲子烹饪等。这些活动既能让孩子在愉快的氛围中成长,又能增强他们的家庭观念,让他们在家庭中找到归属感和自豪感。

（四）培养孩子的社交能力

社交能力是孩子成长过程中非常重要的一部分。隔代家长可以通过以下方式帮助孩子提高社交能力。

（1）鼓励孩子参加社交活动。隔代家长可以让孩子参加各类社交活动,如生日聚会、学校组织的活动等,让他们在与人交往的过程中学会沟通和交流,提高自己的社交能力。

（2）培养孩子的同理心。在孩子与人交往时,隔代家长要教育他们学会站在他人的角度考虑问题,关心他人的感受,培养他们的同理心。只有这样,孩子在与人交往时才会更加得体,并受到他人的欢迎。

(3)教育孩子正确处理人际关系。在孩子与他人发生冲突时,隔代家长要引导他们学会处理人际关系,如学会道歉、谅解、包容等。通过这些方式,孩子能够更好地处理人际关系,提高自己的社交能力。

(五)关注孩子的心理健康

孩子的心理健康同样重要,它关乎孩子的成长。隔代家长可以从以下几个方面关注孩子的心理健康。

(1)观察孩子的情绪变化。孩子在生活中可能会遇到一些困扰,如学习压力、与同学不和等,隔代家长要留意孩子的情绪变化,及时发现他们可能存在的心理问题。

(2)倾听孩子的心声。隔代家长应该给孩子一个倾诉的空间,让他们在遇到问题时能够向别人倾诉,从而缓解压力。隔代家长要给予孩子适当的建议和帮助,让他们从问题中找到解决办法。

(3)培养孩子的抗压能力。隔代家长应该让孩子学会面对生活中的困难和压力,提高他们的抗压能力。隔代家长可以通过锻炼孩子的意志力、培养他们的耐心等方式,帮助他们更好地应对压力。

隔代家庭教育中如何培养孩子的独立性？

一、隔代家庭教育背景下，孩子缺少独立性的案例及分析

（一）案例描述

小王是一个 10 岁的男孩，由于父母工作忙碌，他自小便由爷爷奶奶照顾。这种特殊的成长环境意味着他的日常生活和学习都受到了爷爷奶奶的深刻影响。

爷爷奶奶对小王的照顾可谓无微不至。他们每天按时为小王准备饭菜，确保他的饮食健康。他们还会帮小王整理书包，确保他上学前书包内的物品整齐。在小王做作业的时候，爷爷奶奶也会在一旁监督，确保他认真完成作业。

然而，这种全方位的照顾并没有使小王在学校的表现得到提升。相反，他的表现并不理想。小王在学校里缺乏独立性，不仅无法自主解决问题，还过分依赖他人的帮助。遇到困难时，他不会主动寻找解决方案，而是等待他人的帮助。

（二）案例分析

小王的问题主要源于爷爷奶奶的过度照顾。这种过度照顾剥夺了小王独立思考的机会，导致他缺乏独立解决问题的能力。

二、指导建议

（一）尊重孩子的个性，给予充分的关爱

作为隔代家长，在教育孙辈的过程中，要学会尊重孩子的个性，理解孩子的需求，给予他们充分的关爱，从而培养他们的独立性。

（1）尊重孩子的个性，意味着要正视每个孩子都是独一无二的这个事实。他们在性格、兴趣、能力等方面都存在差异，因此不能用统一的标准去衡量和要求他们。隔代家长要学会接纳孩子的不完美，鼓励他们发挥自己的优势，培养他们的自信心。只有这样，孩子在成长过程中才能更好地认识自己，发挥自己的潜能。

（2）关爱孩子不仅要关注他们的物质需求，还要关心他们的心理需求。在孙辈面临困扰、烦恼和压力时，隔代家长要及时给予关爱和支持，帮助他们排忧解难。隔代家长要善于倾听孩子的心声，理解他们的感受，并与他们建立良好的沟通和信任关系。只有这样，孩子在遇到困难时才会愿意去寻求帮助，才能走向健康成长的道路。

（3）培养孩子的独立性是教育的终极目标之一。隔代家长要教育孩子学会自己解决问题，鼓励他们独立思考，培养他们自主选择和承担责任的能力。在这个过程中，隔代家长要适度放手，让孩子有足够的空间去尝试。只有这样，他们才能在不断的实践中，锻炼自己的独立性。

（二）树立正确的教育观念，引导孩子自主成长

（1）要认识到培养孩子独立性的重要性。独立性是一个人面对生活挑战、适应社会环境的基本能力。在我国传统教育观念中，长辈对孩子的关爱往往表现为过度保护和包办一切，这种做法容易使孩子形成依赖心理，影响他们独立性的发展。因此，隔代家长要摒弃传统观念，学会适时放手，让孩子在尝试和挫折中积累经验，培养他们解决问题的能力。

（2）引导孩子树立正确的价值观。在孩子的成长过程中，隔代家长要注重培养孩子具有良好的道德品质，使他们具备是非观念、尊重他人、关爱社会等良好品质。此外，隔代家长还要引导孩子形成独立思考的能力，让他们在面临选择时，能够根据自己的判断作出正确的决定，从而实现自主成长。

（三）创设良好的家庭氛围，激发孩子的兴趣和潜能

（1）隔代家长要注重家庭成员之间的沟通和理解，尽量避免因代沟而产生的矛盾和冲突。在家庭中，亲情应该占据主导地位，让孩子感受到家庭的温暖和关爱。这样的家庭氛围有助于培养孩子的安全感，使他们敢于尝试新事物，敢于面对挑战，从而增强他们的独立性。

（2）隔代家长要尊重孩子的个性和兴趣，鼓励他们积极参与各种活动。每个孩子都有自己独特的天赋和兴趣，隔代家长应该关注他们的兴趣爱好，发现和培养他们的特长。在孩子探索兴趣的过程中，隔代家长要给予充分的支持和鼓励，让他们在失败中学会成长，培养他们坚韧不拔的品格。

（3）隔代家长要善于引导孩子树立正确的价值观。在孩子的成长过程中，隔代家长要教育他们尊敬长辈、关心同伴、热爱生活，培养他们良好的道德品质。同时，隔代家长要教育孩子正确看待成功和失败，让他们明白，努力的过程比结果更重要，从而激发他们的内在潜能。

（四）培养孩子的责任感和担当精神

家庭是孩子成长的摇篮，也是培养他们责任感和担当精神的重要场所。隔代家长要有意识地让孩子参与家庭事务，让他们承担一定的家务。例如，隔代家长要让孩子学会整理房间，帮忙做饭等。这些家务活动不仅能够锻炼孩子的动手能力，还能够让他们体会到家庭责任的重要性。在完成家务的过程中，孩子会逐渐学会关心家人，并体会到家长付出的辛劳。这有助于培养他们的责任感和担当精神。

除了家庭生活，社会公益活动也是培养孩子责任感和担当精神的有效途径。隔代家长可以鼓励孩子参加各种社会公益活动，如环保、扶贫、助学等。通过参与这些活动，孩子能够体验到帮助他人的喜悦，感受到社会责任感。实践锻炼有助于培养孩子关爱社会、乐于助人的品质，使他们在面对社会问题时能勇于担当，为构建和谐社会贡献力量。

在培养孩子责任感和担当精神的过程中，隔代家长需要转变传统教育观念，尊重孩子的

独立性。隔代家长要善于倾听孩子的意见,鼓励他们发表自己的看法,并在关键时刻给予指导和支持。同时,隔代家长还需以身作则,用自己的行动为孩子树立榜样,让他们明白承担责任、勇于担当的重要性。

(五)加强与学校、社区的沟通与合作

(1)关注孩子的学校生活,积极参与家校互动活动。作为隔代家长,要主动与孩子的班主任、老师保持联系,了解孩子在学校的表现。隔代家长应该积极参加学校组织的家长会、座谈会等活动,了解学校的教育理念和教学计划,以便在家中对孩子进行有效的辅导和引导。同时,隔代家长也应该及时向老师反馈孩子在家里的学习状况,共同关注孩子的成长。

(2)加强与社区的合作,关注孩子的课外活动。社区是另一个重要的舞台,这里有丰富的资源可以供孩子学习。隔代家长可以主动了解社区举办的文化、教育、体育等活动,鼓励孩子参加,让他们在更广泛的社会环境中锻炼自己的独立性。此外,隔代家长还可以与邻居、朋友等共同关注孩子的成长,营造良好的社区氛围。

为了更好地实现这一目标,隔代家长可采取以下措施。

(1)建立定期沟通机制,与学校和社区保持紧密联系。隔代家长应该了解孩子的动态,掌握他们的成长情况,确保他们在良好的环境中成长。

(2)积极参加各类培训和讲座,以更新自身的教育观念,提升家庭教育技巧。隔代家长应该与时俱进,不断学习,为孩子的成长提供更好的支持。

(3)鼓励孩子参与家务劳动。隔代家长应该通过在家里给孩子分配适当的任务,培养他们的独立生活能力,让他们在实践中学会承担责任和关爱家人。同时,隔代家长应该尊重孩子的兴趣和意愿,鼓励他们探索未知领域。在孩子面临选择时,隔代家长应该给予合适的建议和引导,让他们学会独立思考和决策。

隔代家庭教育中如何培养孩子的责任感?

一、隔代家庭教育背景下,孩子缺少责任感的案例及分析

(一)案例描述

小明今年 12 岁,是一个活泼可爱的孩子。由于父母工作繁忙,他从小就跟爷爷奶奶生活在一起。这种特殊的家庭环境让小明在成长过程中遇到了一些挑战。

在爷爷奶奶家,他们对小明的要求十分宽松。爷爷奶奶几乎不让小明做家务活,只要求他专心学习。然而,这种过于呵护的教育方式让小明对待学习和生活都表现出缺乏责任感的态度。小明经常忘记完成作业,对待家务也漠不关心。

(二)案例分析

这种现象在我国的家庭中并不少见。由于工作繁忙,许多家长把孩子交给长辈照顾。而长辈们往往溺爱孩子,让孩子失去了锻炼责任感和独立性的机会。长此以往,孩子容易形成依赖心理,这对他们的成长是非常不利的。

小明的故事给我们敲响了警钟。隔代家长在照顾孩子的过程中,要学会适度放手,让孩子参与到家务劳动中。只有这样,他们才能在实践中学会承担责任,并体会到生活的不易。

在我国的教育体系中,家庭教育和学校教育同样重要。学校要积极与家长沟通与交流,共同关注孩子的成长问题,引导家长树立正确的教育观念。同时,家长也要关注孩子的心理健康,引导他们树立正确的人生观、价值观,培养他们的责任感和独立性。

二、指导建议

(一)树立榜样,言传身教

在日常生活中,隔代家长要注重时间观念,如按时起床、按时吃饭、按时休息,让孩子感受到规律作息的重要性。同时,隔代家长还可以引导孩子合理地安排时间,培养他们的时间管理能力。隔代家长应该关心孩子的学习和生活,关注他们的兴趣爱好,鼓励孩子积极参与各种活动。在孩子遇到困难时,隔代家长应该给予他们关爱和支持,帮助他们建立自信心并勇于面对挑战。隔代家长要学会倾听孩子的声音,尊重他们的意见和建议。在孩子做决策时,隔代家长可以给予建议,但不要过分干涉。这样可以培养孩子独立思考、承担责任的能力。在孩子面临问题时,隔代家长要保持冷静,合理分析问题,不推诿责任。同时,隔代家长要注

重家庭教育,引导孩子树立正确的价值观和人生观。

(二)设定规则,培养自律

隔代家长要和孩子共同制定一些合理的家庭规则。这些规则包括作息时间、学习时间、家务分工等,旨在让孩子明确自己的职责,逐渐养成良好的自律意识。在制定规则时,隔代家长要尊重孩子的意见,充分和他们沟通,使规则更具针对性和可行性。在执行规则的过程中,隔代家长要坚定立场,做到公正、公平。这要求隔代家长不溺爱、不妥协,严格按照规则来处理孩子的问题。当孩子违反规则时,隔代家长要及时给予适当的批评和教育,让他们意识到自己的行为所带来的后果。同时,隔代家长也要关注孩子的进步,及时表扬和鼓励他们遵守规则的表现,使孩子感受到成长的喜悦。在日常生活中,隔代家长要严格遵守家庭规则,让孩子看到遵守规则的重要性。隔代家长要用自己的行动传递出对规则的尊重和自律精神,为孩子树立榜样。

(三)鼓励参与,锻炼能力

隔代家长应该让孩子承担一定的家务责任,如收拾房间、洗碗、扫地等。这不仅能够锻炼孩子的自理能力,还能让他们体会到承担责任的意义。在孩子完成家务后,隔代家长应该给予肯定和鼓励,让他们感受到自己的付出得到了家人的认可。

在进行家务分工时,隔代家长要明确孩子的任务和要求,让他们知道自己的职责所在。同时,隔代家长要确保任务的难度适中,既能让孩子感受到挑战,又能让他们顺利完成,从而增强他们的自信心。隔代家长应该教育孩子珍惜时间,按时完成任务。在孩子完成任务的过程中,隔代家长应该适当提醒他们注意时间,养成良好的时间管理习惯。隔代家长应该鼓励孩子参加志愿者服务、校园活动等实践活动,让孩子在实践中学会承担社会责任。这些活动有助于培养孩子的团队协作精神,提高他们解决问题的能力。

(四)关注成长,引导价值观

隔代家长要关注孩子的心理成长。在孩子的成长过程中,他们会遇到各种困惑和挑战。隔代家长应时刻关注孩子的情绪变化,与他们进行心灵沟通,了解他们的想法和困惑。在倾听孩子的心声时,隔代家长要给予关爱和支持,帮助他们建立自信心并勇于面对困难。

隔代家长要引导孩子树立正确的价值观。在日常生活中,隔代家长要以身作则,为孩子树立榜样,同时让他们明白,责任是一种担当,是对自己、家庭和社会的尊重。通过自己的言行,隔代家长要引导孩子正确看待责任,让他们知道,承担责任是每个人的义务。

隔代家庭教育中如何提高
孩子的人际交往能力?

一、隔代家庭教育背景下,孩子缺乏人际交往能力的案例及分析

(一)案例描述

小王是一名 9 岁的小学生,他正面临着人际交往的困境。在学校里,他总是独来独往,不善于与人交流。每当同学们欢聚一堂时,他总是站在一旁默默地看着,不敢加入其中。由于父母长期在外地工作,小王由祖父母抚养长大。祖父母溺爱小王,对他的生活照顾得无微不至,但忽略了培养他的人际交往能力。这让小王在人际交往方面显得尤为被动,他不知道如何与他人建立联系,以及如何融入集体。在学校里,小王的人际交往困境愈发明显。他缺乏自信,不敢主动与人交流,甚至害怕与人产生冲突。这让他在课堂上也不敢积极参与,课后更是躲避集体活动。长时间的孤独不仅让小王变得越发内向,还让他的学习成绩下滑。

(二)案例分析

在隔代家庭教育背景下,隔代家长往往溺爱孙辈,忽视了对孩子独立性、人际交往能力的培养。小王的祖父母就是这种情况,他们忙于照顾小王的日常生活,却忽略了培养他与人交往的能力。家庭教育在孩子成长过程中起着至关重要的作用,父母的缺席使小王在人际交往方面受到了很大的影响。此外,随着科技的发展,孩子沉浸在网络世界中,导致人际交往能力下降。小王也不例外,他在家里沉迷于电子产品,与外界交流越来越少,这进一步削弱了他的人际交往能力。学校是孩子成长的重要场所,学校应关注学生的人际交往能力。但在应试教育的大环境下,学校教育过于注重成绩,忽视了学生人际交往能力的培养。而社会教育资源的不足,也使孩子在人际交往方面缺乏实践的机会。

二、指导建议

(一)更新家庭教育观念

在隔代家庭教育中,隔代家长的作用是不可或缺的,他们在孩子的成长过程中扮演着重要的教育者角色。然而,要确保孩子健康成长,隔代家长需要特别注意更新家庭教育观念。

1. 培养孩子的独立性至关重要

随着孩子逐渐长大,他们需要学会照顾自己,处理日常生活中的问题。隔代家长可以逐步放手,让孩子独立完成一些简单的任务,如整理玩具、打扫房间等。通过这些活动,孩子不仅能培养责任感,还能逐渐增强自信心。

2. 人际交往能力的培养是家庭教育中的另一个重点

隔代家长应该鼓励孩子与同龄人互动,参与社交活动,提高他们的人际交往能力。在家庭中,隔代家长可以组织一些小型聚会,让孩子有机会与不同年龄和背景的孩子进行交流。此外,隔代家长鼓励孩子在学校中积极参与集体活动和团队项目,也有助于提高他们的社交技巧和合作能力。

值得注意的是,溺爱孩子会阻碍他们的自主性和社交能力的发展。因此,隔代家长需要把握好关爱与溺爱之间的界限。爱孩子是人之常情,但溺爱会剥夺孩子成长的机会。因此,隔代家长在教育孩子时应该适度放手,相信他们的能力,让他们在实践中学习和成长。

(二)父母要尽量抽出时间陪伴孩子

在孩子的成长过程中,父母的陪伴和教育是不可或缺的。虽然隔代家长在孩子的生活中扮演着重要的角色,但是父母的作用同样不可忽视。为了确保孩子的心理健康和全面发展,父母应当尽量抽出时间陪伴孩子,关注他们的成长,并弥补家庭教育的缺失。

父母的陪伴是孩子心理健康发展的重要基石。在孩子的成长过程中,他们需要安全感,需要感受到被爱和被关注。父母的陪伴可以让孩子感受到家庭的温暖和稳定,增强他们的安全感。这种安全感对于孩子的自尊心和自信心的发展都至关重要。

父母的陪伴有助于孩子形成良好的行为习惯和道德品质。通过与孩子的日常互动和沟通,父母可以引导孩子树立正确的价值观。父母可以成为孩子的榜样,通过自己的言行举止来影响和塑造孩子的品格。

即使无法长期陪伴孩子,父母也可以通过定期的互动和沟通来建立稳固的亲子关系。父母可以利用现代通信工具,如视频通话、即时通信等,与孩子保持联系,了解他们的生活和学习情况。这种定期沟通的方式可以增强父母与孩子之间的情感联系,让他们感受到父母的关爱和支持。

(三)加强对孩子的社会教育

随着社会的发展和教育的多元化,社会教育在孩子成长过程中的重要性日益凸显。家庭和学校不仅要关注孩子的学业成绩,还要加强对孩子的社会教育,帮助他们更好地适应社会,提高他们的人际交往能力。通过参加社会实践活动,孩子可以了解社会规则和人际关系,培养社交技巧和团队合作能力。

志愿服务是一种非常有益的社会实践活动。通过参与志愿服务,孩子可以接触和了解社会不同领域的人和事,体验到帮助他人的快乐和满足感。在志愿服务中,孩子需要与不同背景的人交流与合作,提高自己的沟通能力和团队合作能力。这种经历能够让孩子更好地理解社会规则和人际关系,学会尊重他人、遵守规则、顾全大局。

社区活动是培养孩子社交能力的有效途径。通过参加社区组织的各类活动,孩子可以结识更多的同龄朋友,拓展自己的社交圈。在社区活动中,孩子可以扮演不同的角色,完成不同的任务,学会与人协商解决问题和协作完成任务。这种经验能够帮助孩子更好地适应集体生活和团队合作,提高他们的领导力和组织能力。

(四)学校要关注学生的人际交往能力

学校教育对于学生的成长具有深远的影响,其中人际交往能力的培养是不可或缺的一部分。学校不仅是一个传授知识的地方,还是塑造学生性格、培养他们社交技能的重要场所。因此,学校应当将人际交往能力的培养纳入教育的重要目标之一。

为了实现这一目标,学校可以积极开展各类课外活动,如社团活动、文艺比赛、集体旅行等。这些活动能够为学生提供更多与同龄人交往的机会,让他们在实践中锻炼自己的社交能力。通过参与活动,学生不仅可以提高自己的组织能力和团队合作能力,还能拓宽视野,结交更多的朋友。

学校可以开设心理健康教育课程。这些课程可以帮助学生建立正确的价值观和人际交往观念,教会他们如何正确处理人际关系中的问题。通过系统的学习和实践,学生可以逐步提高自己的人际交往能力,从而更好地适应社会。

隔代家庭教育中如何引导孩子
正确对待失败和挫折？

一、隔代家庭教育背景下，孩子不能正确对待失败和挫折的案例及分析

（一）案例描述

小明的爷爷是一位退休教师，他对孙子小明的学习非常重视。每当小明考试没考好，爷爷就会严厉地批评他，强调他一定要取得好成绩。然而，在面对失败和挫折时，小明越来越无法承受压力，并产生了一定的心理负担。

（二）案例分析

小明生活在一个对学习期望很高的家庭。他的爷爷是一位退休教师，对他的学习有很高的期望。这种期望变成了压力，导致小明在学习过程中承受了太多的心理负担。在面对失败和挫折时，爷爷的严厉批评使小明更加难以承受压力。学习压力是影响心理健康的一个关键因素。根据埃里克森心理社会发展理论，学龄儿童面临的主要发展任务是学习。然而，过大的学业压力导致小明无法专心学业，甚至对学业产生了厌恶。随着时间的推移，这可能会影响他的学习成绩和自信心。小明的心理调节能力较弱，很难应对学习压力和失败。面对挫折时，小明往往选择回避，而不是积极面对。

二、指导建议

（一）树立正确的教育观念

1. 理解失败和挫折的价值

在孩子的成长过程中，失败和挫折如同人生的必经之路，它们是不可避免的，也是宝贵的财富。隔代家长应该引导孩子正确看待失败和挫折，让他们认识到这些经历并非负面标签，而是成长道路上不可或缺的磨砺。隔代家长应该教育孩子把失败和挫折看作成长的机会，让他们从中汲取经验，提升自己，这样才能更好地迎接未来的挑战。

2. 尊重孩子的个性

每个孩子都是上天赐予的独一无二的礼物，他们拥有自己的个性和特点。隔代家长要学会珍视和尊重孩子的个性，因材施教，引导他们在适合自己的领域发挥所长，健康成长。

（1）尊重孩子的个性意味着认可他们的独特性,给予他们更多的自主权。在孩子成长的过程中,隔代家长要善于发现孩子的兴趣和潜能,鼓励他们尝试不同的事物,从而找到适合自己的发展方向。这样的教育方式有助于培养孩子的自信心,让他们在成长过程中更加坚定地走自己的路。

（2）尊重孩子的个性体现在关爱和支持他们的发展上。隔代家长要关注孩子的心理健康,了解他们的需求和困扰,给予适当的引导和帮助。当孩子遇到挫折时,隔代家长要站在他们的角度思考问题,给予鼓励和支持,帮助他们化解困境,让他们感受到家庭的温暖和关爱。

（3）尊重孩子的个性要求,尊重他们的选择。在孩子的成长过程中,隔代家长要教育他们学会承担责任,并尊重他们的决定。即使有时候孩子的选择并非最佳,隔代家长也要给予理解和包容。只有这样,孩子在面对人生抉择时,才能够更加自信、勇敢地追求自己的梦想。

（4）善于引导孩子发挥自己的优点,认识自己的不足。每个孩子都有独特的长处,隔代家长要抓住这一点,教育孩子发扬优点,增强自信心。同时,隔代家长要帮助孩子认识到自己的不足,鼓励他们努力改进并不断提高自己。

（二）营造积极的家庭氛围

1. 增进亲子沟通

隔代家长与孩子之间的有效沟通是建立和谐家庭关系的关键,也是帮助孩子健康成长的重要途径。隔代家长多与孩子交流,了解他们的想法、需求和困惑,鼓励他们勇于表达自己的感受,不仅有助于增进亲子关系,还能促进他们的全面发展。

（1）亲子沟通的意义在于及时了解孩子的成长状况。通过与孩子交流,隔代家长可以更好地了解他们在学校、朋友圈等方面的状况,及时发现孩子身上的优点和不足。只有这样,隔代家长才能根据孩子的实际情况,给予恰当的指导和支持,为他们的成长提供有力保障。

（2）增进亲子沟通有助于培养孩子的自信心。当孩子感受到隔代家长的关心和支持时,他们会更加自信地面对生活中的挑战。与此同时,隔代家长要鼓励孩子勇于表达自己的感受,让他们知道自己的感受很重要,这有助于培养孩子的独立思考和判断能力。

（3）有效的亲子沟通能够帮助孩子建立良好的人际关系。通过与家长的交流,孩子可以学会倾听、理解他人的感受,提高自己的人际交往能力。这对于他们将来融入社会,建立和谐的人际关系具有重要的意义。

为了增进亲子沟通,隔代家长可以设定固定的亲子交流时间或者每天安排一段时间,专门用来与孩子交流,了解他们的生活、学习和心情。这有助于隔代家长及时发现问题,给予孩子关爱和支持。当孩子表达自己的想法和感受时,隔代家长要耐心倾听,不要急于批评和指责。倾听是沟通的基础,只有真正了解孩子的需求,隔代家长才能给予他们恰当的帮助。隔代家长可以和孩子一起参加各类活动,如亲子游戏、户外运动等,以增进彼此的感情,提高沟通效果。

2. 家庭支持

当孩子遇到挫折时,隔代家长应该成为他们的坚实后盾,给予关爱和支持。让孩子感受到家庭的温暖和力量,是帮助他们建立安全感、增强勇气的重要途径。

当孩子面临挫折时,隔代家长要表现出关爱和支持。隔代家长要学会倾听孩子的烦恼和担忧,关心他们的心情,给予安慰和鼓励。只有这样,孩子在遇到困难时才会想到家庭这个避风港,从而增强面对挑战的信心。

隔代家长要教会孩子勇敢面对挫折。当孩子遇到挫折时,隔代家长要引导他们分析问题的原因,找出解决办法,并鼓励他们勇敢尝试。在这个过程中,隔代家长要始终保持耐心,让孩子感受到家庭的关爱和支持,从而激发他们克服困难的勇气。

家庭支持包括培养孩子的独立性和自信心。隔代家长要尊重孩子的个性和选择,让他们在适当的范围内学会独立解决问题。只有这样,孩子在面对挫折时才能够更加从容和自信,增强应对困境的能力。

家庭支持包括关注孩子的心理健康。隔代家长要观察孩子的情绪变化,及时发现他们内心的困扰,并给予关爱和支持。隔代家长要学会与孩子沟通,让他感受到家庭的关爱,从而减轻心理压力,更好地应对挫折。

隔代家长应该以身作则,为孩子树立榜样。隔代家长要积极面对生活中的困难和挑战,展示出坚韧和毅力。孩子会从隔代家长的言行中汲取力量,并学会如何勇敢地面对挫折。

（三）培养孩子的自我调节能力

1. 增强心理素质

为了帮助孩子更好地应对生活中的挑战,隔代家长需要引导孩子学会调整心态,并以积极的心态面对挫折。这需要隔代家长在日常生活中关注孩子的心理健康,教导他们调整自己的情绪,以更好地应对各种挑战。

（1）培养孩子面对挫折的勇气。生活中总会遇到困难和挫折,隔代家长要教育孩子正确看待这些问题,认识到挫折是成长过程中不可避免的一部分。当孩子遇到挫折时,隔代家长要给予关爱和支持,让他们感受到家庭的温暖和力量。同时,隔代家长要鼓励孩子勇敢地面对困难,培养他们迎难而上的精神。

（2）关注孩子的情绪变化,帮助他们调整心态。隔代家长要善于观察孩子的情绪,了解他们在生活、学习和人际交往等方面的困扰。当孩子情绪低落时,隔代家长要及时给予关爱和安慰,帮助他们调整心态。此外,隔代家长要教育孩子学会释放压力,引导他们采用适当的方式调节情绪,如进行户外运动、听音乐、和朋友聊天等。

2. 提高抗压能力

培养孩子的抗压能力显得尤为重要。当孩子面临失败和挫折时,隔代家长要适度给予关爱和鼓励,让他们学会独立解决问题,从而提高他们的抗压能力。

当孩子遇到失败和挫折时,隔代家长要教育他们勇敢面对困难。隔代家长要传递积极向上的价值观,让孩子明白失败和挫折是人生成长的必经阶段,激发他们迎难而上的勇气。

隔代家长要适度给予关爱和鼓励。当孩子面临困境时,隔代家长要及时关注他们的情绪变化,给予关爱和支持。同时,隔代家长要鼓励孩子相信自己。这样的教育方式有助于增强孩子的自信心,提高他们的抗压能力。

（四）注重实践锻炼

1. 参与社会实践

为了帮助孩子更好地应对生活中的挑战，隔代家长需要鼓励孩子参加各类活动，让他们在实践中学会面对挫折，提高心理承受能力。通过参与社会实践，孩子能够锻炼自己的能力，增强自信心，从而更好地应对生活中的困难和挑战。

（1）鼓励孩子参与社会实践。隔代家长可以鼓励孩子参加学校组织的各类活动，如社团活动、志愿者服务等。这些活动既能让孩子充实自己的生活，又能让他们在实践中学会与他人沟通、协作，培养他们的团队精神。

（2）注重孩子在社会实践中的成果反馈。隔代家长要及时关注孩子在活动中的表现，及时给予肯定和表扬。只有这样，孩子才会在实践中获得成就感，从而增强自信心，更好地应对生活中的挑战。隔代家长要在生活中展示出积极向上的态度，让孩子学会如何面对压力。隔代家长要勇于面对困难，积极解决问题，让孩子看到挫折背后的成长机会。

2. 培养兴趣爱好

在孩子的成长过程中，培养兴趣爱好具有重要意义。隔代家长要让孩子在兴趣爱好中寻找乐趣，增强自信心，从而更好地应对失败和挫折。兴趣爱好能够帮助孩子建立积极的心态，提高他们的心理素质。

（1）兴趣爱好能帮助孩子发现自己的潜能。每个孩子都有独特的才能和兴趣，通过尝试不同的活动，孩子可以找到自己真正热爱的领域。在这个过程中，隔代家长要尊重孩子的个性，鼓励他们探索和发现自己的潜能。

（2）兴趣爱好能增强孩子的自信心。当孩子在某一方面取得成绩时，他们会对自己充满自信心。这种自信心会辐射到其他方面，帮助孩子更好地应对生活中的挑战。隔代家长要关注孩子的兴趣爱好，及时给予肯定和鼓励，让他们感受到自己的价值。

（3）兴趣爱好有助于培养孩子的耐心和毅力。在追求兴趣爱好的过程中，孩子会遇到困难和挫折。这时，隔代家长要教育孩子正确看待挫折，培养他们迎难而上的精神。同时，隔代家长要陪伴孩子渡过难关，让他们感受到家庭的温暖和支持。

（4）兴趣爱好能帮助孩子建立良好的人际关系。通过参加兴趣小组或俱乐部，孩子能结识志同道合的朋友，拓宽自己的人际圈。同时，良好的人际关系有助于孩子建立自信心，提高他们的心理素质。

（5）关注孩子在兴趣爱好中的安全。孩子在参与活动时，隔代家长要确保他们的安全。此外，隔代家长还要教育孩子注意安全，培养他们自我保护的意识。

如何建立良好的隔代家庭教育关系？

一、不良隔代家庭教育关系的案例及分析

（一）案例背景介绍

本案例发生在一个典型的四世同堂的中国家庭中。这个家庭成员众多，包括曾祖父母、祖父母、父母及孩子，还有其他的亲戚。家庭成员之间的关系复杂，存在着明显的代际隔阂和教育观念差异。

在这个家庭中，曾祖父母是这个家庭的创始人，他们见证了家族的兴起和发展。由于年龄和经历的特殊性，他们在家庭中有着崇高的地位，但逐渐减少了参与家庭的日常事务。

祖父母是这个家庭的中坚力量，他们通常负责家庭的管理和决策。他们承担着赡养老人和教育孙辈的责任，并对孙辈的成长和教育投入了大量的精力。然而，他们往往沿袭传统的教育观念，注重家族规矩和传统道德的教导。

父母是这个家庭的年轻一代，他们不仅在事业上积极进取，还对家庭教育观念和方法有着新的想法和期待。他们希望更多地关注孩子的智力发展和兴趣培养，注重培养孩子的独立思考能力和创新精神。

孩子是这个家庭的未来，需要得到全面的关心和引导。由于父母工作繁忙，孩子在祖父母的照顾下成长。因此，这个家庭面临着代际隔阂和教育观念差异的问题。

除了家庭成员之间的代际隔阂和教育观念差异外，这个家庭还存在其他问题，如家庭成员之间的关系紧张。另外，家庭成员之间的经济条件也存在差异，导致利益冲突和分配不公的问题。这些问题都可能对孩子的成长产生不利影响。

（二）隔代教育现象

在这个家庭中，祖父母承担了孩子的抚养和教育任务。这种现象在当代社会中并不罕见，尤其是在父母工作繁忙、经常出差或其他原因无法亲自照顾孩子的家庭中。由于父母与孩子相处的时间有限，孩子与祖父母建立了亲密的关系，他们对祖父母的依赖程度较高。

这种隔代教育现象在家庭中引发了一系列问题。父母和祖父母在教育观念上存在分歧。祖父母往往沿袭传统的教育观念，注重家族规矩和传统道德的教导，而父母则更加倾向于引导和启发孩子，关注孩子的兴趣和智力发展。这种教育观念的分歧可能导致家庭成员之间的矛盾和沟通障碍。

（1）过度保护和溺爱现象严重。祖父母通常会竭尽全力满足孩子的需求，但对孩子的

行为缺乏必要的约束和指导。过度保护和溺爱也会限制孩子的自主性和独立性,影响孩子的自我成长和发展。

（2）隔代教育现象导致教育角色模糊和冲突。孩子父母将孩子的教育责任完全交给祖父母,而祖父母过度干涉孩子父母的教育方式。这种角色的模糊可能导致家庭教育的混乱和无效性。

（三）家庭关系紧张的表现

1. 代际沟通障碍

由于存在年龄、文化背景和价值观的差异,祖父母和孩子父母在教育观念上往往存在分歧。这种分歧导致代际沟通障碍,使得家庭成员之间的交流变得困难。

父母通常更加关注孩子的智力发展和兴趣培养,他们希望为孩子提供多元化的发展空间,注重培养孩子的创新思维和自主性。而祖父母则更加强调传统道德和家庭规矩的教导,他们认为这些是孩子成长过程中不可或缺的元素。这种教育观念的分歧导致双方在沟通中产生误解和冲突,进一步加剧家庭关系的紧张。

2. 教育方式的冲突

祖父母的教育方式较为传统,他们注重权威和纪律,倾向于采用严格的教育方式来规范孩子的行为。而父母则更加倾向于引导和启发孩子,他们注重培养孩子的独立思考和自主性。这种教育方式的冲突往往导致孩子在成长过程中无所适从,对家庭成员的信任感降低。

教育方式的冲突引发家庭成员之间的紧张关系,甚至导致双方产生矛盾。而孩子在面对不同的教育方式时会感到困惑和不安,这会影响他们的学习和人格发展。

3. 溺爱与过度保护

在隔代家庭中,祖父母对孙辈的溺爱与过度保护现象是一个常见的问题。由于对孩子的疼爱,祖父母过度干预孩子的生活,限制他们的自主性和独立性。这种教育方式容易导致孩子依赖性强,缺乏自信和解决问题的能力。

溺爱和过度保护限制孩子的社交能力和适应能力的发展,导致孩子无法独立处理问题,并缺乏应对挑战的能力。这对他们未来的学习和工作产生负面影响。因此,解决溺爱和过度保护问题对于孩子的健康成长至关重要。

（四）影响孩子性格和行为习惯养成的因素

1. 自我价值感低下

在家庭关系紧张和缺乏一致教育方式的环境中,孩子会形成不健康的自我价值感。他们过于依赖他人的评价,缺乏自信心和自主性,认为自己无法独立作出正确的决定或达到期望的目标。自我价值感低下导致孩子在成长过程中面临一系列挑战,包括学习困难、人际关系问题等。

2. 情绪管理困难

不良的隔代教育关系会对孩子的情绪管理能力产生负面影响。由于家庭成员之间的沟通障碍和教育方式存在冲突,孩子无法学会有效的情绪调节技巧。他们无法正确识别、理解和处理自己的情绪,容易陷入焦虑、沮丧或暴躁的情绪中。这种情绪管理困难导致孩子在学校和社交场合中表现出问题行为,对他们的身心健康产生负面影响。

3. 缺乏人际交往能力

家庭成员之间的沟通障碍和教育方式存在冲突影响了孩子的人际交往能力。在不良的隔代教育关系中,孩子无法学会良好的社交技巧,如尊重他人、合作、解决冲突等。他们可能难以适应集体生活,与同龄人相处困难,导致难以建立健康的友谊关系。缺乏人际交往能力会对孩子在学校的表现和未来的社会适应能力产生负面影响。

(五)隔代教育对孩子成长的不利影响

1. 学习动力不足

在不良的隔代教育关系中,孩子缺乏明确的学习目标和动力。由于家庭成员之间的紧张关系和教育方式不一致,孩子无法感受到学习的意义和价值。他们对学习产生厌倦或逃避心理,缺乏主动性和积极性,导致学业成绩受到影响。

2. 抗挫折能力差

由于祖父母的溺爱和过度保护,孩子无法培养良好的抗挫折能力。在隔代教育中,爷爷奶奶过度满足孩子的需求,导致他们缺乏面对困难和挑战的机会。这种教育方式导致孩子缺乏应对挫折和失败的经验,难以独立面对困难和压力。他们容易陷入消极情绪,甚至自我放弃,缺乏解决问题的能力。

3. 社交适应不良

由于隔代教育的缺陷和家庭教育的不足,孩子难以适应外部社会环境。在不良的隔代教育关系中,孩子缺乏与他人合作和沟通的机会,无法学会社交技巧和规则。他们难以融入集体和社会,与同龄人相处困难,导致难以建立健康的人际关系。

二、指导建议

(一)沟通与理解

在隔代家庭教育中,沟通是至关重要的环节,它不仅关系到家庭成员之间的关系,还直接影响到孩子的成长和教育。在家庭教育中,由于年龄、生活经验和价值观的差异,父母和隔代家长之间很容易产生分歧。这种分歧可能会导致教育方式不一致,从而影响孩子的成长。因此,建立良好的沟通机制是解决隔代教育问题的关键。

父母和隔代家长需要坦诚地交流彼此的教育观念。不同的教育观念来自不同的生活经验和价值观,没有绝对的对错之分。关键是要了解对方的想法,找出彼此的共识和差异,并寻找一个平衡点。例如,隔代家长可能更注重传统道德和家庭规矩的教导,而父母则更倾向于培养孩子的自主性和创新思维。通过沟通,双方可以找到一个平衡点,既尊重传统,又注重培养孩子的独立思考能力。

家庭成员需要经常交流孩子在不同成长阶段的需求和问题。孩子在不同的年龄段会有不同的心理需求和发展特点,父母和隔代家长需要及时了解和调整教育方式。在幼年时期,孩子需要更多的关爱和安全感;在青少年时期,孩子则需要更多的自主权和独立性。通过沟通,家庭成员可以更好地理解孩子的需求,提供更适合他们的教育方式。

家庭成员需要共同制订教育计划,统一教育目标。在了解彼此的教育观念和孩子的需求后,家庭成员可以商讨并制订一个明确的教育计划。这个计划应该包括孩子在不同成长阶段的教育目标和方法,以及家庭成员各自的角色和责任。通过统一教育目标,家庭成员可以减少教育过程中的矛盾和冲突,更好地支持孩子的成长。

(二)尊重与包容

尊重与包容是建立和谐的隔代家庭教育关系的重要基石。在隔代家庭中,父母与隔代家长之间因为年龄、文化背景和价值观的差异,可能会存在教育观念的分歧。然而,只有彼此尊重、理解和包容,才能真正实现家庭教育的和谐。

父母应该尊重隔代家长在家庭中的地位和经验。隔代家长作为长辈,拥有丰富的生活经验和智慧,他们为孩子提供了宝贵的成长资源。父母应该虚心向隔代家长请教,尊重他们的意见和建议,并在此基础上与他们进行平等、开放的交流。

隔代家长应该尊重年轻父母的教育权利,理解和接纳现代教育观念。年轻父母作为孩子的直接监护人,他们对孩子的教育有着不可替代的责任。他们所持有的现代教育观念,代表着当前社会的发展趋势和要求,也是他们为孩子未来发展所做的精心规划。隔代家长应当给予年轻父母充分的教育空间,尊重他们的教育决策,并尽自己所能提供支持和帮助。

在这个过程中,家庭成员需要学会倾听彼此的观点,理解不同代际之间的差异。只有通过倾听,家庭成员才能了解彼此的想法和需求,从而找到更好的解决方案。同时,家庭成员也要理解不同代际之间存在差异的必然性,这是由时代背景、文化传统和个人经历等多种因素所决定的。

(三)共同教育

共同教育是建立良好隔代家庭教育关系的核心,它强调父母和隔代家长共同参与孩子的教育过程,并发挥各自的优势和特长。这种教育方式有助于整合家庭资源,提高教育效果,同时促进家庭成员之间的互动和合作。

父母在孩子的教育中扮演着重要的角色。由于现代社会对孩子的综合素质要求越来越高,他们通常更加关注孩子的智力发展和兴趣培养。父母可以引导孩子探索世界,培养他们的好奇心和求知欲,同时鼓励他们发展自己的特长和爱好。在这个过程中,父母可以借助现代化的教育工具和资源,为孩子提供更丰富的学习材料和更多的实践机会。

隔代家长作为长辈,拥有丰富的生活经验和智慧,他们可以传承家族文化和弘扬传统道德。通过隔代家长的言传身教,孩子可以更好地了解家族历史和文化,培养自己的道德观念和行为习惯。

通过共同教育,父母和隔代家长可以形成互补的教育方式。父母注重孩子的智力发展和兴趣培养,而隔代家长则关注家族文化和传统道德的传承。这种教育方式不仅可以促进孩子的全面发展,还有助于减少教育过程中的冲突和矛盾。当父母和隔代家长在教育观念上出现分歧时,他们可以通过沟通和协商,寻找一个平衡点,达成共识。

(四)角色定位

在隔代家庭教育中,明确角色定位是至关重要的。父母和隔代家长在孩子的成长过程中担任着不同的角色,各自发挥着独特的作用。父母作为孩子的主要教育者和监护人,应承担起主要的教育责任。他们需要积极参与孩子的成长过程,关注孩子的身心发展,给予孩子足够的关爱和支持。同时,父母还需要与孩子建立亲密的关系,了解孩子的需求和兴趣,为孩子提供个性化的教育方案。

隔代家长在隔代教育中可以作为辅助力量,协助父母完成教育任务。他们通常拥有丰富的生活经验和智慧,可以为孩子提供指导和帮助,同时也为家庭教育增添了温馨的情感元素。隔代家长可以教授孩子传统文化和道德伦理等方面的知识,引导他们树立正确的价值观和人生观。需要注意的是,隔代家长的参与应该是适度的,避免对父母的教育权利产生干扰或冲突。

明确角色定位还需要父母给予隔代家长足够的尊重和感激。隔代家长作为长辈,为家庭付出了辛勤的努力。他们不仅为孩子提供了关爱和照顾,还在家庭中传承了文化和传统。因此,父母应对隔代家长表示敬意和感激,尊重他们的意见和建议,虚心听取他们的教诲。在家庭教育的过程中,父母和隔代家长应该相互支持和协作,共同促进孩子的健康成长。

(五)建立支持系统

在隔代家庭教育中,建立一个支持系统是至关重要的。这个系统可以提供家庭成员所需的知识、技能和情感支持,帮助他们更好地应对孩子成长过程中的挑战和问题。通过共同学习和成长,家庭成员可以建立更加紧密的联系,形成更加和谐的家庭教育环境。

建立支持系统的首要步骤是获取相关知识和技能。家庭成员可以通过共同参与家庭教育讲座、阅读相关书籍、观看家庭教育影片等方式来获取专业知识和经验。这些资源和活动可以帮助他们了解不同年龄段孩子的心理特点和发展需求,掌握科学的教育方法和技巧。通过不断学习和探索,家庭成员可以提升自己的教育水平和应对能力,更好地满足孩子的成长需求。

除了获取知识和技能,建立支持系统还需要家庭成员之间的相互支持和鼓励。在面对孩子成长过程中的挑战和问题时,家庭成员可以商讨解决方案,分享彼此的经验和心得。这种相互支持和鼓励可以增强家庭成员之间的情感联系,形成更加团结和友爱的家庭氛围。同时,这种支持和鼓励也可以帮助家庭成员更好地应对挫折和困难,保持积极的心态和乐观的情绪。

建立一个支持系统需要家庭成员积极参与家庭活动。通过组织亲子活动、户外探险、聚餐等形式多样的活动,家庭成员可以增进彼此之间的了解和互动,提高家庭的凝聚力和幸福感。在活动中,家庭成员可以共同体验快乐和成长,更好地理解彼此的角色和责任,为孩子的健康成长创造更加和谐的环境。

（六）关注情感连接

情感连接是建立良好隔代家庭教育关系的核心纽带,它强调家庭成员之间的情感交流和心理认同。在隔代家庭中,父母、隔代家长和孩子之间的情感连接尤为重要,因为它有助于增强彼此之间的信任和理解,减少教育过程中的矛盾和冲突。

家庭成员应关注彼此的情感需求。无论是父母,还是隔代家长,他们在教育孩子的过程中都需要得到情感的支持和慰藉。因此,家庭成员应该经常表达自己的感受和情感需求,倾听对方的想法。通过真诚的沟通,家庭成员可以增进彼此之间的了解和认同,提高家庭教育的效果。

加强情感交流是建立情感连接的关键。在日常生活中,家庭成员可以寻找共同话题,如孩子的成长、兴趣爱好、家庭活动等,增进彼此之间的交流和互动。此外,家庭成员还可以通过写信、送礼物、共度节日等方式表达对彼此的关心和爱意,营造温馨的家庭氛围。

关注孩子的情感需求是情感连接的重要方面。父母和隔代家长都应该关注孩子的心理状态和情感变化,了解他们在成长过程中面临的情感问题和挑战。通过与孩子建立亲密的关系,家庭成员可以更好地了解孩子的需求和感受,提供有针对性的支持和帮助。家庭成员还应该鼓励孩子表达自己的情感和观点,培养他们的社交能力。

通过情感连接,家庭成员可以加深彼此之间的亲密关系,提高家庭教育的效果。在充满爱和支持的家庭环境中,孩子可以更加健康、快乐地成长,同时也可以增强家庭的凝聚力和幸福感。因此,关注情感连接是建立良好隔代家庭教育关系的重要途径,这需要家庭成员共同努力和实践。

如何处理隔代家庭教育中的矛盾?

一、隔代家庭教育中矛盾的案例及分析

(一)观念差异

1. 案例描述

张奶奶和孙子小明之间存在观念差异。张奶奶认为孩子应该听话、顺从,而小明更倾向于自由、独立。

2. 案例分析

在传统价值观和现代价值观的碰撞下,爷爷奶奶和爸爸妈妈之间的价值观念差异可能会引起矛盾。例如,爷爷奶奶可能更注重传统道德和规矩,而爸爸妈妈更注重孩子的自主性和创新能力。这种差异可能导致双方在教育孩子时产生分歧。

3. 案例建议

家庭成员应该通过沟通和协商,寻找观念上的平衡点。爸爸妈妈可以向爷爷奶奶介绍现代教育的理念和方法,同时尊重爷爷奶奶的意见和经验。爷爷奶奶也应该理解现代社会对孩子成长的新要求,与爸爸妈妈共同协作,促进孩子的全面发展。

(二)沟通问题

1. 案例描述

李爷爷和女儿在教育孩子的问题上存在分歧。李爷爷认为孩子应该多读书,而女儿则认为应该注重孩子的兴趣和特长。由于沟通不畅,双方产生了矛盾。

2. 案例分析

沟通问题是隔代家庭教育中常见的矛盾之一。由于年龄、文化背景和思维方式等方面的差异,他们之间可能存在沟通障碍。这可能导致双方误解彼此的意思,从而产生矛盾。

3. 案例建议

建立良好的沟通渠道是解决沟通问题的关键。家庭成员可以通过面对面的交流、电话、短信等方式保持联系,分享彼此的想法和教育方法。在沟通的过程中,双方应该尊重彼此的意见,以建设性的方式提出建议和批评。同时,双方应该避免在孩子面前争吵或表达负面情绪,以免对孩子造成不良影响。

（三）教育目标

1. 案例描述

王奶奶和儿子在孩子的教育目标上存在分歧。王奶奶希望孩子将来能够走上稳定的职业道路，而儿子则希望孩子能够追求自己的梦想，尝试不同的职业和生活方式。

2. 案例分析

教育目标是家庭教育中非常重要的方面。不同的家庭成员可能会有不同的期望和目标，这可能导致矛盾的产生。例如，爷爷奶奶可能更注重稳定性，而爸爸妈妈则更注重孩子的自主性和创新性。

3. 案例建议

家庭成员应该共同制订教育目标，并确保它们与孩子的个人发展需求相一致。在制订目标时，家庭成员应该充分考虑孩子的兴趣、才能和性格特点，并保持开放的心态，接受新的教育理念和方法。同时，家庭成员也应该理解孩子在成长过程中的不确定性和变化，随时调整教育目标，以适应孩子的发展需求。

（四）亲子关系

1. 案例描述

赵爷爷和孙女小丽之间存在亲子关系问题。赵爷爷对小丽要求严格，经常批评她，导致小丽对赵爷爷产生了抵触情绪。

2. 案例分析

亲子关系是家庭教育的重要组成部分。良好的亲子关系能够促进孩子的身心健康和全面发展。然而，由于代沟、教育观念等方面的差异，爷爷奶奶和孩子之间可能会出现亲子关系问题。这可能会对孩子的成长产生负面影响。

3. 案例建议

建立良好的亲子关系需要家庭成员的共同努力。因此，爷爷奶奶应该尊重孩子的个性和需求，关注孩子的情感变化，以温和、理解的态度与孩子相处。同时，爸爸妈妈也应该在亲子关系中起到桥梁作用，协调爷爷奶奶和孩子之间的矛盾和分歧。在家庭教育中，家庭成员应该共同营造温馨、和谐的家庭氛围，促进孩子健康成长。

二、指导建议

（一）做好沟通

沟通是解决任何问题的关键，尤其在隔代家庭教育中。由于年龄、文化背景和思维方式等方面的差异，隔代家长和父母之间可能存在观念和认知上的不同。因此，建立良好的沟通渠道至关重要。

家庭成员应该选择适当的沟通方式，如面对面交流、电话、短信等，以便随时保持联系。在沟通的过程中，家庭成员要学会倾听和表达自己的想法和观点，尊重对方的意见，并尝试从对方的角度理解问题。

　　沟通的内容应该全面涵盖家庭教育的各个方面,包括孩子的行为习惯、学习成绩、兴趣爱好等。家庭成员应该共同关注孩子的成长,分享彼此的教育经验和心得,以达到共同教育的目的。

　　通过良好的沟通,家庭成员可以更好地理解彼此的教育观念和方法,减少矛盾和冲突,促进家庭和谐。同时,沟通也有助于增进亲子关系,增强家庭成员之间的情感联系。

（二）相互尊重

　　在隔代家庭教育中,相互尊重是处理矛盾的重要原则之一。家庭成员应该尊重彼此的个性和独立性,不要把自己的价值观强加于人。

　　尊重隔代家长的经验和智慧,这是因为他们的人生阅历和家庭教育经验可以为家庭教育提供宝贵的借鉴。尊重父母的现代家庭教育理念,这是因为他们更加关注孩子的全面发展。

　　在教育孩子的过程中,家庭成员应该避免干涉对方的教育方式。每个人都应该发挥自己的优势和特长,共同协作,为孩子提供全面的教育支持。

　　当出现分歧和矛盾时,家庭成员应该以包容的心态去理解和接受不同的意见和看法。而相互尊重和理解可以减少冲突和摩擦,增强家庭凝聚力。

（三）协商合作

　　在隔代家庭教育中,家庭成员应该通过协商来解决问题。协商过程应该注重听取各方意见,寻求共识和妥协。通过合作的方式,家庭成员共同制订教育计划,确保孩子得到全面的发展。

　　协商合作是解决隔代家庭教育矛盾的有效途径。家庭成员应该坐下来一起讨论教育问题,充分听取各方的意见和建议,寻找共同点和解决方案。在这个过程中,家庭成员要尊重彼此的观点,避免争吵和攻击,以建设性的方式提出问题和建议。

　　通过协商合作,家庭成员可以共同制订教育计划,确保孩子得到全面的关爱和发展。在制订计划时,家庭成员要充分考虑孩子的年龄、兴趣、性格和需求,以及家庭成员的资源和优势。同时,制订出的计划应该是可行的、灵活的,可以根据实际情况进行调整和改进。

（四）寻找平衡

　　在隔代家庭教育中,平衡是非常重要的概念。家庭成员需要找到平衡点,既要尊重传统价值观,又要适应现代社会的要求。

　　家庭成员应该意识到,传统价值观和现代教育理念并不是对立的,而是相辅相成的。尊重传统价值观可以让孩子了解和传承家族的文化和价值观,而适应现代社会的要求则有助于培养孩子的创新思维和独立性。因此,家庭成员应该找到平衡点,让孩子在传承传统价值观的同时,也能够适应现代社会的要求。

如何让父母更好地参与孩子的教育？

一、父母不能更好地参与孩子教育的案例及分析

（一）案例描述

小明是一个 7 岁的男孩，由爷爷奶奶照顾。由于工作忙碌，小明的父母很少有时间陪伴孩子，更别说参与孩子的教育。他们往往只是通过物质满足来补偿孩子，忽略了与孩子的情感交流和日常互动。

（二）案例分析

隔代教育可能导致孩子过度依赖祖父母，缺乏独立性。同时，由于父母角色的缺失，孩子可能无法得到足够的关注和关爱，导致情感上的不满足。此外，祖父母的溺爱可能会阻碍孩子的自我控制能力和社会适应能力的发展。

在孩子的教育过程中，小明父母的参与程度不足主要是由工作忙碌和生活压力大导致的。他们认为为孩子提供优越的物质条件是最重要的，从而忽略了与孩子的情感交流和日常互动。这种教育方式可能导致孩子在成长过程中缺乏父母的关爱和支持，从而影响其心理健康和成长。

二、指导建议

首先，父母应该尽可能地抽出时间陪伴孩子，与孩子建立亲密的亲子关系。这不仅可以满足孩子的情感需求，还有助于提高他们的自信心和安全感。其次，父母应该通过与孩子的互动和沟通，了解孩子的需求和想法，从而更好地指导他们的成长和发展。再次，父母应该学会在有限的时间内高效地陪伴孩子，如通过亲子游戏、亲子阅读等活动来增进亲子关系。

父母应该尽可能抽出时间陪伴孩子，与孩子建立亲密的亲子关系。在孩子的成长过程中，父母的陪伴至关重要。通过与父母进行亲密互动，孩子可以感受到父母的关爱，从而满足自己的情感需求。亲密的亲子关系有助于提高孩子的自信心和安全感，使他们更加自信地面对生活中的挑战。

父母应该通过与孩子的互动和沟通，了解孩子的需求和想法。孩子的心智发展离不开父母的引导和支持。通过与孩子的沟通，父母可以更好地了解孩子的兴趣、特长和潜能，从而为孩子提供有针对性的指导和帮助。只有这样，孩子在成长过程中才能得到适当的引导，

从而更好地发掘自己的潜能。

父母应该学会在有限的时间内高效地陪伴孩子。在现代社会,父母往往面临工作和生活的压力,能分配给孩子的陪伴时间有限。因此,父母需要学会合理地安排时间,高效地陪伴孩子。父母可以尝试以下方法来高效地陪伴孩子。

(一)制订亲子时间表

父母应合理安排工作和家庭生活,确保每周有固定的亲子时间。在这段时间里,父母要全身心地陪伴孩子,让孩子感受到他们的关爱。父母可以通过共同参与一些活动,如观看电影、共读书籍、玩亲子游戏等,加强与孩子的情感交流。制订明确的亲子时间表有助于父母更好地平衡工作与家庭,同时也让孩子感受到父母对他们的重视和关爱。

(二)开展亲子活动

父母应该利用周末或假期,组织亲子活动,如户外游玩、亲子运动等。这些活动不仅能够增进亲子关系,还能让孩子在活动中锻炼身体,培养兴趣爱好。在户外活动中,孩子可以接触大自然,拓宽视野;在亲子运动中,父母可以锻炼孩子的身体,增强他们的团队合作精神。通过亲子活动,父母可以与孩子共同创造美好的回忆,加强彼此之间的情感联系。

(三)关注孩子的心理健康

在孩子面临困扰或挫折时,父母应给予关爱和支持。父母应该与孩子保持良好的沟通,了解他们的心理需求,培养他们健康的心理素质。父母要学会倾听孩子的内心,给予积极的回应和引导。同时,父母应该关注孩子的情绪变化,及时发现并解决他们的心理问题。父母应该通过心理健康教育和心理辅导,增强孩子的心理素质和应对能力。

(四)家庭教育与学校教育相结合

父母应关注孩子的学业进展,与老师保持良好的沟通,共同帮助孩子克服学习中的困难,提高学业成绩。父母应该了解孩子在学校的表现和需求,配合老师的教育方案,为孩子提供有针对性的辅导和支持。家庭教育与学校教育相结合有助于形成教育合力,促进孩子全面发展。同时,父母也要关注孩子的兴趣爱好和特长,鼓励他们在自己感兴趣的领域深入探索和发展。

如何平衡父母与隔代家长的教育方式?

一、父母与隔代家长的教育方式存在不平衡的案例及分析

(一)案例一

1. 案例描述

小明是一个 5 岁的男孩。小明的爸爸妈妈对他的教育非常严格,要求他具有良好的行为习惯和自律能力。然而,小明的爷爷奶奶比较溺爱他,常常满足他的各种需求,导致小明在家庭中表现出一些不良行为。

2. 案例分析

在本案例中,爸爸妈妈和爷爷奶奶的教育方式存在明显的差异。爸爸妈妈注重培养孩子的自律和良好习惯,而爷爷奶奶则溺爱孩子,导致孩子出现了不良行为。这种不平衡的教育方式会对孩子的成长产生负面影响,需要家庭成员共同努力解决。

(二)案例二

1. 案例描述

小红是一个 7 岁的女孩。小红的爸爸妈妈经常给她安排各种课外活动和学习任务,导致她非常忙碌。而爷爷奶奶则认为孩子应该享受童年,不应当受到过度约束。

2. 案例分析

在本案例中,爸爸妈妈和爷爷奶奶的教育观念存在冲突。爸爸妈妈注重孩子的全面发展,而爷爷奶奶则认为孩子应当享受童年。这种不平衡的教育方式可能导致孩子感到压力和困惑,需要家庭成员通过协商一致的教育方式来解决。

(三)案例三

1. 案例描述

小李是一个 9 岁的男孩。小李的爸爸妈妈经常给他讲述一些历史故事和传统文化,而爷爷奶奶则更倾向于给他讲述自己的生活经历和家族故事。

2. 案例分析

在本案例中,爸爸妈妈和爷爷奶奶的教育内容存在差异。爸爸妈妈注重培养孩子的传统文化素养,而爷爷奶奶则希望孩子了解家族历史。虽然两者有所不同,但是这种差异可以

相互补充,帮助孩子从多个角度了解传统文化和家族历史。家庭成员可以协商如何更好地结合两种教育内容,促进孩子全面发展。

（四）案例四

1. 案例描述

小张是一个 11 岁的女孩。小张的爸爸妈妈注重培养她的独立思考和自主能力,而外公外婆则更倾向于为她安排好一切,让她不必为琐事操心。

2. 案例分析

在本案例中,爸爸妈妈和外公外婆在培养孩子的自主性方面存在分歧。爸爸妈妈注重培养孩子的独立思考和自主能力,而外公外婆则更倾向于为孩子安排好一切。这种不平衡的教育方式可能会影响孩子的自主性和独立思考能力的培养,需要家庭成员协商解决。

（五）案例五

1. 案例描述

小刘是一个 17 岁的男孩。小刘的爸爸妈妈注重培养他的独立生活能力和社交技巧,而爷爷奶奶则希望他能够更多地陪伴自己,并传承家族的技艺。

2. 案例分析

在本案例中,爸爸妈妈和爷爷奶奶在培养孩子的技能方面存在差异。爸爸妈妈注重培养孩子的独立生活能力和社交技巧,而爷爷奶奶则希望传授给孩子家族的技艺。这种不平衡的教育方式可能会影响孩子的未来职业规划和人生发展,因此需要家庭成员共同探讨和协商教育目标和策略。

二、指导建议

（一）理解家庭成员的价值观

当需要平衡父母与隔代家长的教育方式时,理解家庭成员的价值观是基础且关键的。每个人的价值观都是塑造其教育观念的重要基石,反映了他们对生活的理解,对人性的认知,以及对下一代的期望。例如,父母可能更注重现代教育理论和方法,而隔代家长可能更重视传统教育观念和家族传承。家庭成员可以通过深入了解和尊重彼此的价值观来找到一个平衡点,使彼此的教育理念和谐共存。

（二）有效沟通是关键

在家庭教育中,沟通扮演着至关重要的角色。父母和隔代家长之间需要建立良好的沟通渠道,分享彼此的想法、担忧和期望。这种沟通应当是开放且诚实的,旨在解决潜在的教育问题,并避免因误解或沟通不足而产生的矛盾。有效的沟通不仅可以帮助双方理解彼此的教育观念和方法,还可以促进相互之间的支持和合作。通过经常性的对话和交流,家庭成员可以建立稳固的合作关系,共同为孩子的成长创造有利的环境。

（三）统一基本规则和期望

在平衡父母和隔代家长的教育方式时,统一基本规则和期望是必要的。这涉及制定共同遵循的家庭规定和教育目标,以确保在不同教育方式之间取得平衡。这些规则和期望应当明确、公平且一致,有助于孩子形成良好的行为习惯和价值观。例如,家庭成员可以共同制定作息时间表、学习计划和行为准则,以确保孩子在家庭中得到一致的教育引导。统一规则和期望的过程也有助于家庭成员之间的协同合作,从而形成更加强大的教育联盟。

（四）充分利用各代人的优势

父母和隔代家长在教育孩子方面各有优势。父母通常更注重孩子的全面发展,对现代教育理念和方法有更深入的了解。而隔代家长则拥有丰富的生活经验和传统智慧,能够传承家族文化和价值观。通过充分发挥各代人的优势,家庭成员可以为孩子提供更全面的教育支持。例如,父母可以关注孩子的学业发展,以及培养他们的社会技能,而隔代家长则可以传承家族传统,并传授生活经验。这样的教育组合有助于孩子全面发展,使他们既具备现代知识技能,又能够继承家族传统。

（五）尊重每个人的角色和贡献

在家庭教育中,每个人都有自己的角色和贡献。父母负责日常教育和指导,隔代家长则可以提供情感支持,并传承传统价值观。尊重每个人的角色和贡献是平衡父母与隔代家长教育方式的重要原则。这有助于形成良好的合作关系,避免角色冲突和责任模糊。家庭成员应当认识到彼此在孩子成长过程中的重要性,并相互支持与协作,共同为孩子的成长创造有利的环境。

（六）灵活应对不同情境

家庭教育中的不同情境需要灵活应对。孩子在不同的成长阶段会有不同的需求和学习方式。例如,年幼的孩子需要更多的生活照顾和情感支持,而年龄稍大的孩子则需要更多地参与社交活动。因此,父母和隔代家长需要根据孩子的年龄、性格和需求来调整自己的教育方式。有时候父母更加注重培养孩子的独立性和自律能力,而有时候隔代家长更加注重情感支持和传统文化的传承。这种灵活应对不同情境的方法有助于更好地平衡父母和隔代家长的教育方式,满足孩子在不同成长阶段的需求。

如何提高隔代家长的家庭教育技能？

一、隔代家长缺少家庭教育技能的案例及分析

（一）小明的学习困扰

1. 案例描述

小明是一名五年级的学生。小明的爷爷奶奶负责他的日常生活。然而，虽然爷爷奶奶悉心照顾，但是小明的学习成绩一直不太理想。经过观察，老师发现爷爷奶奶对他的学习缺乏有效的指导和监督。小明的爷爷奶奶对于小明的作业和考试成绩很少关心，对于小明的困惑和问题也很少给予有效的解答。

2. 案例分析

这个案例表明，由于缺乏现代教育技能，爷爷奶奶无法有效地指导和监督孩子的学习。他们可能没有意识到学习的重要性，或者不知道如何帮助孩子解决学习上的困难。

（二）小红的饮食问题

1. 案例描述

小红是一个一岁多的宝宝。小红的奶奶负责照顾她。爸爸妈妈发现，小红的奶奶经常给她吃一些不健康的食物，比如糖果和薯片。爸爸妈妈多次与奶奶沟通，但并未取得显著效果。

2. 案例分析

这个案例反映了奶奶因为对健康饮食的知识了解不足，所以无法为孩子提供健康的饮食。她可能没有意识到这些食物对孩子的健康有害，或者不知道如何为孩子提供营养均衡的食物。

（三）小华的人际关系问题

1. 案例描述

小华是一名初中生。小华的爷爷奶奶对他非常宠爱。然而由于溺爱，小华在学校里的人际关系较差，经常与同学发生冲突。爷爷奶奶对他的行为缺乏有效的管教和引导，导致他的行为问题越来越严重。

2. 案例分析

这个案例表明，爷爷奶奶可能因为缺乏有效的管教技巧和引导方法，所以无法帮助孩子

建立良好的人际关系,以及形成良好的行为习惯。他们可能没有意识到行为问题会对孩子的成长和发展产生不利影响,或者不知道如何正确地引导孩子。

二、指导建议

(一)了解孩子的发展

为了更有效地教育孩子,隔代家长需要深入了解孩子的发展阶段和需求。每个年龄段的孩子都有其独特的身心发展特点,如婴幼儿期、儿童期、青少年期等。通过阅读相关书籍、参加家长教育课程或寻求专业咨询,隔代家长可以更好地理解孩子的成长过程,从而调整自己的教育方式。通过了解孩子的发展需求,隔代家长可以更好地满足他们的好奇心、探索欲望和个性化需求,促进孩子的全面发展。

(二)设定规则与界限

设定明确的规则和界限是家庭教育中的重要一环。隔代家长需要与孩子共同制定家庭规则,并确保孩子明白规则的意义和必要性。这有助于孩子形成良好的行为习惯和价值观。在制定规则时,隔代家长要与孩子建立互相信任和尊重的关系,听取孩子的意见和建议,让他们感受到自己的责任。同时,隔代家长也要学会适当放宽对孩子的控制,让他们在安全的环境中探索和成长。

(三)鼓励与表扬

鼓励和表扬是激发孩子积极性和自信心的重要手段。隔代家长可以通过肯定孩子的努力、进步和良好表现,培养他们的自尊心和自信心。在表扬孩子时,隔代家长要注意真实性和适度性,避免过度夸奖或虚假表扬。真实的表扬可以帮助孩子建立正确的自我认知,培养积极的心态和正确的价值观。同时,隔代家长也要注意表扬的具体性和针对性,指出孩子的优点和进步,让孩子感受到自己的成就和价值。鼓励与表扬不仅可以帮助孩子建立自信心,还可以促进家庭关系的和谐与亲密。

(四)培养好习惯

良好的习惯是孩子健康成长的重要保障。隔代家长在培养孩子好习惯方面具有重要的作用。首先,隔代家长可以帮助孩子建立规律的生活作息,确保孩子获得充足的睡眠和养成规律的饮食习惯。这有助于孩子的身体健康和情绪稳定。其次,隔代家长可以引导孩子养成良好的卫生习惯,如勤洗手、保持个人卫生等。这有助于预防疾病和促进孩子的身体健康。再次,隔代家长可以培养孩子健康的饮食习惯,鼓励他们多吃蔬菜水果,少吃垃圾食品,培养良好的饮食习惯。在培养好习惯的过程中,隔代家长需要耐心引导和督促孩子,并注意自己的行为示范作用。通过与孩子的互动和沟通,隔代家长可以成为孩子学习的榜样,促进孩子良好习惯的养成。

(五)树立榜样

隔代家长可以通过自己的言行树立榜样,成为孩子学习的对象。隔代家长应该展现出积极的态度、良好的品德和健康的生活方式,为孩子树立正确的价值观和人生观。首先,隔代家长要表现出积极的态度和乐观的心态,鼓励孩子面对困难和挑战。其次,隔代家长要展现出良好的品德,如诚实、善良、有责任感等,引导孩子形成良好的道德品质。再次,隔代家长应该培养健康的生活方式,如规律作息、健康饮食、适度运动等,成为孩子学习的榜样。同时,隔代家长要注意自己的言行一致性,让孩子感受到榜样的力量。通过成为孩子的榜样,隔代家长可以帮助他们树立正确的价值观和人生观,促进他们的健康成长和发展。

（六）培养责任感

为了培养孩子的责任感,隔代家长可以让孩子承担一些家务劳动,如打扫房间、洗碗、整理物品等。这不仅有助于培养孩子的独立性和自理能力,还可以让他们意识到自己是家庭的一员,有责任为家庭作出贡献。在孩子完成家务劳动后,隔代家长要及时给予肯定和鼓励,增强孩子的自信心和责任感。

隔代家长可以鼓励孩子参与社会公益活动,如志愿者服务、社区植树等。这有助于培养孩子的社会责任感和关爱他人的品质,让他们意识到自己对社会的责任和义务。

隔代家长还可以通过与孩子共同制订计划和目标,培养他们的计划性,进一步增强孩子的责任感。在制订计划和目标时,隔代家长要与孩子充分沟通,确保计划和目标是合理、可行的,并鼓励孩子按时完成任务和实现目标。

（七）促进家庭教育合作

家庭教育是一个团队合作的过程,需要家庭成员之间的密切合作和共同努力。隔代家长在家庭教育中扮演着重要的角色,他们需要与孩子的父母保持密切联系,共同制订教育计划,确保家庭教育的协调一致。

隔代家长要在家庭教育合作中发挥自己的优势和特长。例如,隔代家长可以传授传统价值观和文化知识给孩子,父母则可以注重培养孩子的创新能力和实践技能。通过合理的分工,双方可以更好地促进孩子的全面发展。

通过家庭教育合作,隔代家长和父母可以共同应对教育过程中的挑战和问题,提高教育效果。这有助于建立和谐的家庭关系,促进家庭成员之间的互信和支持。家庭教育合作也有助于培养孩子的团队协作意识和合作精神,提高他们在未来生活中的适应能力。

如何处理隔代家庭教育中孩子的过度依赖问题?

一、隔代家庭教育背景下,孩子过度依赖问题的案例及分析

(一)案例描述

小明是一名小学二年级学生。由于父母工作繁忙,小明自出生起就由祖父母抚养。祖父母溺爱小明,事事为他操办,满足他的各种需求。在小明的成长过程中,父母参与较少,与孩子的沟通也不充分。随着小明逐渐长大,他变得越来越依赖祖父母,不仅在生活和学习上不能自理,还产生了强烈的依赖心理。

(二)案例分析

从小明的案例中可以看出,祖父母溺爱小明,事事为他操办,导致小明在生活和学习上对祖父母的过度依赖。祖父母的溺爱使小明失去了锻炼自主能力的机会,导致他在生活中无法独立。在小明的成长过程中,父母参与较少,与孩子的沟通不充分,这使小明在情感上更加依赖祖父母,同时也影响了他与父母之间的亲子关系。祖父母与父母在教育观念上存在较大差异,导致教育方法不一致。在这种情况下,孩子往往会产生困惑,不知道应该遵循哪种教育方式,从而加剧了对祖父母的依赖。

二、指导建议

隔代家长对孩子的宠爱和照顾使一些孩子产生了过度依赖的问题。这不仅对孩子的独立成长造成阻碍,还可能引发家庭矛盾。如何解决这一问题,成为许多家庭关注的焦点。

(一)了解孩子过度依赖的原因

1. 隔代家长过度溺爱

在中国文化中,隔代家长往往非常疼爱孙辈,这种疼爱有时会演变成溺爱。他们可能会对孩子的各种需求都有求必应,不舍得让孩子做任何事情。这会导致孩子习惯于依赖,从而形成过度的依赖性。

2. 父母陪伴不足

在现代社会,由于工作繁忙,许多父母没有足够的时间陪伴孩子。在这种情况下,孩子可能会将依赖的对象转向隔代家长或其他家庭成员。这种依赖关系可能导致孩子在成长过

程中遇到各种问题。

3. 教育观念差异

隔代家长和子女之间可能存在教育观念的差异。比如,隔代家长可能更倾向于传统教育方式,而年轻父母则更倾向于现代教育理念。这些差异可能导致孩子在成长过程中产生困惑,从而更容易形成过度依赖的习惯。

(二)制订解决方案

1. 隔代家长

(1)树立正确的教育观念,适度关爱,避免溺爱。溺爱会导致孩子缺乏独立性,自理能力差,甚至无法适应社会等,因此隔代家长应该适当地关心和照顾孩子,满足其基本需求,但不过度包办代替。隔代家长应该鼓励孩子自己动手,完成力所能及的事情,如穿衣、洗漱、整理玩具等。

(2)尊重孩子的独立性,鼓励孩子自主完成各种任务,培养孩子的自理能力。隔代家长应该相信孩子有能力独立完成任务,给予他们充分的信任和支持。隔代家长应该鼓励孩子勇敢尝试新事物,不怕失败,并从失败中学习和成长。当孩子遇到困难时,隔代家长应该给予适当的指导和帮助,引导他们解决问题。

(3)与父母保持沟通,统一教育观念,共同关注孩子的成长。隔代家长应该与孩子的父母保持定期交流,分享孩子的成长情况,共同关注孩子的需求。在教育孩子的问题上,双方应该尽量统一观念,避免因观念差异给孩子带来困惑;共同协作,为孩子的成长创造和谐、稳定的环境。

2. 父母

(1)尽量抽出时间陪伴孩子,关注孩子的心理需求。父母应该制订家庭活动计划,安排固定的亲子时间,增进亲子关系;倾听孩子的想法和感受,了解他们的需求和困惑;关注孩子的情绪变化,及时给予关心和安抚。

(2)教育孩子学会独立思考和解决问题,增强孩子的自信心。父母应该引导孩子学会独立思考,鼓励他们尝试解决问题的方法;鼓励孩子勇于探索新领域,支持他们的兴趣爱好和创意;肯定和赞赏孩子的成就和努力,增强他们的自信心和自尊心。

(3)与隔代家长沟通,共同为孩子营造和谐的成长环境。父母应该与隔代家长建立有效的沟通渠道,及时交流孩子的成长问题。在教育孩子的问题上,双方应该寻求共识和合作,共同为孩子创造和谐、稳定的成长环境。在出现分歧或矛盾时,双方应该及时沟通和协商,寻找解决问题的最佳方式。

(三)加强心理辅导

1. 关注孩子的心理健康,及时发现和解决心理问题

心理健康是孩子健康成长的重要因素。隔代家长的关注和支持有助于增强孩子的心理素质,促进他们的情感发展和人格形成。隔代家长应该密切关注孩子的情绪变化,当出现焦虑、抑郁、自卑等负面情绪时,及时与他们沟通,了解他们内心的困惑和压力。隔代家长应该与孩子建立信任关系,让孩子愿意分享自己的感受和经历。隔代家长可以成为孩子的心灵导师,帮助他们排解烦恼,提供情感支持。隔代家长应该了解常见的心理问题,如社交障碍、学习困难、行为问题等。一旦发现孩子有相关迹象,隔代家长应该及时采取措施,如寻求专业帮助。专业的心理医生能够提供科学的心理疏导和治疗,帮助孩子克服心理障碍,恢复心理健康。

2. 寻求专业心理医生的帮助,进行心理疏导

在选择心理医生时,隔代家长要确保他们具有相关的专业资质和经验。隔代家长可以通过咨询医疗机构、心理健康机构等方式,找到合适的心理医生。在心理治疗的过程中,隔代家长要与心理医生密切配合,遵循治疗方案和建议。同时,隔代家长也要给予孩子足够的支持和鼓励,帮助他们积极配合治疗。在治疗的过程中,隔代家长要持续关注孩子的变化和进步,并及时向心理医生反馈情况。

如何解决隔代家长溺爱孩子的问题？

一、隔代家长溺爱孩子问题的案例及分析

（一）案例一

1. 案例描述

小明是一个 7 岁的小男孩，主要由爷爷奶奶照顾。由于爷爷奶奶的溺爱，小明在家中几乎想要什么就有什么，想做什么就做什么，没有任何约束和限制。在学校中，小明表现出明显的攻击性行为。他经常与其他孩子发生冲突，甚至动手打人。老师反映小明的行为问题比较严重，需要及时进行干预。

2. 案例分析

对于小明的情况，干预的重点应该放在改变他的成长环境上。首先，隔代家长需要认识到溺爱对孩子的负面影响，尽可能地限制孩子的行为，让他意识到自己的行为是有约束的。其次，学校方面也需要加强对小明的教育和引导，帮助他认识到自己的行为问题并逐渐纠正。同时，家长和学校还需要密切配合，共同为小明创造健康的成长环境。小明的案例提醒我们，隔代家长溺爱孩子可能会对孩子的行为和心理产生严重的影响。因此，隔代家长不应该溺爱孩子，而是应该给予他们适当的关爱和引导，培养他们健康的行为和心理。

（二）案例二

1. 案例描述

小红是一个 8 岁的小女孩，她由外公外婆照顾。由于外公外婆溺爱，小红几乎没有什么自理能力，连基本的穿衣、洗澡都需要外婆来帮忙。在学校中，小红的表现也十分糟糕，如注意力不集中，缺乏自我控制能力。老师和同学都认为小红有明显的心理问题，需要寻求专业的心理辅导。

2. 案例分析

小红的案例揭示了隔代家长溺爱孩子可能带来的问题。由于外公外婆溺爱，小红几乎没有自理能力，缺乏自主性和独立性。这种环境下长大的孩子往往难以形成自我控制能力，他们无法适应学校的规律生活，表现出注意力不集中、无法专心听讲等问题。对于小红的案例，专业的心理辅导是必要的。首先，隔代家长需要认识到溺爱对孩子发展的阻碍，逐步培养小红的自理能力，让她能够独立完成一些基本的日常任务。其次，学校方面可以提供一些

针对小红的特殊训练,如注意力训练、自我控制能力训练等,帮助她克服心理上的障碍。再次,隔代家长需要适度关爱和引导孩子,培养他们的独立性和自我控制能力。只有这样,孩子才能更好地适应学校和社会生活,实现健康的发展。

（三）案例三

1. 案例描述

小强是一个9岁的小男孩,平时由爷爷奶奶照顾。由于爷爷奶奶的溺爱,小强非常任性,不听任何人的劝告,不愿意尝试新事物或接受挑战。在学校中,小强表现出自卑、焦虑等心理问题,他不愿意与同学交流,缺乏自信心。老师和家长都认为小强需要接受专业的心理辅导。

2. 案例分析

这是一个典型的案例,表明了溺爱对孩子心理健康的负面影响。由于爷爷奶奶溺爱,小强形成了任性的性格,缺乏自理能力和独立性。他不愿意尝试新事物或接受挑战,这限制了他的成长和发展。由于任性和缺乏自信,小强在学校中表现出自卑、焦虑等心理问题。他无法适应学校生活,无法与同学正常交流,缺乏社交技能。为了克服心理问题,小强需要接受专业的心理辅导。心理辅导可以帮助小强建立自信心,适应学校和社会生活,提高社交技能。小强的父母应该承担起教育孩子的责任,不能因为工作或其他原因而忽视孩子的教育和成长。小强的父母应该与爷爷奶奶沟通,共同制订教育计划,培养小强的独立性和自信心。学校应该为小强提供更多的关注和支持,帮助他适应学校生活,提高学习成绩,增强自信心。通过与小强谈话、组织班级活动等方式,老师可以鼓励他积极参与集体活动,提高社交技能。

二、指导建议

（一）增进沟通

父母与隔代家长之间需要加强沟通,商讨教育孩子的方法,形成一致的教育观念。沟通是解决任何问题的第一步,只有双方都明确彼此的想法和观点,才能找到最佳的解决方案。父母可以定期与隔代家长沟通,分享家庭教育心得,讨论教育问题,以达成共识。同时,父母也可以通过这种方式让隔代家长了解溺爱造成的不利影响,争取他们在教育方式上的支持与配合。这样的沟通不仅可以增进家庭成员之间的关系,还可以提高家庭教育的质量。

（二）教育培训

为隔代家长提供家庭教育培训和讲座可以使他们了解现代教育理念和方法,提高他们的教育能力。培训和讲座的内容包括儿童心理发展、教育方式、沟通技巧等。这样的培训可以帮助隔代家长更好地理解孩子的发展需求,掌握正确的教育方法。通过培训,隔代家长可以更好地应对孩子成长过程中的各种问题,避免溺爱,从而为孩子的健康成长提供更好的支持。

（三）赋予孩子一定的家务责任

为了培养孩子的独立生活能力和自我管理能力,隔代家长应该让孩子在家务劳动中承担一定的责任,如整理房间、洗碗、扫地等。这些看似简单的家务劳动,实际上是培养孩子责任感和自我管理能力的有效途径。通过完成家务劳动,孩子可以逐渐学会规划自己的时间和任务,养成有条不紊的生活习惯。同时,这种责任感也会延伸到其他方面,使孩子更加独立,减少对隔代家长的过度依赖。

(四)鼓励孩子参加社会活动

社会活动是孩子成长过程中必不可少的一部分。通过参加各类社会活动,如兴趣班、社团等,孩子可以结交新朋友,拓宽视野,同时培养自信心、团队协作能力和沟通能力。这些能力对孩子的成长至关重要,能够帮助他们在未来更好地适应社会。同时,社会活动也是孩子释放压力、寻找兴趣和乐趣的方式之一。通过积极参与社会活动,孩子可以建立起积极向上的人生观和价值观,从而减少对隔代家长的依赖。

(五)建立亲子关系

父母应该尽量抽出时间陪伴孩子,并与孩子建立深厚的亲子关系。这种亲密的关系不仅能够满足孩子的情感需求,还能使他们在面对挑战和困难时更有信心和勇气。良好的亲子关系可以帮助父母在教育孩子时更有发言权,同时避免隔代家长溺爱孩子。此外,与孩子建立亲密关系也能使父母更好地了解孩子的需求和想法,从而更好地指导他们的成长和发展。

(六)定期召开家庭会议

为了确保家庭成员在教育孩子问题上能够协调一致,可以设立固定的家庭会议时间。在家庭会议中,家庭成员可以共同讨论孩子的教育问题,分享教育心得,探讨更有效的教育方法等。这种家庭会议不仅可以增进家庭成员之间的沟通和理解,还能形成家庭教育的合力,共同为孩子的健康成长创造有利条件。通过定期召开家庭会议,家庭成员能够更加全面地了解孩子的发展需求和心理变化,避免因溺爱而阻碍孩子的正常发展。同时,家庭会议还能使家庭成员之间形成互相监督和帮助的机制,共同为孩子的成长提供更好的支持和引导。

(七)适度约束

在家庭教育中,适度的约束是必要的。尤其对于隔代家长来说,他们往往更加疼爱孩子,但溺爱不利于孩子的成长。因此,当孩子出现任性、自私等不良行为时,隔代家长应该及时进行约束,并耐心地引导他们改正。这种适度的约束不仅能够规范孩子的行为,还能帮助他们在家庭环境中形成正确的价值观和行为规范。当然,约束孩子的同时,隔代家长也要关注他们的心理需求,避免给他们带来过多的压力。只有适度的约束和关爱,才能使孩子健康成长,从而避免溺爱带来的负面影响。

如何解决隔代家长与父母在教育理念上的分歧？

一、隔代家长与父母在教育理念上存在分歧的案例及分析

（一）案例描述

小华是一名五年级的学生，平时由爷爷奶奶照顾。而爷爷奶奶的教育方式较为传统，他们注重孩子的知识学习和纪律遵守。由于工作忙碌，小华的父母很少有时间陪伴孩子，更别说参与孩子的教育。但是，他们比较关注孩子的兴趣和情感需求。

（二）案例分析

隔代家长与父母在教育理念上的分歧主要表现在对孩子的期望、关注点及教育方式上。爷爷奶奶希望孩子能够取得好成绩，遵守纪律，按照传统的方式成长；而父母则更注重孩子的兴趣发展、情感需求及自主能力的培养。这种分歧会导致家庭氛围变得紧张，孩子感受到不同标准的管教和期望，从而产生混乱和焦虑。如果父母和隔代家长缺乏沟通和协调，那么孩子的教育可能会受到不良影响，从而导致孩子无法全面发展。为了解决这种分歧，父母和隔代家长应该加强沟通，共同制订教育计划，明确对孩子的期望和关注点。双方应该寻找共同点，如都希望孩子健康成长，以此为基础展开合作。

二、指导建议

解决隔代家长与父母在教育理念上的分歧需要双方进行开放、坦诚的沟通，并寻找共同的教育目标。

（一）建立有效沟通

在家庭教育中，父母和隔代家长之间的沟通是至关重要的。有效沟通能够帮助双方更好地理解彼此的想法、担忧和期望，从而减少误解，增进合作。为了建立有效沟通，双方可以采取以下措施。

1. 定期交流

父母和隔代家长应定期进行交流，分享孩子在成长过程中的点点滴滴。这种定期的交流可以确保双方都能了解孩子的需求和进步，及时发现并解决潜在的问题。

2. 尊重和理解

在沟通中，双方应尊重和理解彼此的观点和立场。父母可以向隔代家长介绍现代教育

理念和方法,同时也要尊重和理解隔代家长的传统教育方式。同样,隔代家长也应尊重和理解父母的教育观点。

（二）明确共同目标

父母和隔代家长需要明确一个共同的目标,即促进孩子的健康成长和全面发展。只有目标一致,双方才能更好地进行合作,并为孩子提供最好的教育。为了明确共同目标,双方可以采取以下措施。

1. 共同制订教育计划

父母和隔代家长应一起制订教育计划,明确孩子的培养目标、学习计划和行为规范。在制订计划时,双方要充分考虑孩子的兴趣、特长和需求,既避免过度干涉,又避免放任不管。

2. 寻找平衡点

虽然父母和隔代家长的教育理念可能有所不同,但是双方应寻找平衡点,制订适合孩子的教育计划。这个平衡点应该是既尊重传统价值观,又鼓励孩子自主发展。

3. 持续评估与调整

随着孩子的成长和教育环境的变化,父母和隔代家长应持续评估教育计划的有效性,并根据需要进行调整。这种评估和调整有助于保持教育计划的适应性和前瞻性。

（三）制订教育计划

为了确保孩子在成长过程中得到恰当的引导和支持,父母和隔代家长可以一起制订详细的教育计划。

（1）0～3岁阶段。

培养目标:培养孩子的安全感、基本的生活技能和良好的生活习惯。

学习计划:提供各种感知刺激,如音乐、色彩和触觉;教授基本的生活技能,如吃饭、穿衣和上厕所;建立规律的作息时间。

行为规范:教孩子学会基本的礼貌用语,如"谢谢""再见";培养良好的卫生习惯,如洗手、刷牙。

（2）4～6岁阶段。

培养目标:培养孩子的创造力、社交技能和语言表达能力。

学习计划:提供各种创意玩具和工具,鼓励孩子进行探索和创新;引导孩子与同龄人互动,培养他们的社交技能;通过故事、绘本等,教孩子学会认字、拼音和简单的算术。

行为规范:教孩子学会分享;培养良好的餐桌礼仪,如不浪费食物、保持整洁。

（3）7～12岁阶段。

培养目标:培养孩子的学习能力、独立思考能力和团队协作能力。

学习计划:提供丰富的学习资源和学习环境,如图书馆、电脑等;鼓励孩子主动学习新知识;组织团队活动或社区服务项目,让孩子学会合作。

行为规范:教孩子学会自我控制和情绪管理;培养良好的时间管理习惯;鼓励孩子参与家庭决策,提高他们的责任感。

（四）互相学习和支持

1. 父母向隔代家长学习

隔代家长拥有丰富的生活经验和智慧，掌握一些传统的教育方法和技巧。父母可以向他们学习这些方法，了解背后的教育理念，并尝试应用到现代教育中。隔代家长对家庭文化和传统有更深入的理解。通过交流，父母可以了解并传承家族的传统和文化，并将其融入孩子的教育中。

2. 隔代家长向父母学习

父母更了解现代教育的趋势，他们可以向隔代家长介绍现代教育的理念和方法，帮助他们更新观念，从而更好地适应现代社会的发展。父母掌握着一些科学的教育方法和技巧，如儿童心理学、发展心理学等，他们可以与隔代家长分享这些方法，帮助他们更有效地与孩子沟通和互动。

3. 互相支持

父母和隔代家长可以共享彼此拥有的教育资源，如书籍、文章、视频等。通过共同学习和分享，双方都能提高自己的教育水平。双方可以共同参与孩子的教育活动，如读书会、手工制作、户外探险等。在活动中，双方可以互相配合，共同支持孩子的成长。

（五）借助外部资源

如果父母和隔代家长在教育理念上存在严重的分歧，并且无法通过内部沟通解决，那么可以考虑借助外部资源来寻求帮助和指导。

1. 家庭教育咨询师

家庭教育咨询师是专门从事家庭教育的专业人士，他们具有丰富的知识和经验，可以帮助家庭解决教育问题。父母和隔代家长可以向家庭教育咨询师咨询，听取他们的意见和建议，找到合适的解决方案。

2. 学校家庭教育辅导员

学校家庭教育辅导员是专门负责学生心理健康和家庭关系的工作人员。他们可以提供专业的指导和建议，帮助家庭成员更好地进行沟通和合作。父母和隔代家长可以与家庭教育辅导员建立联系，寻求他们的支持和帮助。

3. 社区组织和社会团体

一些社区组织和社会团体致力于家庭教育和儿童成长。通过举办相关的讲座、工作坊等活动，他们为父母和隔代家长提供学习的机会。这些活动可以帮助家庭成员拓展知识，了解不同的教育理念和方法。

如何利用隔代家庭教育增进
家庭成员之间的关系？

一、隔代家庭教育背景下,家庭成员关系紧张的案例及分析

（一）案例描述

这是一个关于祖父母、父母之间在教育观念上产生分歧的典型案例。在这个家庭中,祖父母和父母在孩子的教育方式上存在明显的差异,导致家庭关系紧张,甚至出现了一些矛盾和冲突。

在这个家庭中,祖父母来自农村,他们认为孩子应该自由成长,并给予孩子足够的自由和关爱。然而,孩子的父母住在城市,他们持有更为现代的教育观念,他们希望孩子能够接受更严格的教育,培养更多的技能和素质。

这种教育观念上的差异导致家庭成员之间的关系越来越紧张。家庭成员之间频繁出现争论和冲突,尤其是在孩子的教育问题上。祖父母常常与孩子的父母持有不同的观点,双方都坚持自己的立场,不愿意妥协。这种分歧逐渐升级为情感上的矛盾,不仅影响到家庭成员之间的关系,还对孩子的成长产生了负面影响。孩子在两种截然不同的教育方式下感到困惑和不安,这对他们的心理发展产生了一定的阻碍。此外,家庭成员之间的矛盾也对家庭的整体氛围产生了消极影响。

（二）案例分析

这个案例反映出了在隔代教育背景下家庭成员关系紧张的问题。在中国的传统文化中,祖父母通常拥有很高的地位,他们的经验和智慧被视为宝贵的财富。然而,随着社会的发展和时代的变迁,现代父母的教育观念与祖父母的传统观念之间出现了明显的差异。这种差异导致了家庭成员之间的紧张关系。

二、指导建议

（一）增进沟通

在隔代家庭教育背景下,家庭成员之间的沟通是增进彼此关系的关键。父母应主动与祖父母进行深入的交流,分享他们的教育理念和期望。这种坦诚的对话有助于打破误解,增

强彼此的理解。同时，父母应该尊重并认真听取祖父母的经验和观点，即使他们的经验和观点可能与自己的经验和观念有所不同。通过这样的沟通，家庭成员可以更好地理解彼此的需求和关切，为建立和谐的关系打下基础。

（二）寻求共识

在教育孩子的问题上，家庭成员应努力寻求共识，找到一个平衡点。这需要双方都作出妥协和让步，以孩子的成长为优先考虑因素。通过深入的讨论和协商，家庭成员可以找到一个共同的教育方式，既能满足父母对现代教育的需求，又能尊重祖父母的传统智慧。这种共识不仅有助于家庭的和谐，还能为孩子的成长提供更为稳定和支持性的环境。

（三）提高自身素质

父母应积极提高自身的家庭教育素质，以更好地应对教育挑战。通过参加家长学校、阅读家庭教育书籍、参与家庭教育讲座等方式，父母可以获得更多的现代家庭教育知识和技能。这不仅有助于解决教育中的实际问题，还能增强父母在家庭教育中的自信和权威性。随着自身素质的提高，父母将更有能力与祖父母进行有效的沟通和合作，共同为孩子的成长提供支持。

如何发挥隔代家长的人生经验的作用？

在隔代家庭教育中，隔代家长充分发挥自己的人生经验的作用，可以帮助孩子更好的成长和发展。

一、分享人生经验

在孩子的成长过程中，隔代家长所拥有的人生经验是一笔宝贵的财富。他们经历了岁月的沉淀，积累了丰富的人生阅历。这些都是孩子在未来道路上值得借鉴的宝贵资源。因此，隔代家长分享自己的人生经验，不仅有助于孩子更好地认识自己，也能让他们从中汲取成长的力量。

（一）让孩子了解家族历史

家族历史是一个家族发展的见证，也是孩子了解自己根源的重要途径。隔代家长可以给孩子讲述家族的起源、发展及家族成员的奋斗历程。孩子在了解家族历史的过程中，既能感受到祖辈的辛勤付出，又能为自己树立更高的目标，从而激发为家族荣誉而努力的动力。

（二）传承家族传统和文化

每个家族都有其独特的传统和文化，这些传统和文化是维系家族成员的纽带。隔代家长可以通过教授家族传统和文化等方式，让他们更好地认识和传承家族文化。通过这种方式，孩子在成长过程中能够更加自觉地肩负起家族传承的责任，增强自己的文化认同感。

（三）以故事的形式传递人生智慧

隔代家长可以将自己的人生经历以故事的形式讲述给孩子听，让他们在聆听故事的过程中领悟到人生哲理。这些故事会成为孩子成长道路上的指引，帮助他们树立正确的价值观、人生观和世界观。同时，孩子也能从隔代家长的经验中汲取养分，获得更广阔的视野，以及增长智慧。

在与隔代家长交流的过程中，孩子可以提出自己的疑问和看法，从而加深对家族历史、传统和文化的理解。同时，这也有助于增进隔代家长与孩子之间的感情，形成良好的亲子关系。

二、传授生活技能

隔代家长拥有丰富的生活经验和技能，如烹饪、缝纫、木工等。这些技能不仅是他们生活智慧的体现,还是家族传统的一部分。隔代家长将这些生活技能传授给孩子,既有助于培养他们的独立生活能力,又能促进家族传统的传承,让他们在实践中成长。例如,烹饪是一门生活必备技能,既能让孩子学会照顾自己,又有助于培养他们的独立能力。隔代家长可以教授孩子一些简单的烹饪技巧和家常菜谱,让他们在学会烹饪的同时,感受到家庭的温暖和关爱。此外,烹饪教学还可以让孩子了解食物的营养价值和健康饮食的重要性,培养他们良好的饮食习惯。

三、树立榜样

隔代家长作为孩子生活中的重要角色,他们的人生经历和成就无疑可以成为孩子学习的榜样。引导孩子向隔代家长学习及传承他们的优秀品质和价值观,是帮助孩子树立正确人生观和价值观的有效途径。

(一)传承隔代家长的奋斗精神

隔代家长大多经历过艰苦的岁月,他们勤奋努力、不屈不挠的奋斗精神值得孩子学习。在孩子面临困难时,这种奋斗精神可以引导孩子回顾隔代家长的奋斗历程,激发他们克服困难的勇气和毅力。只有这样,孩子在面对挑战时才能够保持积极的心态,勇往直前。

(二)弘扬隔代家长的优良传统

隔代家长身上往往承载着家族的优良传统,如诚信、孝顺、助人等。引导孩子向隔代家长学习这些品质,将有助于他们树立正确的人生观和价值观,同时有助于他们传承家族文化,增强他们的文化认同感。

(三)培养孩子的社会责任感

隔代家长在社会实践中积累了许多有益的经验,这些经验对孩子的成长具有指导意义。通过让孩子参与社会实践活动,如志愿者服务、环保活动等,隔代家长可以培养他们的社会责任感。在成长的过程中,孩子能够更好地关注社会问题,为社会的和谐发展贡献力量。

(四)注重家庭教育与学校教育的衔接

隔代家长应与学校教师紧密合作,共同关注孩子的成长。在孩子面临困惑时,隔代家长应该及时给予关爱与指导,帮助他们解决问题。同时,隔代家长应该将自己的教育理念与学校教育相结合,培养孩子良好的学习习惯和行为规范。

四、共同参与家庭活动

家庭活动是促进家庭成员之间情感交流的重要途径。通过组织家庭活动,隔代家长可以与孩子共同参与家庭旅游、野营、家庭聚会等,这将有助于增进亲子关系,培养孩子的团队精神和家庭观念。

家庭旅游可以让孩子和隔代家长共同体验不同的风土人情,拓宽视野。在旅行的过程中,孩子可以向隔代家长请教问题、交流经验和观点,增进彼此间的了解。旅游中共同度过的难忘时光,能够加深隔代家长与孩子之间的感情,形成紧密的情感纽带。

野营是一种很好的户外活动方式,可以让隔代家长与孩子共同体验大自然的美好。在野营的过程中,孩子可以学会独立生活、团结协作,同时培养克服困难的勇气和毅力。隔代家长可以借此机会传授给孩子一些户外生存技巧,如如何搭建帐篷、如何生火等,让孩子在实践中成长。

家庭聚会是家庭成员间相互交流、分享快乐的重要场合。通过组织家庭聚会,隔代家长和孩子可以共同参与各种游戏、节目等,展现各自的才艺。这种轻松愉快的氛围有助于增进家庭成员之间的感情,让孩子感受到家庭的温暖和关爱。

隔代家长应该在家庭活动中承担一定的责任,如负责组织活动、照顾同伴、参与家务等。通过这种方式,孩子在家庭活动中不仅可以学会承担责任,还能培养自己的组织协调能力和家庭观念。

如何利用隔代家庭教育培养孩子的孝心？

利用隔代家庭教育培养孩子的孝心是一个值得探讨的问题。孝心是指尊敬和关心长辈的道德情感和行为，是中华民族的传统美德。

一、传承家族传统

家族传统作为一个家庭的精神支柱，承载着世代相传的文化精髓。隔代家长作为家族传统的传承者，他们拥有丰富的家族历史和文化知识。让孩子了解和传承这些家族传统，不仅有助于培养他们的孝心，还能使他们肩负起家族文化传承的使命。

（一）讲述家族故事

家族故事是传承家族传统的重要载体，承载着家族的辉煌历程、家族成员的奋斗精神和优良品质。隔代家长可以通过讲述家族故事，让孩子了解家族的由来、发展及家族中的杰出人物，让他们感受到家族的荣誉。在这个过程中，孩子会潜移默化地接受家族文化的熏陶，培养出对家族的归属感和自豪感。

（二）传承家族习俗

家族习俗是一个家族在节日、庆典等场合所遵循的礼仪和风俗。让孩子参与家族习俗的传承，如春节拜年、端午节包粽子、中秋节赏月等，有助于他们更好地体验家族文化的魅力。在这些传统活动中，孩子能够感受到家族成员之间的关爱和互助，培养出对长辈的尊敬和感激之情。

（三）教育孩子尊重家族中的长辈

尊重长辈是孝道的体现，也是家族传统的重要组成部分。隔代家长要教育孩子尊重家族中的长者，听从他们的教导，关心他们的生活。在与长辈互动的过程中，孩子可以学会关爱、感恩和尊重，从而培养出浓厚的孝心。

（四）鼓励孩子参与家族事务

孩子参与家族中的大小事务，如家庭聚会、祭祀活动等，可以感受到自己是家族的一员，并肩负起家族传承的责任。只有这样，孩子在参与家族事务的过程中，才会更加珍惜家族传统，激发传承家族文化的使命感。

二、尊重长辈

在隔代家庭教育中,教育孩子尊重长辈是一项至关重要的任务。尊重长辈是孝心的重要表现之一,它不仅体现了孩子的品德修养,还是对家族传统和文化的传承。

(一)培养孩子言语上的尊重

在日常生活中,孩子应该主动向长辈问好、告别,并用礼貌的语言和长辈交流。这不仅是对长辈的尊重,还是对自己言谈举止的规范。此外,隔代家长要教育孩子学会倾听长辈的意见和建议,即使有不同的观点,也要保持礼貌和尊重。

(二)教育孩子行为上的关心

孩子应该关心长辈的身体和心情,了解他们的需求,尽自己所能去帮助他们。这包括在长辈生病时,孩子应该关心他们的病情,为他们端水送药;在长辈劳累时,孩子应该主动帮助他们做一些力所能及的家务,减轻他们的负担。这些细微的关怀举动可以让长辈感受到孩子的关爱和尊重。

(三)鼓励孩子参与家族活动

隔代家长应该让孩子参加家族中的大小活动,如节日庆祝、祭祀仪式等,这可以让他们意识到自己在家族中的地位和责任。在活动中,孩子学会尊重家族中的长辈,继承和弘扬家族文化。此外,隔代家长要以身作则,树立尊重长辈的榜样。隔代家长在日常生活中要注重自己的言行举止,以实际行动展示对长辈的尊重。通过这种方式,孩子在家庭氛围的熏陶下,会更加自觉地形成尊重长辈的意识和行为习惯。

三、家庭角色定位

在隔代家庭教育中,家庭角色定位对于孩子和长辈都具有重要的意义。正确的家庭角色定位有助于建立和谐的家庭关系,培养孩子的责任感和孝心,使长辈感受到晚辈的关爱和尊重。

(一)教育孩子认识到自己是家庭的一员

隔代家长要让孩子明白,作为家庭成员,他们有责任关心和照顾长辈。这包括在日常生活中关注长辈的需求,主动承担一些家务劳动,减轻长辈的负担;在情感上关心长辈,陪伴他们度过欢乐和艰难的时光。通过这样的教育,孩子能逐渐形成家庭责任感,将关心和照顾长辈视为自己的分内之事。

(二)培养孩子尊敬长辈的意识和行为

隔代家长要让孩子明白,尊敬长辈是孝心的表现,也是家庭美德的传承。在日常生活中,孩子应该使用礼貌的语言与长辈交流,遵循家族传统和家庭习俗,体现出对长辈的尊重。此外,隔代家长还要教育孩子学会倾听长辈的意见和建议,虚心接受他们的批评和指导。

（三）让长辈感受到孩子的关心和尊重

家长要引导孩子关心长辈的生活和心情，体贴他们的付出，关心他们的身体健康。在孩子与长辈的互动中，隔代家长应该让孩子成为长辈的贴心小棉袄。当长辈感受到家庭的温馨时，他们会更加珍惜与孩子相处的时光。

（四）家长要以身作则，树立家庭角色榜样

隔代家长在日常生活中要注重自己的言行举止，展现出对长辈的尊重和关爱，为孩子树立榜样。通过这种方式，孩子在家庭氛围的熏陶下会更加自觉地形成家庭角色意识，并承担起自己的责任。

四、节俭生活

节俭，作为中华民族的传统美德之一，自古以来就被视为一种高尚的品质。它不仅是个人修养的体现，还是对家庭、社会和国家负责任的表现。在隔代家庭教育中，家长有责任教育孩子践行节俭生活，不浪费食物和资源。孩子在实践节俭生活的过程中，不仅能培养出孝心，还能养成良好的人生习惯，为社会发展贡献力量。

（一）教育孩子珍惜物品

隔代家长要让孩子明白，每一件物品都来之不易，都承载着人们的辛勤付出。因此，孩子应该珍惜和善待身边的物品，延长它们的使用寿命，充分发挥它们的价值。在孩子使用物品的过程中，隔代家长要教育他们爱护玩具、文具、衣物等，避免随意损坏和丢弃。

（二）倡导不浪费食物和资源

隔代家长要教育孩子养成节约粮食的习惯，吃饭时尽量光盘，避免剩菜剩饭。此外，隔代家长要教育孩子节约用水、用电等，让他们意识到资源的可贵，懂得珍惜和节约。在孩子的生活中，隔代家长可以设置一些具体的节约目标，如每月减少用水量、用电量等，让孩子亲身感受到节俭的成果。

（三）鼓励循环利用和旧物改造

隔代家长可以教育孩子将闲置的物品进行二手交易、捐赠或改造，使之焕发新生。这样既能培养孩子的创新思维和动手能力，又能让他们体会到资源再利用的价值，进一步培养节俭意识。

（四）家长要以身作则，树立节俭榜样

隔代家长在日常生活中要展现出节俭的品质，如节约用水、用电，修理损坏的物品等。在孩子面前，隔代家长要以身作则，让孩子看到节俭的生活方式，从而更好地向他们传递节俭的价值观。

如何应对隔代家庭教育中孩子的情绪问题？

一、隔代家庭教育背景下，孩子情绪问题的案例及分析

（一）案例描述

小明是一个 5 岁的小男孩。由于父母长期在外地工作，他平时主要由爷爷奶奶抚养。小明的父母虽然关心他的成长，但是由于距离和工作，无法经常陪伴在他的身边。小明在幼儿园和家庭生活中表现出一些情绪问题，他常常因为一些小事情而发脾气，甚至会摔东西、打人。他常常担心一些不必要的事情，如担心父母的安全，担心自己会做错事情等。他不太愿意和其他小朋友一起玩耍，也不愿意和他人交流。

（二）案例分析

小明出现情绪问题的原因可能是父母长期在外地工作，无法经常陪伴在他的身边。缺乏父母的关爱和支持，容易导致孩子出现情绪问题。同时，爷爷奶奶溺爱小明，可能导致他缺乏独立性，从而引发情绪问题。此外，爷爷奶奶的教育方式存在不足之处，如缺乏对小明的心理关注和支持。

在隔代家庭教育背景下，孩子的情绪问题可能与家庭环境和教育方式有关。家长需要关注孩子的情感需求，并及时调整自己的教育方式。隔代家长应该加强父母与孩子的联系，给予孩子更多的关爱和支持，这有助于缓解孩子的情绪问题。同时，隔代家长也需要与老师、其他家庭成员等共同协作，共同营造良好的成长环境。

二、指导建议

隔代家长在抚养孙辈的过程中，往往会遇到孩子的情绪问题。引导隔代家长学会应对这些问题，成为隔代家庭教育中亟待解决的问题。

（一）了解孩子的心理需求

1. 尊重孩子的个性

在隔代家庭教育中，尊重孩子的个性显得尤为重要。每个孩子都是独一无二的，他们拥有独特的性格特点和兴趣爱好。因此，隔代家长要学会欣赏和接受孩子的不同，而不是试图改变他们。

（1）尊重孩子的个性，就要关注他们的兴趣和特长。隔代家长可以鼓励孩子尝试不同

的活动,如绘画、音乐、运动等,以便发现和培养他们的兴趣。同时,隔代家长要尊重孩子的选择,让他们在尝试和探索中,逐步形成自己的兴趣爱好。

（2）隔代家长要尊重孩子的独立性。在成长过程中,孩子需要学会独立思考、独立解决问题。隔代家长要给予孩子充分的自主权,让他们在适当的范围内自己解决问题,从而培养他们的自信心和自主能力。

2. 倾听孩子的心声

沟通是建立良好关系的关键,尤其在隔代家庭教育中。隔代家长应该花时间与孩子交流,倾听他们的想法、感受和需求。通过倾听,隔代家长可以更好地了解孩子的内心世界,发现他们可能存在的问题和困难,为他们提供及时的帮助和支持。

倾听孩子的心声,要求隔代家长放下身段,以平等的态度与孩子沟通。在与孩子交流时,隔代家长要用心去理解孩子的感受,给予他们关爱和支持。此外,隔代家长还要学会适时引导孩子表达自己的感受,让他们学会倾听他人的声音,培养良好的沟通能力。

3. 满足孩子的安全感

安全感是孩子健康成长的重要因素。隔代家长应该给予孩子足够的关爱和陪伴,让他们感受到家的温暖和稳定。只有安全感得到满足,孩子才会愿意探索世界,并勇敢面对挑战。

满足孩子的安全感,首先要提供稳定的家庭环境。隔代家长要尽量减少家庭矛盾和冲突,让孩子感受到家庭的和谐与温馨。其次,隔代家长要给予孩子持续的关爱和陪伴。在孩子的成长过程中,长期稳定的照顾者对孩子建立安全感至关重要。

（二）引导孩子正确表达情绪

1. 教会孩子识别情绪

让孩子学会识别和理解自己的情绪,是情绪管理的第一步。隔代家长可以通过讲故事、角色扮演等生动有趣的方式,帮助孩子认识喜怒哀乐等基本情绪,并引导他们用恰当的方式表达出来。此外,隔代家长还可以借助绘本、动画片等教育资源,让孩子在轻松愉快的氛围中掌握情绪识别的小技巧。

2. 培养孩子良好的情绪调节能力

教会孩子恰当表达情感,是培养他们情绪调节能力的关键。隔代家长应教导孩子在面对负面情绪时,学会以健康的方式释放压力,如进行体育运动、学习绘画、写日记等。同时,隔代家长还需以身作则,示范如何正确处理情绪,以便孩子从中学习。

（三）增加与孩子的互动

1. 共同参与活动

鼓励孩子参加各类文体活动,不仅有助于培养他们的兴趣爱好,还能增进亲子关系,帮助他们建立良好的社交圈。隔代家长可以陪伴孩子参加学校组织的运动会、文艺演出等活动,也可以鼓励他们参加社会团体或社区举办的活动。在活动中,隔代家长可以和孩子分享喜悦和成功,同时培养他们的团队精神和合作意识。

2. 培养共同的兴趣爱好

隔代家长与孩子共同学习、娱乐,是增进亲子关系、提高彼此默契度的有效途径。隔代家长可以根据自己的兴趣和孩子的喜好,选择一些共同学习的项目,如学习绘画、演奏乐器、练习瑜伽等。通过这种方式,隔代家长和孩子可以在共同进步的过程中,增进彼此的了解。

3. 定期组织家庭聚会

家庭聚会是增进家庭成员之间感情的重要方式。在隔代家庭教育中,隔代家长可以定期组织家庭聚会,邀请亲戚朋友一起共度美好时光。通过家庭聚会,孩子可以感受到家庭的关爱和支持。同时,家庭聚会还有助于培养孩子的礼仪意识和沟通能力,让他们学会如何与他人相处。

(四)提高自身的教育能力

1. 学习家庭教育知识

隔代家长要不断学习新的家庭教育知识和方法,了解孩子在每个年龄阶段的成长特点和心理需求。这有助于隔代家长更好地理解孩子,为孩子提供恰当的教育和关爱。隔代家长可以通过阅读家庭教育书籍、参加家庭教育讲座、上网查阅资料等方式,不断丰富自己的家庭教育知识。

2. 增进与父母之间的沟通

隔代家长要学会与孩子父母进行沟通,了解他们的教育观念和家庭教育方法,以便在教育过程中形成共识。同时,隔代家长还可以向孩子父母请教一些家庭教育难题,共同解决问题,从而为孩子提供更好的成长环境。

如何在隔代家庭教育中培养孩子的个性发展？

一、隔代家庭教育背景下，孩子个性发展不良的案例及分析

（一）过度依赖

1. 案例描述

小明是一名小学生，由于父母工作忙，平时主要由爷爷奶奶照顾。爷爷奶奶将小明照顾得无微不至，导致小明在学习、生活等方面过度依赖他人。

2. 案例分析

隔代家庭教育容易导致孩子过度依赖，因为爷爷奶奶往往会无条件地满足孩子的需求，替代孩子完成一些本应由孩子自己完成的任务，如穿衣、洗漱等。这样会削弱孩子的自主能力和自信心，并对孩子的发展产生负面影响。

（二）自私自利

1. 案例描述

小红的爷爷奶奶非常疼爱她，对她百依百顺，经常满足她不合理的要求。小红变得越来越自私，她不愿意分享自己的玩具和食物，不考虑他人的感受。

2. 案例分析

溺爱容易导致孩子形成自私的性格。在隔代家庭教育中，爷爷奶奶往往会过度关注孩子的需求，忽视对孩子进行分享和合作的教育。这样会导致孩子缺乏同理心，只考虑自己的利益，从而对人际关系和社会交往产生负面影响。

（三）社交能力差

1. 案例描述

小华在与其他孩子交往时表现得胆小、害羞，不敢主动与他们交流。因此在班级里，他的人际关系较差，很难融入集体生活。

2. 案例分析

隔代家庭教育可能导致孩子社交能力差，因为爷爷奶奶往往过度保护孩子，不让他们参加同龄人的活动，使孩子缺乏与他人交往的机会。这容易导致孩子形成胆小、害羞的性格，从而影响他们在学校和社会生活中的表现。

（四）心理承受力差

1. 案例描述

小燕在遇到一点点挫折时就表现得非常沮丧,甚至有时会因此哭泣。她在面对困难时,心理承受能力较差,难以自我调整。

2. 案例分析

在隔代家庭教育中,爷爷奶奶可能会过度呵护孩子,甚至不让他们承受任何挫折。这样的教育方式使孩子难以适应社会生活,心理承受力差,容易在遇到困难时情绪失控。

（五）缺乏创造力和探索精神

1. 案例描述

小杰在面对问题时,总是按照爷爷奶奶的指示,不敢发挥自己的想象力。他在生活中缺乏创造力和探索精神。

2. 案例分析

在隔代家庭教育中,爷爷奶奶可能会过分干预孩子的生活,使孩子遵循他们的规定和期望。这样的教育方式限制了孩子的创造力和探索精神,使他们容易形成依赖心理。

（六）不良的学习习惯

1. 案例描述

小琳在学习过程中总是缺乏积极性,并且容易分心。她不愿意主动完成作业,常常需要爷爷奶奶的督促才能完成。

2. 案例分析

隔代家庭教育可能导致孩子形成不良的学习习惯,如拖延、依赖他人等。爷爷奶奶过分关注孩子的学习成绩,容易导致孩子产生压力,从而对学习产生抵触情绪。

二、指导建议

（一）了解孩子的兴趣和特点

在隔代家庭教育中,了解孩子的兴趣和特点是非常重要的,因为这有助于更好地培养他们的个性发展。隔代家长需要花时间观察孩子,了解他们的兴趣爱好和性格特点。通过观察孩子的行为、对话和情绪,隔代家长可以发现他们的兴趣所在,如音乐、绘画、运动、阅读等。此外,隔代家长还可以与孩子进行交流,询问他们的喜好和想法,从而更好地了解他们的内心世界。

了解孩子的兴趣和特点后,隔代家长应该给予支持和引导,帮助孩子在这些领域深入发展。隔代家长可以为孩子提供相关的学习资源和机会,如购买乐器、订阅杂志、报名参加兴趣班等。同时,隔代家长也可以鼓励孩子参加一些相关的活动和比赛,让他们在实践中锻炼自己的能力。

隔代家长可以鼓励孩子尝试新事物和探索未知领域。孩子的兴趣和特点可能会随着时间而发生变化,因此隔代家长应该给予孩子足够的自由和空间,让他们尝试不同的活动和体验。这样可以培养孩子的探索精神和创新能力,促进他们的个性发展。

(二)鼓励自主探索和学习

在隔代家庭教育中,鼓励孩子自主探索和学习是培养他们个性发展的重要途径。隔代家长应该给孩子足够的自由和空间,让他们自主地探索世界,发现自己的兴趣。这样可以培养孩子独立思考的能力和创新精神,使他们成为有主见、有创造力的人。

隔代家长应该给予孩子足够的自由和空间,让他们自主探索和学习。隔代家长不要过度干涉孩子的学习和探索过程,而应该鼓励他们发现问题、解决问题和面对挑战。这样可以培养孩子独立思考和解决问题的能力,增强他们的自信心和自尊心。

隔代家长应该鼓励孩子尝试新事物和探索未知领域。孩子的好奇心和求知欲是他们探索世界的动力。隔代家长可以引导孩子接触新事物,激发他们的好奇心,鼓励他们尝试未知领域。在尝试新事物的过程中,孩子会发现自己的兴趣,从而发展出独特的个性和能力。

隔代家长可以通过引导孩子观察、思考和实践来促进他们自主探索的能力。观察是孩子认识世界的重要方式之一,隔代家长可以引导孩子观察周围的事物和现象,鼓励他们提出问题并寻找答案。思考是培养孩子思维能力的重要方式,隔代家长可以引导孩子思考问题、分析问题和解决问题。实践是培养孩子动手能力和创新精神的重要途径,隔代家长可以鼓励孩子动手操作,尝试新方法并创造新事物。

(三)提供多元的学习机会

在隔代家庭教育中,提供多元的学习机会是促进孩子个性发展的重要方式之一。每个孩子都有不同的兴趣和潜力,通过提供多元学习机会,隔代家长可以让孩子接触不同的领域和技能,帮助他们发现自己的兴趣和潜力。

隔代家长可以提供多种学习资源,如书籍、杂志、互联网资源等,让孩子自主选择自己感兴趣的领域进行学习。此外,隔代家长还可以带孩子参观博物馆、艺术展览、科技馆等文化场所,让孩子接触不同的文化和艺术形式,拓宽他们的视野和认知。

隔代家长可以鼓励孩子参加各种兴趣班和活动,如音乐、舞蹈、绘画、运动等。通过参加兴趣班,孩子可以深入学习自己感兴趣的领域,发掘自己的潜力和特长。同时,这些兴趣班也可以为孩子提供与同龄人交流和互动的机会,促进他们的社交能力发展。

隔代家长可以与孩子一起进行亲子活动,如读书会、家庭科学实验等。通过与孩子一起动手操作,隔代家长可以培养孩子的实践能力和创新精神,同时也可以增强家庭的互动性和亲密感。

如何通过隔代家庭教育培养孩子的自主性？

一、隔代家庭教育背景下，孩子缺少自主性的案例及分析

（一）案例描述

小明是一名五年级的学生。由于父母长期在外地工作，他由爷爷奶奶抚养长大。小明的爷爷奶奶非常疼爱孙子，总是想尽办法满足他所有的需求。但在教育上，他们却有些力不从心，尤其是在培养小明的自主性方面。在学校里，小明经常无法独立完成老师布置的任务。例如，当老师要求同学们自己组织小组讨论时，小明总是依赖爷爷奶奶为他准备讨论资料。如果没有爷爷奶奶的帮助，他就不知所措。此外，小明在课堂上也缺乏主动发言的积极性，即使他知道答案，也不会主动举手回答问题。

（二）案例分析

爷爷奶奶对小明过度保护，包办了他所有的事情，使他失去了独立思考和独立行动的机会。在这种情况下，小明会逐渐形成依赖心理，不愿意主动去思考和解决问题。他们可能没有意识到培养孩子自主性的重要性，或者不知道如何正确地引导孩子发展自主性。由于小明长期生活在爷爷奶奶的庇护下，他缺乏独立解决问题的实践经验，因此没有机会去尝试新事物或者面对挑战，也就无法从中学习和成长。

二、指导建议

（一）适度放手

隔代家长应该让孩子自己整理房间，这有助于培养他们的自理能力和时间管理技巧。在这个过程中，孩子学会了如何平衡学习、生活和娱乐，锻炼了自己的组织能力和责任心。当孩子养成整理房间的习惯后，他们在生活中将更加自律，并懂得珍惜他人的劳动成果。适度放手还有助于培养孩子的独立思考能力，以及解决问题的能力。当孩子遇到问题时，隔代家长应鼓励他们独立思考、自主解决，并适时给予指导，让他们在实践中不断成长。

（二）引导探索

隔代家长应该让孩子参加户外拓展活动，这有助于培养他们的自主性和团队协作能力。户外拓展活动通常涉及各种困难和挑战，孩子需要在团队中发挥自己的优势，克服困难。在

225

这个过程中,孩子将学会如何处理突发状况,提高自己的应变能力。同时,户外拓展活动还能锻炼孩子的体能和意志力,让他们在面对挑战时更加勇敢。隔代家长应该鼓励孩子尝试新的兴趣爱好,这有助于培养他们的个性和独立思考能力。当孩子接触到新的兴趣爱好时,他们需要思考如何去学习并掌握这项技能。这将激发孩子的好奇心,培养他们的创新意识。

(三)培养责任感

隔代家长应该让孩子负责打扫自己的房间,这有助于培养他们的自律意识和时间管理能力。在完成任务的过程中,孩子将学会如何管理自己的生活,养成良好的生活习惯。同时,打扫房间也能锻炼孩子的动手能力,培养他们的生活技能。隔代家长应该让孩子负责洗碗等家庭任务,这有助于培养他们的责任感。在完成任务的过程中,孩子需要意识到自己的行为对家庭的影响,从而学会为他人着想。承担家庭责任还能让孩子体会到隔代家长的辛劳,学会感恩和珍惜。

(四)鼓励主动表达

隔代家长应该鼓励孩子积极发言,这有助于培养他们的表达能力和自信心。在课堂上,孩子需要用清晰、有条理的语言来表达自己的观点和想法。这将帮助孩子提高语言组织能力、逻辑思维能力,并为今后的学术研究和职业生涯打下基础。此外,积极发言还能让孩子更好地倾听他人意见,培养他们的沟通技巧。主动参与讨论有助于培养孩子的思考能力和自主性。在讨论的过程中,孩子需要独立思考、分析问题,并提出自己的见解。这将激发孩子的好奇心,培养他们的创新意识。

(五)提供选择机会

隔代家长应该让孩子自己选择衣服的颜色,这有助于培养他们的审美观和个性。在挑选衣物时,孩子需要考虑颜色、款式等多方面因素。这个过程将锻炼孩子的观察力和判断力,同时也能培养他们的审美观。此外,隔代家长让孩子自己选择衣物,这有助于培养他们学会如何为自己的喜好和需求作出决策。隔代家长让孩子选择自己喜欢的课外读物,这有助于培养他们的阅读兴趣和自学能力。在选择读物的过程中,孩子需要了解自己的兴趣所在,并根据自己的需求挑选合适的书籍。这个过程将激发孩子的求知欲,培养他们的自学能力。

如何利用隔代家庭教育培养孩子的规则意识?

一、父母需明确自身在孩子教育中的重要角色

父母是孩子最重要的教育者。孩子从出生的那一刻起,他们就开始通过观察和模仿来学习。父母的一言一行都会成为孩子学习的榜样。因此,父母需要时刻注意自己的言行,为孩子树立榜样。

(一)为孩子提供良好的家庭教育

这包括培养孩子的自信心、责任感、独立性,以及教会他们独立解决问题的能力。父母应当鼓励孩子探索世界,同时为他们设定合理的限制,确保他们的安全。当孩子遇到困难时,父母应给予支持和指导,而不是立即为他们解决问题。这样有助于培养孩子坚忍的意志和解决问题的能力。

(二)与孩子建立亲密的关系

这需要父母投入足够的时间和精力,了解孩子的需求和感受,并与他们分享快乐和悲伤。只有在这种安全的环境中,孩子才可能放开心扉,表达自己的想法和感受,同时接受父母的教育和指导。

(三)认识到家庭教育的长期影响

孩子的成长是一个长期的过程,需要父母的耐心和持续的努力。父母应当不断学习和改进自己的教育方法,以适应孩子不断变化的需求。同时,父母还需要与学校、社区等其他机构合作,共同为孩子的成长提供支持。

二、隔代家长要更新教育观念,既要有爱,又要有严

隔代家长要深刻认识到爱与严格要求的重要性。爱是家庭教育的基石,没有爱就没有教育。隔代家长要给予孙辈充分的关爱和温暖,让他们感受到家庭的温暖和安全。但仅有爱是不够的,严格要求也是不可或缺的一部分。严格要求并不是对孩子进行压制或惩罚,而是为他们设定合理的规则和界限,培养他们的自律性和责任感。

(一)注重培养孩子的独立性和自主性

在现代社会,独立性成为一项重要的个人素质。隔代家长要学会逐步放手,让孩子自己

承担力所能及的事情,让他们学会独立思考和解决问题。这样不仅能够培养孩子的自信心和自主性,还有助于提高他们的生活自理能力和社会适应能力。

(二)关注孩子的心理健康和情感需求

除了关注孩子的学习成绩和身体健康,隔代家长还要关注他们的心理状态和情感变化。通过与孩子进行积极有效的沟通,隔代家长可以了解他们的想法和感受,并为孩子提供情感支持和心理疏导。当遇到挫折和困难时,隔代家长应该鼓励孩子勇敢面对,帮助他们建立积极的心态,并提供应对策略。

(三)与时代保持同步,不断更新自己的教育观念和方法

随着社会的进步和教育理念的发展,新的教育观念和方法层出不穷。隔代家长要保持开放的心态,积极学习新的教育理念和方法,并将其融入自己的教育实践中。这样不仅能够提高自己的教育水平,还能为孙辈的成长提供更加全面的支持和引导。

三、家庭成员之间要保持教育的一致性

(一)家庭成员之间要建立良好的沟通机制

父母和隔代家长应该定期交流,分享彼此的教育经验和想法。通过沟通,家庭成员可以发现并解决教育中的问题,避免因教育方式不同而产生矛盾。同时,沟通还能加强家庭成员间的理解和信任,为孩子营造和谐的家庭氛围。

(二)共同制订教育计划和目标

父母和隔代家长应该坐下来,为孩子的成长制订明确的教育计划和目标。在制订计划和目标的过程中,双方要充分考虑孩子的兴趣、天赋和个性,确保教育方式和内容适合孩子的发展需求。通过共同制订教育计划和目标,家庭成员间能够更好地协同工作,为孩子的成长提供全方位的支持。

(三)相互尊重和支持

每个人都有自己的教育方式和理念,但重要的是相互尊重和支持。如果家庭成员之间有分歧,那么应该通过沟通、协商或寻求专业意见来解决,而不是在孩子面前争吵或表达不满。相互尊重和支持的家庭氛围,能够让孩子感受到家庭的温暖和安全,从而让他们更加自信、健康地成长。

四、社会应该加强对隔代教育的指导与支持

社会应该提供多元化的教育资源和培训机会,如开展家庭教育讲座、培训班和线上课程,邀请教育专家和经验丰富的隔代家长分享他们的知识和经验。这些培训和讲座可以帮助隔代家长提高教育水平,让他们了解如何更好地培养孩子的规则意识、独立性和其他各项能力。此外,社会还可以设立隔代教育咨询中心,为隔代家长提供一对一的指导和咨询服务。

（一）加强对隔代教育的宣传和推广

通过媒体、社交平台和社区活动等,社会可以传播正确的教育观念和方法,让更多的家庭了解隔代教育的优势和挑战,并鼓励他们采取积极的措施改进隔代教育。此外,社会还可以通过开展亲子活动、隔代教育主题的展览等形式,促进家庭之间的交流与合作,共同分享育儿经验和技巧。

（二）政府和社会组织加大对隔代教育的投入和支持

政府和社会组织可以制定相关政策,为隔代家长提供更多的培训和福利保障;可以设立隔代教育基金,资助相关的研究和实践项目。政府的引导和社会的参与可以形成一个全方位、多层次的隔代教育支持体系,为家庭提供更加全面和专业的支持与指导。

五、家长和学校应共同关注孩子的心理发展

（一）家长和学校共同关注孩子的情绪变化

孩子的心灵是敏感而脆弱的,他们对于生活中的变化和压力常常会有强烈的情绪反应。家长和学校应密切观察孩子的情绪变化,理解他们的情感需求,并及时提供支持和安抚。有效的情感沟通可以帮助孩子建立稳定的情感基础,培养他们健康的心态。

（二）引导孩子正确处理人际关系

孩子在成长过程中会遇到各种各样的人际关系问题,如与同伴之间的冲突、与老师的互动等。家长和学校应当成为孩子人际关系的引导者,教给孩子正确的沟通技巧和处理问题的方法。这样可以帮助孩子建立良好的人际关系,增强他们的社交能力,从而更好地适应社会规则。

（三）注重培养孩子的自我控制能力

自我控制是遵守规则的重要基础,它涉及孩子对自身行为的约束和调节。家长和学校可以制定一些简单的规则,让孩子逐渐学会控制自己的行为。同时,奖励和惩罚机制可以让孩子明白规则的重要性,并逐渐形成自我控制的意识。

（四）关注孩子的心理健康

心理健康是孩子全面发展的重要基础,它对规则意识的培养有着重要的影响。家长和学校应当定期关注孩子的心理状态,及时发现和解决心理问题。同时,家长和学校要鼓励孩子表达自己的情感和想法,培养他们的自尊心和自信心。

如何在隔代家庭教育中培养
孩子良好的学习习惯？

一、隔代家庭教育对孩子学习的影响

隔代家庭教育可能导致孩子过度依赖他人，缺乏自主性和独立性。隔代家长通常会溺爱孩子，包办孩子的生活琐事，导致孩子缺乏独立解决问题的能力。在学习上，他们也会表现出依赖心理，缺乏自主学习的动力和习惯。

隔代家庭教育可能影响孩子接受新知识的能力。由于隔代家长的教育观念与现代教育观念存在差异，他们可能更注重传统知识的学习，忽略了现代社会所需的能力和素质。这可能导致孩子在学习上缺乏创新思维和实际操作能力，从而影响他们综合素质的全面发展。

隔代家庭教育可能影响孩子的心理健康。隔代家长通常与孩子存在代沟，他们还可能采用不科学、不适当的沟通方式和教育方法，容易导致孩子产生心理问题，如焦虑、抑郁等。这些问题可能会影响孩子的学习状态和成绩。

二、改善隔代家庭教育下的学习习惯

隔代家庭教育是当前社会中普遍存在的现象，尤其在中国的文化背景下更为常见。然而，在隔代家庭教育的背景下，孩子的学习习惯可能存在一些问题。这些问题需要引起重视并采取措施加以改变。

第一阶段：加强父母与长辈之间的沟通与合作是改善孩子学习习惯的关键。双方需要共同制订教育计划和目标，明确各自的职责和角色。通过定期交流和协商，双方可以确保教育理念的一致性，避免产生矛盾和冲突。这一阶段的重点是建立起有效的沟通与合作机制，为后续的行动奠定基础。

第二阶段：关注孩子的个体差异、兴趣和特长是提高学习效果的重要手段。隔代家长需要了解孩子的性格、兴趣、特长等，以便进行有针对性的指导和帮助。通过鼓励孩子参与感兴趣的活动、拓展兴趣爱好、培养特长等途径，隔代家长可以激发孩子的学习热情和动力。这一阶段的重点是关注孩子的个性化需求，为孩子提供符合其特点的学习资源和支持。

第三阶段：培养孩子的自主学习和独立思考能力是提高学习效果的必要条件。隔代家长需要引导孩子树立正确的学习态度，鼓励他们自主学习、自主探究。隔代家长可以通过设置学习计划、指导学习方法等方式,培养孩子的自律性和独立思考能力。这一阶段的重点是引导孩子树立正确的学习观念,掌握正确的学习方法,使他们能够主动学习和独立思考。

第四阶段:营造温馨、和谐的家庭氛围是促进孩子学习习惯改善的重要外部条件。隔代家长需要关注家庭氛围的营造,为孩子创造一个温馨、和谐的学习环境。隔代家长可以通过关注家庭成员之间的关系、营造良好的家庭文化、加强亲子沟通等方式,让孩子感受到家庭的温暖和支持。这一阶段的重点是营造有利于孩子学习的家庭氛围,使他们在轻松愉悦的氛围中养成良好的学习习惯。

三、家庭教育与学校教育的配合

家庭教育与学校教育是孩子成长的两大支柱,两者相互影响、相互促进。为了培养孩子良好的学习习惯,家庭与学校需要密切配合,共同制订教育计划和目标。

第一阶段:建立沟通机制。在家庭与学校的初步配合阶段,重点是建立良好的沟通机制。隔代家长应主动了解学校的教育教学计划和要求,与学校保持密切联系。隔代家长可以定期参加家长会、家校互动活动等,了解孩子在学校的表现和学习情况。同时,隔代家长应积极向学校反馈孩子在家中的学习状况和生活情况,以便双方更好地了解孩子的发展需求。

第二阶段:深度参与学校活动。在建立良好沟通机制的基础上,家庭与学校可以进一步配合,深度参与彼此的教育活动。隔代家长可以积极参加学校组织的各类活动,如运动会、文艺表演、科技竞赛等,与孩子一起参与活动,增进亲子关系。同时,隔代家长还可以主动邀请老师参加家庭活动,以便进一步了解孩子在家庭与学校的表现。

第三阶段:家校共育的实施。在深度参与学校各项活动的基础上,家庭与学校可以共同制订教育计划和目标,实施家校共育。隔代家长可以与老师商讨孩子的教育问题,制订个性化的教育方案。同时,隔代家长还可以积极参与学校的课外辅导和心理辅导等活动,为孩子提供全方位的支持。在这一阶段,家庭与学校应共同努力,形成教育合力,促进孩子学习习惯的养成。

第四阶段:持续反馈与调整。家庭教育与学校教育的配合是一个持续的过程,需要不断地进行反馈与调整。家长和老师应定期对孩子的进步进行评估,并根据实际情况调整教育计划和目标。同时,双方应积极反馈孩子在家中和学校的表现,及时发现和解决可能出现的问题。通过持续反馈与调整,家庭与学校可以不断完善配合方式,提升孩子的自主学习能力。

四、自我管理能力的培养

在隔代家庭教育背景下,培养孩子的自我管理能力显得尤为重要。隔代家长可以和孩子一起制订家庭规则,让他们明白在日常生活中哪些行为是可接受的,哪些行为是不可接受的,明确规定并解释每一条规则的原因和必要性,这样可以帮助孩子更好地理解和遵守。对于孩子良好行为和表现,隔代家长应该给予正面的奖励,这可以强化他们的正面行为。同时,对于不良的行为,隔代家长要有适当的惩罚,帮助他们认识到错误并改正。鼓励孩子参与家务劳动,不仅可以帮助他们学习生活技能,还可以培养他们的责任感和自我管理能力。隔代家长应该根据孩子的年龄和能力,分配适合他们的家务,并确保他们明白家务的重要性。隔代家长应该鼓励孩子参加兴趣小组或俱乐部,培养他们的团队合作能力和自我管理能力。在团队中,他们需要学会如何与他人合作,如何管理自己的时间和任务等。

让孩子在适当的范围内自主决策,并为自己的选择和行为负责,这样可以培养他们的独立思考能力和责任感。隔代家长应该给予孩子积极的反馈和鼓励,让他们明白自我管理对个人成长的重要性。同时,隔代家长应该在适当的时候提供指导和建议,帮助他们克服困难和挑战。隔代家长应该认真倾听孩子的意见和想法,尊重他们的个性和选择,并在相互尊重的氛围中,帮助孩子更好地发展自我管理能力。隔代家长应该定期回顾并反思在培养孩子自我管理方面的进步和挑战,并根据需要调整方法和策略,以适应孩子的成长和发展需要。

如何通过隔代家庭教育培养
孩子良好的卫生习惯?

一、制订明确的卫生规则

为了确保孩子形成良好的卫生习惯,隔代家长与孩子一起制订明确的卫生规则是非常重要的。这些规则应具体且明确,包括日常的洗手、刷牙、洗脸等基本的卫生习惯。例如,在洗手规则中,隔代家长可以规定每次上厕所后、吃饭前和玩耍后必须洗手,并且洗手需要用肥皂或洗手液,确保手心、手背和指甲均被洗净。在刷牙规则中,隔代家长要确保每天早晚各刷一次,每次至少两分钟,牙刷应三个月更换一次。

通过制订这些具体且明确的卫生规则,孩子可以更好地理解为什么需要这么做,并且逐步养成良好的卫生习惯。同时,规则应具有足够的灵活性,以适应不同成长阶段的孩子。随着孩子年龄的增长和认知能力的提高,隔代家长可以逐步引入更复杂的卫生习惯,如定期洗头、洗澡等。

二、示范和引导

(1)树立正确的卫生观念,养成良好的卫生习惯。在日常生活中,隔代家长应该注重个人卫生,如勤洗手、刷牙、洗脸等,以及保持家庭环境的整洁和卫生。通过自身的行为示范,隔代家长可以让孩子看到正确的卫生习惯,从而激发他们模仿和学习的欲望。

(2)引导孩子观察并模仿良好的卫生行为。在孩子还未能完全理解卫生规则的时候,隔代家长可以通过示范和讲解,让孩子观察并模仿自己的行为。例如,隔代家长可以在洗手时让孩子观察,并教他们正确的洗手方法。

(3)通过适时的表扬和奖励,激发孩子养成良好的卫生习惯。当孩子表现出良好的卫生习惯时,隔代家长可以给予适当的表扬和奖励,增强他们的自信心和积极性。这样可以帮助孩子更好地养成良好的卫生习惯,并培养他们的自主性和责任感。

三、教育孩子了解卫生知识

隔代家长可以告诉孩子不讲卫生的危害,如可能引发感染、疾病等。同时,隔代家长也可以通过生动有趣的方式,如故事、动画等,向孩子展示不讲卫生的后果,让他们更加直观地理解卫生习惯的重要性。

（1）向孩子传授正确的卫生知识，如正确洗手、刷牙、洗脸等。这些具体的操作方法能够帮助孩子更好地养成良好的卫生习惯。在传授的过程中，隔代家长可以通过示范来引导孩子进行实践操作，让他们在实践中掌握正确的卫生习惯。

（2）与孩子一起阅读相关的卫生知识绘本、科普读物等。通过图文并茂的方式，隔代家长可以帮助孩子更好地理解卫生知识。在与孩子的交流中，隔代家长可以通过提出问题、引导思考的方式，让孩子更加积极地参与学习过程。

（3）注意教育方式和方法，以适合孩子年龄和理解能力的方式传授卫生知识。同时，隔代家长也要给予孩子足够的时间和机会去实践和巩固所学的卫生知识，帮助他们真正养成良好的卫生习惯。

四、定期进行卫生检查和提醒

隔代家长可以设定固定的卫生时间，如每天的刷牙时间和洗脸时间。在固定的时间进行卫生习惯的练习，有助于孩子形成规律的卫生习惯。隔代家长可以在这些时间进行检查，确保孩子按照规定进行卫生操作。

（1）定期检查孩子的卫生状况，如口腔卫生、指甲长度等。通过观察和检查，隔代家长可以及时发现孩子在卫生方面存在的问题，如蛀牙、指甲过长等。针对这些问题，隔代家长可以给予适当的提醒和指导，帮助孩子纠正不良的卫生习惯。

（2）通过与孩子的互动来提醒和指导。隔代家长可以在与孩子的日常交流中询问他们的卫生习惯，鼓励他们分享自己的心得体会，并根据孩子的反馈给予相应的建议和指导。这种互动方式可以增强孩子对卫生的重视程度，并促进他们更好地养成良好的卫生习惯。

五、表扬和奖励

隔代家长应该及时发现孩子在卫生习惯方面的进步和良好表现，并及时给予表扬。表扬可以是对孩子具体行为的肯定，如主动刷牙、洗脸等，也可以是对孩子整体卫生状况的赞赏。通过具体的表扬，隔代家长应该让孩子明白哪些行为是正确的，哪些习惯是好的，从而增强他们的自信心和积极性。

（1）当孩子表现出良好的卫生习惯时，隔代家长应该给予适当的奖励。奖励可以是物质的，如小玩具、贴纸等，也可以是非物质的，如拥抱、赞扬等。奖励可以激发孩子的内在动机，促使他们更积极地保持良好的卫生习惯。

（2）设置一些小目标，让孩子在达到目标后获得奖励。隔代家长可以设置每天刷牙、洗脸的次数目标，当孩子达到目标时，可以给予他们适当的小奖励。这样可以帮助孩子更好地形成习惯，同时也能让他们明白努力与现实目标是成正比的。

需要注意的是，表扬和奖励的方式和方法应该根据孩子的性格和喜好进行调整。有些孩子可能更喜欢受到公开的表扬，而有些孩子则更喜欢私下的赞扬。因此，隔代家长应该根据孩子的个性特点给予适当的表扬和奖励，以更好地激励他们保持良好的卫生习惯。

六、激发孩子的自主性

隔代家长可以与孩子一起制订卫生规则,并让他们参与决策过程。隔代家长可以提出一些建议和要求,然后让孩子根据自己的理解和需求提出意见并补充。通过共同制订规则,孩子会更加认同并愿意遵守这些规则。

(1)鼓励孩子自觉地执行卫生规则。隔代家长可以帮助孩子理解规则的意义和必要性,并给予他们足够的自主权去执行这些规则。当孩子能够自觉地执行规则时,他们的自主性和责任感会得到提升,从而更加积极地培养良好的卫生习惯。

(2)通过与孩子的互动和沟通来激发他们的自主性。隔代家长可以与孩子一起讨论卫生习惯的重要性,了解他们的想法和困惑,并给予积极的引导和帮助。通过与孩子的沟通,隔代家长可以帮助孩子建立正确的认知观念,激发他们养成良好卫生习惯的意愿。

(3)给予孩子足够的鼓励和肯定,以增强他们的自信心和积极性。当孩子表现出自主性和责任感时,隔代家长应该及时给予表扬和奖励,以激励他们继续保持良好的卫生习惯。

七、创造良好的卫生环境

隔代家长应该保持家庭环境的整洁和卫生。家庭环境的整洁能够让孩子养成整洁的习惯,避免脏乱差的环境对孩子产生不良影响。隔代家长应该定期清理家庭环境,包括清理室内卫生、整理物品、保持空气清新等。此外,隔代家长还可以制订一些简单的卫生规定,如饭前洗手、定期洗澡等,以帮助孩子养成良好的卫生习惯。

(1)在家庭中设置合适的卫生设施,方便孩子进行日常的卫生操作。在洗手间安装适合孩子高度的洗手台和毛巾架,以方便孩子进行洗手和擦手。此外,隔代家长可以为孩子提供适合他们身高的浴室用品,如小椅子、小脚踏等,以方便孩子进行洗澡和洗漱。

(2)注意家庭环境的卫生质量。隔代家长应该定期检查家庭环境的卫生状况,确保没有细菌和病毒的滋生。此外,隔代家长还应该注意食品的储存和烹饪卫生,确保孩子摄入的食物是安全卫生的。

如何解决隔代家长在教育中的过度保护问题?

随着社会的发展,越来越多的家庭出现了隔代家长参与教育的情况。由于隔代家长对孙辈的宠爱和担忧,很容易出现过度保护的现象。这种现象不仅影响孩子的健康成长,还可能造成家庭矛盾。

一、隔代家长过度保护的原因

(一)亲情因素

隔代家长对孙辈的疼爱和关心往往超过了对子女的关爱,这源于深深的亲情和对后代的爱。他们在孙辈身上看到了自己子女的影子,想要补偿曾经对子女的遗憾,因此尽全力保护孙辈,给他们提供无忧无虑的成长环境。这背后也反映出隔代家长对家庭温暖的渴望,他们希望通过这种方式让子女感受到家庭的温暖和关怀,从而加强家庭成员之间的情感联系。在这种情感驱使下,隔代家长容易过度保护孙辈,以确保他们在安全和舒适的环境中茁壮成长。

(二)知识代沟

隔代家长与孩子父母在教育观念和方法上存在一定的差异。由于知识的迅速更新,隔代家长可能难以跟上时代的步伐,他们在教育孩子方面可能会感到力不从心。这导致他们倾向于过度保护孩子,以防止孩子受到任何伤害或不利影响。此外,由于年龄和经验的差异,隔代家长可能更加注重传统观念和经验,忽视了现代教育的需求和变化。这种教育观念的差异可能导致过度保护的现象,影响孩子的成长和发展。在面对孙辈时,他们可能会坚守传统的教育观念,从而忽视了孙辈的个性发展和独立能力的培养。

(三)社会环境

社会环境的快速变化和竞争的加剧是隔代家长过度保护孩子的原因之一。隔代家长可能担心社会的不稳定因素和复杂关系会对孩子造成伤害,他们希望通过过度保护来确保孩子能够顺利成长并应对未来的挑战。此外,随着社会的发展,家庭结构也在发生变化,一些家庭可能只有祖父母和孙辈在一起生活,这使得隔代家长更加关注孩子的安全和成长,从而采取过度保护的态度。

二、解决隔代家长过度保护的策略

（一）增进沟通，形成教育共识

为了解决隔代家长过度保护的问题，家庭成员间需要加强沟通，明确教育目标，共同制订教育计划。在这个过程中，孩子父母应尊重隔代家长的意见，倾听他们的建议，同时阐述自己的教育理念。通过这种方式，隔代家长可以了解现代教育观念和方法，从而达成教育共识。通过有效沟通，家庭成员可以为孩子营造充满关爱的成长环境。

具体措施包括：定期举行家庭座谈会，让家庭成员分享彼此的教育心得，增进相互了解，形成共同的教育观念；鼓励孩子父母与隔代家长一起参加学校家长会，了解孩子在校表现，商讨教育方法；在教育孩子的过程中，家庭成员要保持开放的心态，尊重彼此的意见，避免因教育观念差异而产生矛盾。

（二）提高隔代家长的教育素养

隔代家长的教育观念和方法直接影响他们对孙辈的关爱方式。因此，通过参加教育培训、阅读教育书籍等方式来提高隔代家长的教育素养显得至关重要。隔代家长应该了解孩子的成长需求，学会正确关爱孩子，避免过度保护。

具体做法包括：鼓励隔代家长参加家庭教育培训课程，学习现代教育理念和方法；引导隔代家长阅读教育类书籍，了解孩子成长过程中可能遇到的问题及解决方法；孩子父母可以向隔代家长分享教育经验，帮助他们适应现代教育环境。

（三）强化法律法规意识

家庭成员要共同学习国家有关家庭教育的法律法规，明确各自的教育职责，依法教育孩子。这样可以有效避免过度保护现象的发生，确保孩子在安全、合规的环境中成长。

具体措施包括：定期开展有关家庭教育的法律法规讲座，让家庭成员了解相关法律法规，增强法律意识；在家庭教育的过程中，遵循法律法规，确保孩子的权益得到保障；鼓励家庭成员参加有关家庭教育的法律法规知识竞赛，增强法律意识，共同为孩子营造良好的成长环境。

（四）鼓励孩子自主成长

尊重孩子的独立性是解决隔代家长过度保护的关键。家庭成员要鼓励孩子自主完成学习、生活等方面的任务，让他们在实践中学会独立思考和解决问题。隔代家长要学会适时放手，让孩子在挫折中学会成长，培养他们的自信心和自主能力。为此，家庭成员要共同努力，为孩子创造有利于自主成长的环境。

具体措施包括：分阶段赋予孩子责任，让他们承担一定的家务，如收拾房间、洗碗等，从而培养他们的责任感和独立能力；在孩子面临选择时，鼓励他们独立思考，尊重他们的意见，让他们学会为自己的选择负责；适度引导孩子参与社交活动，培养他们与人沟通和合作的能力，增强他们的自信心。

如何在隔代家庭教育中培养孩子的独立生活能力？

一、尊重和理解孩子的个性差异

（一）尊重孩子的兴趣爱好

每个孩子都有自己的兴趣爱好。隔代家长要在家庭教育中尊重孩子的兴趣爱好，鼓励他们尝试不同的事物，发现自己的潜能。例如，有些孩子对运动感兴趣，隔代家长可以引导他们参与户外运动，如游泳、跑步等；有些孩子对艺术有浓厚的兴趣，隔代家长可以鼓励他们学习绘画、音乐等。通过尊重孩子的兴趣爱好，隔代家长可以培养他们的独立思考能力和自主选择能力。

（二）因材施教，发挥孩子特长

在尊重孩子兴趣爱好的基础上，隔代家长要善于发现和挖掘孩子的特长，因材施教。针对孩子的特长，隔代家长应该提供适当的教育资源和机会，让他们在某个领域有所发展。例如，如果孩子擅长绘画，那么隔代家长可以为他们提供绘画材料和培训课程，培养他们的绘画技能；如果孩子善于表达，那么隔代家长可以鼓励他们参加演讲比赛，提高口头表达能力。通过发挥孩子的特长，隔代家长可以增强他们的自信心，为独立生活奠定基础。

（三）创设多元化的成长环境

隔代家长要为孩子创造多元化的成长环境，让他们在不同的活动中锻炼自己的独立生活能力。这包括参加各类社会实践活动、志愿服务、夏令营等。在这些活动中，孩子将面临各种挑战，学会独立解决问题，提高自己的综合素质。此外，多元化的成长环境还有助于培养孩子的团队合作精神，增强他们的人际交往能力。

二、分阶段设定生活目标

（一）3～6岁：培养基本的生活技能

在孩子3～6岁的阶段，隔代家长可以设定一些基本的生活技能目标，如自己穿衣、吃饭、整理玩具等。这些目标旨在培养孩子的自理能力，让他们学会照顾自己。在这个过程中，隔代家长要耐心引导，适时给予表扬和鼓励，让孩子感受到自己的进步。

（二）7～10岁：培养学习能力和自律能力

在孩子7～10岁的阶段，隔代家长可以将目标设定在独立完成作业、自己整理书包等方面。这个阶段的目标旨在培养孩子的学习能力，让他们学会自律。在这个过程中，隔代家长要关注孩子的学习情况，适时给予指导和鼓励，帮助他们养成良好的学习习惯。

（三）11～12岁：培养生活技能和责任感

在孩子11～12岁的阶段，隔代家长可以设定更高层次的生活目标，如学会使用家用电器、参与家庭家务生活等。这个阶段的目标旨在培养孩子的责任感，让他们学会为家庭付出。在这个过程中，隔代家长要关注孩子的执行情况，适时给予表扬和鼓励，培养他们的独立生活能力。

三、创设家务劳动和实践机会

（一）家庭聚餐制作：培养孩子的生活技能

让孩子参与家庭聚餐的制作，有助于培养孩子的独立生活能力。在这个过程中，孩子不仅可以学会切菜、洗菜、炒菜等基本厨艺，还能掌握一定的烹饪技巧。这不仅有利于培养孩子的生活技能，还能让他们学会珍惜食物，养成良好的饮食习惯。此外，家庭聚餐制作还能增进亲子间的沟通与互动，培养孩子的家庭观念。

（二）家庭出游策划：提升孩子的规划和组织能力

让孩子参与家庭出游的策划，有助于提高他们的规划和组织能力。在这个过程中，孩子需要学会规划行程、预订酒店、了解景点等信息。这样的实践活动能锻炼孩子的独立思考能力，培养他们面对问题时解决问题的能力。同时，家庭出游策划还能让孩子学会预算和理财，培养他们的经济观念。

（三）家庭日常家务：培养孩子的责任心和自律意识

让孩子参与家庭日常家务，如收拾房间、洗碗、洗衣等，有助于培养他们的责任心和自律意识。通过参与家务劳动，孩子能体会到家庭生活的不易，学会关心家人，从而培养独立生活能力。此外，家务劳动还有助于培养孩子的团队合作能力。

四、激发孩子的自主学习意识

（一）培养独立解决问题的能力：让孩子学会自主应对挑战

当面对孩子的问题时，隔代家长要给予他们足够的空间和时间去思考和尝试，而不是立即提供帮助。只有这样，孩子才能学会独立解决问题的能力，从而更好地应对生活中的各种挑战。在这个过程中，孩子会逐渐建立起自信心，为未来的独立生活打下坚实的基础。

（二）鼓励探索和创新：激发孩子的求知欲和创造力

在孩子的成长过程中，隔代家长要积极鼓励他们勇于探索、勇于创新，激发孩子的好奇心和求知欲。这样的教育方式有助于激发孩子的兴趣和潜能,让他们在独立生活中具备更强的发展能力。同时,具有探索和创新精神的孩子更能适应不断变化的社会环境,具有较强的竞争力。

（三）培养自我驱动的学习习惯：让孩子自觉地追求进步

隔代家长要关注孩子的学习习惯,引导他们养成自我驱动的学习习惯。这意味着孩子要学会自觉地安排学习时间,制订学习计划,并为实现目标而努力。这样的学习习惯有助于培养孩子的自律意识,为他们的独立生活做好准备。

五、培养孩子的团队协作能力

（一）参加各类社交活动,锻炼团队协作能力

隔代家长可以鼓励孩子参加各类社交活动,如课外兴趣班、志愿者活动等。在这些活动中,孩子有机会与不同背景的人进行沟通与交流,学会合作解决问题。这样的实践经历有助于培养孩子的团队协作能力,让他们在未来的独立生活中更加自信。

（二）学会与人沟通,培养良好的人际关系

隔代家长要教育孩子学会与人沟通,包括倾听、表达、协商等。良好的沟通能力有助于孩子建立良好的人际关系,提高团队协作的效率。在日常家庭生活中,隔代家长可以创设各种沟通场景,让孩子有机会练习与人交流,培养他们的人际交往能力。

（三）树立榜样,以身作则

隔代家长是孩子的重要榜样,他们的言行举止对孩子产生深远的影响。隔代家长要以身作则,展示良好的团队协作精神,让孩子在日常生活中感受到团队协作的重要性。隔代家长还可以分享自己的团队协作经验,让孩子了解如何在团队中发挥积极作用。

如何在隔代家庭教育中注重培养孩子的道德品质？

　　道德品质对孩子的成长和未来发展具有深远的影响,因此隔代家长需要关注孩子的道德品质培养,以身作则,引导孩子树立正确的价值观,让他们成为一个有责任感、有同情心、有良好品行的人。

一、传承家庭美德,营造良好家风

（一）讲述家族故事,弘扬家庭美德

　　隔代家长可以通过讲述家族故事,让孩子了解家族传统和家风。在这些故事中,隔代家长可以着重强调家庭美德的重要性,如诚实、宽容、善良等。通过家族故事的传承,孩子将深刻体会到家庭美德的价值,从而在日常生活中积极践行。

（二）以身作则,践行家庭美德

　　隔代家长要以身作则,在日常生活中充分发挥家庭美德的示范作用。隔代家长的言行举止会对孩子产生深远的影响,只有自身具备良好的道德品质,才能为孩子树立榜样。例如,在孩子面前,隔代家长要注意自己的诚信、宽容和善良等表现,让孩子在潜移默化中接受家庭美德的熏陶。

（三）家庭美德教育,培养孩子的道德观念

　　隔代家长要对孩子进行家庭美德教育,引导他们树立正确的道德观念。通过对孩子进行道德启蒙,隔代家长可以让他们了解道德规范,如尊敬长辈、关爱同伴、遵守纪律等。此外,隔代家长还要关注孩子的道德情感培养,引导他们关心社会、热爱祖国,成为一个有社会责任感的人。

二、注重道德教育,引导孩子树立正确的价值观

（一）对孩子进行道德启蒙,培养良好品行

　　隔代家长要对孩子进行系统的道德启蒙,让他们了解道德规范和行为准则。在这个过程中,隔代家长可以借助故事、实例等方式,让孩子明白尊敬长辈、关爱同伴、遵守纪律等道

德规范的重要性。此外,隔代家长还可以结合实际生活场景,教导孩子如何在日常生活中践行这些道德规范。

(二)关注孩子的道德情感培养,培养社会责任感

隔代家长要关注孩子的道德情感培养,引导他们关心社会、热爱祖国。隔代家长可以通过参与志愿者活动、社区服务等方式,让孩子体验到助人为乐的喜悦,培养他们的社会责任感。同时,隔代家长还可以教育孩子关爱自然、保护环境,培养他们的环保意识。

(三)创设道德情境,培养孩子的道德判断力

隔代家长要创设各种道德情境,让孩子在实际操作中学会道德判断。家庭、学校和社会等可以为孩子创设道德冲突的情景,让他们学会如何应对。在这个过程中,孩子将逐渐形成自己的道德观念和行为准则。

三、融入社会实践,培养孩子的道德行为

(一)社会实践活动对孩子道德行为培养的作用

社会实践活动有助于将道德理念融入实际行动,培养孩子良好的道德行为。在志愿者服务活动中,孩子学会了关爱他人,体会到了助人为乐的喜悦;在环保活动中,孩子养成了环保意识,更加关注生态环境。

(二)关注孩子在实践活动中的表现,给予表扬和鼓励

隔代家长要关注孩子在社会实践活动中的表现,及时给予表扬和鼓励。当孩子表现出关爱他人、遵守纪律等良好的道德行为时,隔代家长要及时肯定他们的付出和努力。这样既能增强孩子的自信心,又能巩固他们践行道德理念的决心。

(三)共同参与社会实践活动,增进亲子关系

隔代家长可以和孩子共同参与社会实践活动,从而增进亲子关系。在这个过程中,隔代家长和孩子共同体验道德实践的乐趣,相互学习,共同成长。此外,亲子间的互动有助于增进彼此的了解和信任。

(四)创设多样化的社会实践活动,让孩子充分展示道德行为

隔代家长要创设多样化的社会实践活动,让孩子在不同场合充分展示道德行为。通过组织各种活动,如社区服务、支教活动等,孩子在各种场景中践行道德理念,成为具有道德品质的人。

四、创设道德情境,引导孩子自主思考

(一)创设道德情境,培养孩子的道德观念

隔代家长要在家庭中创设道德情境,让孩子在实际生活中面对道德抉择。例如,隔代家

长可以设计一些家庭游戏或情景剧,模拟现实生活中可能遇到的道德困境,如诚实守信、公平竞争等。在孩子面临这些情境时,隔代家长要引导他们自主思考,培养他们的道德判断力。

(二)学校教育中融入道德情境,引导学生进行道德思考

隔代家长要关注学校教育中道德情境的创设,鼓励教师运用道德案例、情景教学等方式,引导学生进行道德思考。学校可以开展道德教育主题活动,如辩论赛、道德讲座等,让学生在参与的过程中,学会独立思考和道德判断。

(三)社会实践中融入道德情境,锻炼孩子的道德行为

隔代家长应该引导孩子参与社会实践活动,让孩子在实际操作中学会道德判断。社会实践活动包括志愿者服务、环保活动等。在这些活动中,孩子将面临各种道德困境,如自私与无私、浪费与节约等。在面对这些情境时,隔代家长要引导孩子自主思考,培养他们的道德行为。

(四)激发孩子的道德情感,增强道德情境的感染力

隔代家长要注重激发孩子的道德情感,让道德情境具有更强的感染力。隔代家长通过讲述感人至深的道德故事、观看富有教育意义的影视作品等方式来引导孩子产生共鸣,增强道德情境的吸引力。通过这种方式,孩子在面对实际生活中的道德困境时,会更加自觉地运用道德观念进行判断和抉择。

五、建立合理的奖惩制度,培养孩子的道德自律

(一)及时表扬和奖励孩子的道德优点

隔代家长要及时关注孩子的道德优点,当他们表现出良好的道德行为时,要及时给予表扬和奖励。这样可以增强孩子自信心,激发他们继续践行道德理念的动力。例如,当孩子表现出诚实、守信、关爱他人等道德优点时,隔代家长要毫不吝惜地给予表扬和奖励。

(二)设立明确的道德行为规范,约束不当行为

隔代家长要设立明确的道德行为规范,告诉孩子哪些行为是正确的,哪些行为是错误的。对于孩子表现出的不当行为,隔代家长要及时进行批评和教育,引导他们认识到错误,并指导他们改正。

(三)奖惩分明,培养孩子的道德自律意识

隔代家长要实行奖惩分明的教育方式,让孩子明白道德自律的重要性。当孩子表现出良好的道德行为时,隔代家长应该给予表扬和奖励;当孩子出现不当行为时,隔代家长应该给予批评和教育。通过这种方式,隔代家长可以帮助孩子树立道德自律意识,并让他们养成自觉遵守道德规范的习惯。

如何通过隔代家庭教育促进孩子的全面发展？

一、协调与沟通

在家庭中，隔代家长和孩子父母之间的沟通是至关重要的。当双方都致力于为孩子创造和谐、统一的教育环境时，他们需要确保彼此的教育理念和方法是协调一致的。这种有效的沟通不仅能消除可能存在的误解，还能帮助双方更好地了解彼此的长处和短处，从而在教育孩子方面形成一种互补的关系。

为了达到这一目标，双方可以定期安排一些家庭会议或教育讨论，分享彼此的想法、经验和资源。这种定期的交流不仅有助于弥合两代人之间的代沟，还可以使双方更加了解彼此的教育观念和方法，从而使孩子在更加和谐、统一的环境中成长。

二、统一思想认识

隔代教育有其独特的优势，如隔代家长可以传授给孩子更多的生活经验，而父母则能提供更现代的教育资源。但与此同时，隔代教育也存在着一些潜在的问题，如两代人之间的观念差异可能会导致教育的不一致性。

为了解决这些问题，隔代家长和孩子父母需要对隔代教育的利弊有一个清晰的认识。他们需要意识到，教育的目标不仅仅是提高孩子的学业成绩，更重要的是培养孩子全面发展。全面发展包括但不限于品德、智力、体质和美感等方面。

为了达到这一目标，双方可以共同制订一份教育计划或目标清单，明确每个阶段的教育重点和期望成果。这种明确的目标导向可以帮助双方更好的协作，并为孩子的全面发展提供更加全面和连贯的支持。

三、注重个性化教育

每个孩子都是独一无二的，他们有着各自独特的性格、兴趣和潜力。为了真正促进孩子全面发展，家庭教育必须注重个性化教育，根据孩子的个体差异来定制教育方案。

例如，如果孩子对音乐表现出特别的兴趣，那么家庭教育中就可以融入更多的音乐元素。隔代家长可以给孩子提供音乐玩具、音乐书籍等，甚至可以引导他们尝试演奏乐器。这样的个性化教育不仅能激发孩子的兴趣，还能培养他们的创新思维和实践能力。

除了音乐，其他领域如科学、艺术、体育等，隔代家长也可以根据孩子的兴趣进行个性化引导。通过参与孩子感兴趣的活动，隔代家长可以促进孩子在这些领域的探索和发展，从而更好地挖掘和发挥他们的潜力。

四、培养生活自理能力

培养生活自理能力是家庭教育的重要组成部分。隔代家长应该让孩子学会照顾自己，管理自己的日常生活。这不仅有助于提高他们的生活技能，还能培养他们的责任感。

隔代家长可以逐步引导孩子独立完成一些简单的家务，如整理自己的房间、洗碗、扫地等。开始时，隔代家长可以与孩子一起做家务，逐渐地让孩子独立完成家务。在这个过程中，孩子不仅能学到实用的生活技能，还能意识到自己在家庭中的责任。

培养生活自理能力不仅有助于提高孩子的生活质量，还可以增强他们的自信心和独立性。当孩子能够管理自己的日常生活时，他们也会更有信心面对未来的挑战。

五、培养社交能力

社交能力对孩子的发展具有至关重要的作用。通过参加各种社会活动，孩子可以锻炼与人沟通和合作的能力，培养社交技巧，并建立积极的人际关系。因此，隔代家长应鼓励孩子参加社区的儿童俱乐部、兴趣班等，并为他们提供更多的社交机会。在这些活动中，孩子将有机会结识新朋友，共同参与各种有趣的活动。他们可以一起玩游戏，或参加集体活动。通过与同龄人的互动，孩子可以学会如何与人相处，如何沟通和解决问题。

社交能力培养不仅有助于增强孩子的自信心，还能为他们未来的社会生活打下坚实的基础。隔代家长应该鼓励孩子多参与社交活动，并为他们提供支持和指导，帮助他们发展良好的社交技能。通过这种方式，孩子能够更好地与人相处，建立积极的人际关系，为未来的成功打下坚实的基础。

六、培养学习兴趣

兴趣是孩子学习的最大动力。当孩子对学习产生兴趣时，他们会更加积极主动地参与学习活动，努力探索新知识，提高自己的技能和能力。因此，隔代家长应该注重培养孩子的学习兴趣，让他们感受到学习的乐趣和价值。

在家庭中，隔代家长可以通过各种方式来激发孩子的学习兴趣，如给孩子讲故事。隔代家长可以选择适合孩子年龄的故事，激发孩子的好奇心和想象力。此外，与孩子一起阅读也是培养学习兴趣的好方法，隔代家长可以选择适合孩子的书籍，让他们在阅读中开阔视野，增长知识。

玩亲子游戏是激发孩子学习兴趣的一种方式。隔代家长可以设计一些富有创意和趣味性的游戏，让孩子在游戏中学习新知识，锻炼新技能。通过游戏的方式，孩子可以在轻松愉快的氛围中学习新知识，感受到学习的乐趣。

七、情感关爱

每个孩子都需要感受到家庭的温暖和关爱,这不仅关乎他们的情感健康,还影响他们的个性发展。因此,隔代家长和孩子父母应给予孩子足够的情感关注,关心他们的情感需求,让他们感受到家庭的温暖和支持。

(1)多陪伴孩子,与他们建立亲密的关系。隔代家长可以通过与孩子互动,了解他们的内心世界,关注他们的感受和需求。隔代家长可以定期与孩子谈心,询问他们在学校、生活中的情况,听取他们的烦恼,给予积极的反馈和建议。

(2)教会孩子处理情感问题,培养他们的情感智慧。这包括教会孩子如何表达自己的情感,如何处理负面情绪,如何理解和尊重他人的情感等。隔代家长可以在日常生活中通过实例和故事来引导孩子理解情感问题,培养他们的情感能力和情感素养。

八、品德教育

品德教育是家庭教育的重要组成部分,也是培养孩子全面发展的重要一环。隔代家长和孩子父母应注重培养孩子正确的价值观和道德观,让他们学会尊重长辈、关心同伴、乐于助人等。这些品德的培养不仅有助于提高孩子的道德水平,还能让他们更好地融入社会,成为有责任感的人。

(1)为了有效地进行品德教育,隔代家长可以通过生活中的实例和故事来引导孩子理解和实践品德。例如,通过讲述祖辈的故事,隔代家长可以让孩子学习尊重长辈;通过参与志愿者活动,隔代家长可以让孩子体验到帮助他人的快乐;通过与同伴一起玩耍和学习,隔代家长可以让孩子学会关心和互助。

(2)以身作则,成为孩子学习的榜样。通过自己的言行举止,隔代家长可以潜移默化地影响孩子的价值观和道德观。此外,隔代家长应该时刻注意自己的行为,成为孩子品德教育的榜样。

品德教育是一个长期的过程,需要隔代家长持续的关注和引导。通过培养孩子的品德,孩子将成为一个有道德、有责任感的人,并为未来的社会发展作出积极的贡献。

如何处理隔代家庭教育中孩子的学习成绩问题?

在隔代家庭教育中,孩子的学习成绩问题一直是备受关注的话题。对于隔代家庭来说,处理孩子的学习成绩问题需要更加细心和耐心。

一、沟通与理解

在隔代家庭教育中,隔代家长与孩子保持良好的沟通是至关重要的。通过有效的沟通,隔代家长可以更好地了解孩子的学习状况、困难和需求,从而提供有针对性的支持和指导。

当与孩子沟通时,隔代家长应保持冷静和耐心,避免过于情绪化或批评孩子。隔代家长可以与孩子建立互相尊重、互相信任的关系,让他们感受到关心和理解。隔代家长可以定期与孩子进行交流,了解他们的学习进展,了解他们遇到的困难和需求,以及他们对学习的态度和想法。这样的沟通不仅有助于及时发现并解决问题,还能增强隔代家长与孩子之间的亲密关系。

二、设定目标

为了提高孩子的学习效果,隔代家长帮助孩子设定明确的学习目标是必要的。隔代家长可以与孩子一起制订学习计划,并确保目标具体、可衡量和具有挑战性。同时,目标的设定要符合孩子的实际情况和兴趣,让他们有动力去实现这些目标。

设定阶段性计划是非常重要的,它可以帮助孩子逐步实现目标,增强他们的自信心和成就感。由易到难的阶段性计划有助于孩子逐步提高学习水平,克服学习中的困难。根据孩子的实际情况和目标,隔代家长可以制订不同阶段的计划,如每周的学习计划、每月的学习计划等。在制订计划时,隔代家长要充分考虑孩子的实际情况和时间安排,并确保计划的合理和可行。

通过设定明确的目标和制订具有挑战性的阶段性计划,孩子能够有目的地进行学习,并提高学习效果。这样的方法也有助于培养孩子的自主性和责任感,促进他们全面发展。

三、创造良好的学习环境

为孩子创造安静、整洁、舒适的学习环境,是提高学习效率和质量的重要前提。这个环境不仅包括物理空间,如家庭学习区的设计,还包括情绪和心理环境,如家庭氛围的营造。

隔代家长应该保持学习区的整洁和有序,如将学习资料、文具等归类整理好,让孩子能轻松找到所需物品,避免浪费时间在寻找物品上。此外,隔代家长应该限制学习区内的干扰因素,如关闭不必要的电子设备,或将其设置为静音模式。

在情绪和心理环境的营造上,隔代家长需要为孩子提供积极、鼓励和支持的学习氛围。家庭成员之间的互动和沟通应该以积极的方式进行,避免冲突和争吵。当孩子学习时,隔代家长应该陪伴他们,给予鼓励和支持,也可以与他们一起参加学习活动,增强学习的互动性和趣味性。

四、激发兴趣

兴趣是孩子最好的老师。在隔代家庭教育中,隔代家长需要采用各种方法激发孩子对学习的兴趣,让他们积极主动地参与学习。

通过与孩子互动、参与活动等方式,隔代家长可以让孩子感受到学习的乐趣。例如,隔代家长可以与孩子一起阅读有趣的书籍,参加科学实验,进行户外探索等,让孩子在实践中学习知识,培养他们对学习的兴趣。

隔代家长可以尝试采用游戏化的学习方式,将学习与游戏相结合,让孩子在游戏中掌握知识。例如,隔代家长可以通过益智游戏、谜题等来培养孩子的逻辑思维,以及他们解决问题的能力。

隔代家长可以鼓励孩子多尝试、多探索,让他们在探索中体验学习的乐趣。隔代家长可以允许孩子尝试不同的活动和领域,发掘他们的兴趣点和特长。当孩子对某个领域或主题产生兴趣时,隔代家长可以给予支持和引导,帮助他们进行深入的探索和学习。

五、适度奖励与惩罚

奖励和惩罚是家庭教育中的常见手段,但它们的使用需要适度、公正和有理有据,以避免过度依赖或滥用。

适度的奖励可以增强孩子的自信心和积极性,提高他们的学习动力。隔代家长可以根据孩子的表现和成绩,给予适当的奖励,如表扬、鼓励、小礼物或特别的关注等。奖励的关键是要与孩子的学习目标和行为规范相符合,同时也要注重奖励的质量。过多的奖励可能会让孩子产生依赖性,失去自我激励的能力。

适当的惩罚也是必要的,它可以让孩子认识到错误并纠正自己的行为。然而,惩罚并不是目的,而是要通过惩罚让孩子意识到问题的严重性和后果,从而促使他们改正错误。在实施惩罚时,隔代家长应保持冷静和理性,避免情绪化或过度严厉的惩罚。同时,隔代家长要让孩子了解惩罚的原因和必要性,并让他们对自己的行为负责。

后 记

　　家庭教育是儿童成长中的重要一环,关系到他们的个性发展、智力成长及道德品质的培养。在《家庭教育指导系列问答》中,我们试图从理论到实践,从心理到教育,全方位地解答家长在家庭教育过程中可能遇到的困惑和问题。

　　本书旨在为家长提供一种全新的家庭教育理念和方法,帮助家长更好地理解孩子,更有效地与孩子沟通,更科学地引导孩子成长。我们希望通过这本书,让家长能够掌握家庭教育的核心要素,把握家庭教育的正确方向,使家庭教育真正成为孩子成长的助力。

　　在编写的过程中,我们尽力提供了丰富多样的案例,以便家长能够从不同的角度和层面理解和应用家庭教育知识。同时,我们也强调了家庭教育的实践性,鼓励家长在理论指导下,结合自己家庭的具体情况,进行具体的实践操作。

　　需要强调的是,家庭教育是一个长期的过程,要求家长始终保持高度的关注和不懈的投入。在这个过程中,家长可能会遇到各种困难和挑战,但只要坚持正确的家庭教育理念,用心去理解孩子,用爱去陪伴孩子,就一定能够帮助孩子健康成长。

　　全书分为"学校家庭教育指导问答""社区家庭教育指导问答"和"隔代家庭教育指导问答"三篇。为了把内容编写好,我们成立了专门的编委会,由垦利区关工委主任张葆春和垦利区人大副主任、关工委副主任封官英任编委会主任,垦利区教育局局长韩宏伟、垦利区妇联主席韩鑫、区家长学校总校校长李云青任编委会副主任。张森、李乃江、张振坤担任主编。

　　我们对三篇进行了分工,"学校家庭教育指导问答"部分由唐金燕、韩敏担任主编,陈海霞、陈树松、刘文明、刘小梅、季鹏飞为副主编;"社区家庭教育指导问答"由张森、郭卫卫担任主编,盖莎莎、王艳鹏、张春水、贺磊、张杰为副主编;"隔代家庭教育指导问答"由毕世菊、王靖担任主编,李丽、王长燕、王燕、王晶、张以五为副主编。大家分工合作,共同完成每篇的问题设计与分析,尽量做到实用。

　　愿每一个家庭都充满爱,愿每一个孩子都健康成长。

张　森　李乃江　张振坤

2024 年 4 月